西南政法大学政治学文库编委会

主　　编：宋玉波

副 主 编：黄清吉　罗兴佐

委　　员：周振超　程志敏　吕庆春　黄顺康　邹东升
　　　　　和静钧　简　敏　田立新　龚培渝　曹　为
　　　　　王　涛　王　冲　张国军　吴　宇

Cooptation of Political System and Political Transition in East Asia:
A Comparative Analysis of Korea,
Singapore and the Philippines

体制性吸纳与东亚国家政治转型
—— 韩国、新加坡和菲律宾的比较分析

唐 睿／著

中央编译出版社
Central Compilation & Translation Press

本书出版得到中央财政支持地方高校发展专项资金和重庆市一级重点学科——西南政法大学政治学学科的资助

前　言

随着第三波民主化在全球范围的扩展，民主化逐渐成为西方政治学界最主要的学术论题。作为新出现的代表性学派，民主转型学在对结构性因素的批评基础上，以精英的策略选择和行为来分析民主转型过程，主要用精英间的互动行为来区分不同的转型模式，并提出转型模式与转型结果间的因果关系，但这一分析路径明显忽略了精英在选择中所依据的自身和与其他派别相对比的力量基础，因而难以回答精英在转型过程中为何会作出不同的行为选择，更遑论解释不同精英派别的力量对比与变化是由什么因素所引起。笔者提出体制性吸纳理论来分析"二战"后东亚国家的政治转型，以弥补转型学派的不足，并试图提出对政治转型更恰当的解释。

体制性吸纳是通过影响精英派别力量从而作用于政治转型，根据在正向吸纳和阻止反向吸纳能力上的差别，体制性吸纳可分为四种类型，各个类型对支持体制派别和反对派别的力量有不同的影响，一般来讲，体制性吸纳能力越强，相比于支持体制派别，反对派别的力量越小或增长缓慢；反之，反对派别力量越大或发展迅速。体制性吸纳对政治转型的作用可分为两个层次：首先，体制性吸纳所形成的精英派别力量会引发体制崩溃或促进体制的维持；其次，精英根据相互间的力量对比以形成各种转型模式，如果体制外的反对派精英占据上风，转型会以决裂模式进行，当反对派主要存在于体制内且在力量上大过其他派别，强加模式往往会发生，若是体制外的反对派无法独力进行转型，并且和体制内精英有谈判和沟通的渠道，新的政治体制就会通过交易模式建立。

"二战"之后，在东亚国家中发生了多种路径和类型的政治转型，包括从威权到民主、从民主到威权以及民主和威权之间的交替，本研究则以分别对应三种不同类型的代表国家——韩国、新加坡和菲律宾作为分析案例，通过比较的方法来验证体制性吸纳与政治转型关系中的10个理论命题，以揭示体制性吸纳对于政治转型的作用。

本书的章节如下：

第一章是导论部分，介绍研究对象、研究目的、研究视角和研究方法。笔者将"二战"后的东亚政治转型分为三类，并以转型路径的不同选出三个国家进行案例与比较研究，提出"体制性吸纳"的概念，将结构与行动者结合，探讨该变量对政治转型的影响，弥补现有理论的不足，并提出关于政治转型的新解释。

第二章是文献综述部分，梳理学界对政治转型进行解释的主要观点，明确其解释视角从结构性视角到行动者视角的发展脉络，而在以政治精英的行为与策略为关键因素的民主转型学中，忽视了精英派别间力量对比变化对转型过程的影响，在论述民主转型学的缺陷和引入影响精英力量变化的精英和解理论和精英吸纳理论中，建立笔者所欲提出的关于体制性吸纳与政治转型理论的基础。

第三章提出研究框架：对精英的体制性吸纳能力、精英力量的变化与政治转型等基本概念进行界定，并提出体制性吸纳与精英力量变化、体制的维持和崩溃、转型模式等变量关系的理论命题。按照体制性吸纳能力在正向吸纳与阻止反向吸纳上的差别可以分为四种类型，不同类型影响精英派别力量对比的变化，从而导致体制的维持或崩溃，并且会形成转型过程中的不同模式。在其中，体制性吸纳是主要的自变量，政治转型为因变量，精英力量是联系二者的中介变量，这三者的构成对东亚国家政治转型比较分析的理论框架。

第四章对韩国的转型案例进行分析，韩国是从威权到民主的转型类型。威权体制经历了李承晚、朴正熙与全斗焕三任统治者，中间有两次

前　言

短暂的中断，李承晚政权被社会运动推翻，朴正熙遭到刺杀，但威权体制很快又得以恢复。威权体制的正向吸纳能力较弱，反向吸纳能力较强，反对派经过了长时间的发展，逐渐由议会斗争转向体制外运动，其力量逐渐增长，在不断的抗议运动冲击下，威权体制维持成本持续上升，促使体制内部的改革派与反对派以交易的模式进行民主转型。

第五章对新加坡的转型案例进行分析，新加坡是从民主到威权的转型类型。在自治时期，新加坡就已经开始施行议会制的民主体制，在1959年后取得独立，人民行动党赢得大选，此后，李光耀通过《内部安全法》动用强力手段打击反对党，建立起一党独大的威权体制。在民主体制下，虽然各党派大都以选举来竞争政治权力，但由于《内部安全法》的存在，难以阻止执政党破坏民主体制的行为，因此其阻止反向吸纳能力较弱。新加坡的威权体制具有较强的正向吸纳和阻止反向吸纳的能力，威权体制自从1968年正式建立后，一直持续至今。

第六章对菲律宾的转型案例进行分析，菲律宾是威权与民主的交替类型。1946年独立后，便仿效美国建立了总统制的美式民主政体，由国民党和自由党轮流执政，但政治精英却主要依照建立在家族基础上的庇护者与扈从者之间的支持与回报关系来竞争权力，马科斯成为独立后第一位获得连任的总统，通过家族扩展关系掌握了军队、政府和菲律宾的经济，利用宪法中的"总统额外权力条款"实施了"军管法"，建立了个人独裁的威权政体。由于其在正向吸纳和阻止反向吸纳上的能力都较弱，反对派的力量迅速增强，在军队叛乱和人民力量运动的双重打击下，威权体制崩溃，菲律宾以决裂模式进行了民主转型。

第七章是结论部分，对韩国、新加坡与菲律宾政治转型的三个案例进行比较分析，以明确体制性吸纳与精英派别力量变化以及体制性吸纳与政治转型的相关关系，并比较替代性解释与体制性吸纳在政治转型分析中的解释能力，讨论体制性吸纳理论的优势和限制。

目 录

第一章　导　论 …………………………………………………… 1
　第一节　解释对象："二战"后东亚国家的政治转型 …………… 1
　第二节　研究视角：政治转型中的精英和结构 ………………… 9
　第三节　研究方法：案例分析与比较研究 ……………………… 14

第二章　解释政治转型 …………………………………………… 18
　第一节　解释视角的转变：从结构到行动者 …………………… 18
　第二节　转型次序与转型模式 …………………………………… 30
　第三节　结构性因素、精英与政治体制的维持和崩溃 ………… 57

第三章　分析框架：体制性吸纳与政治转型 …………………… 70
　第一节　概念界定 ………………………………………………… 71
　第二节　体制性吸纳、精英力量与政治转型 …………………… 83

第四章　韩国：从威权到民主 ………………………………… 100
　第一节　"二战"以来韩国政治转型的历程 ………………… 103

第二节　体制性吸纳与韩国精英派别力量的变化 …………… 117
　　第三节　体制性吸纳与韩国政治转型 …………………………… 145

第五章　新加坡：从民主到威权和威权政治的维持 ……………… 154
　　第一节　"二战"以来新加坡政治转型的历程 ………………… 156
　　第二节　体制性吸纳与从民主到威权的政治转型 ……………… 166
　　第三节　体制性吸纳与威权体制的维持 ………………………… 175

第六章　菲律宾：民主和威权的交替 ………………………………… 198
　　第一节　"二战"以来菲律宾政治转型的历程 ………………… 201
　　第二节　体制性吸纳与从民主到威权的政治转型 ……………… 209
　　第三节　体制性吸纳与从威权到民主的转型 …………………… 223

第七章　结论：体制性吸纳的比较分析 ……………………………… 238
　　第一节　体制性吸纳与战后东亚三国政治转型 ………………… 239
　　第二节　体制性吸纳的解释能力与限制 ………………………… 253

参考文献 ……………………………………………………………………… 261

第一章 导 论

第一节 解释对象:"二战"后东亚国家的政治转型

一、为什么将"二战"后东亚国家的政治转型作为研究对象

自第三波民主化以来,民主制度在全球迅速扩展开来,此前实行极权主义、军人主政、一党制国家、苏丹制国家等非民主制度的许多国家和地区,纷纷建立起民主制度。在1993年,世界上实行民主制度的国家数量就已超过一半,而1972—1993年,世界范围内的民主国家数量增长了两倍多,从44个增长为107个,按1993年世界上的国家总数为187个来计算,民主国家的比例已达到58%。① 在民主化浪潮迅猛开展的同时,西方学界也对世界范围内的民主转型进行了大量的研究,产生了数量颇多的文章和著作,并形成了"民主转型"和"民主巩固"的理论和学派。

在关于民主转型和巩固的理论提出与检验上,西方学者主要以南欧、后共产主义的东欧、前苏联地区和拉美为考察对象,例如奥唐奈和

---

① "Freedom around the World", *Freedom Review*, Vol. 24, No. 1 (Special Issue), 1993, pp. 3 – 67.

施密特主编的《威权统治的转型》(四卷本)① 中,逐一对南欧的西班牙、葡萄牙、土耳其、意大利、希腊等国和拉丁美洲的巴西、阿根廷、玻利维亚、委内瑞拉、智利、乌拉圭和墨西哥等国的民主转型过程进行了详细的案例分析,并在此基础上,两位编者从"精英争斗"的角度提出了民主转型的理论模式;② 普沃斯基的代表作品《民主与市场——东欧与拉丁美洲的政治经济改革》则以拉美和后共产主义的东欧国家为主要探讨对象,以其实例和数据建立了政治精英的博弈模型和经济改革的理论模型;③ 亨廷顿的经典名著《第三波——20 世纪后期的民主化浪潮》④ 探究范围扩展到全球的转型国家,在案例分析和数据采用上引入了更多的非洲和亚洲国家,但是其理论的重要部分,如民主化过程和民主持久的论述主要是建立在对智利、巴西、阿根廷、葡萄牙、波兰等拉美和欧洲国家案例的分析之上,其他国家的案例在其理论分析中的作用则是对主要案例进行辅证;林茨和斯泰潘的著作《民主转型与巩固的问题:南欧、南美和后共产主义欧洲》⑤ 对影响民主转型和巩固的主要变量:政体类型、行动者、国际影响、经济状况和立宪环境等进行了整体性的讨论,而对上述变量作用的考察与验证则是通过对拉美和东欧各国的转型与巩固的案例分析来进行。从上述关于民主转型研究的重要学者和其代表著作中可以看到,欧洲和拉丁美洲国家是其研究的重要区域,对东亚国家政治转型的研究则相对较少。换言之,民主转型的理论主要是通过对欧洲和拉美国家的转型过程和事件分析得出,而东亚国家的转型则为新理

---

① 参见 Guilliermo O'Donnell, Philippe C. Schmitter, *Transitions from Authoritarian Rule*, The Johns Hopkins University Press, 1986.
② 关于结论部分可参见[美]吉列尔莫·奥唐奈、[意]菲利普·施密特:《威权统治的转型——关于不确定民主的试探性结论》,景威、柴绍锦译,新星出版社 2012 年版。
③ 参见[美]亚当·普沃斯基:《民主与市场——东欧与拉丁美洲的政治经济改革》,包雅钧等译,北京大学出版社 2005 年版。
④ 参见[美]塞缪尔·P. 亨廷顿:《第三波——20 世纪后期民主化浪潮》,刘军宁译,上海三联书店 1998 年版。
⑤ 参见[美]胡安·J. 林茨、阿尔弗莱德·斯泰潘:《民主转型与巩固的问题:南欧、南美和后共产主义欧洲》,孙龙等译,浙江人民出版社 2008 年版。

第一章　导　论

论的发现与现有理论的检验提供了可发展的空间。因为在政治文化、社会结构、经济状况和国家制度等宏观结构上，东亚国家与欧洲和拉美国家有巨大的差异，其转型过程与转型结果可能受不同变量影响而有所不同；并且，在变量相同的情况下，其对不同地区国家的政治转型也有可能造成不同的结果。美国学者斯迪芬·海哥德与罗伯特·R.考夫曼的研究可以表明这一情形。在其著作《民主化转型的政治经济分析》中，经济危机被视做影响民主转型的重要变量，东亚国家菲律宾与阿根廷、秘鲁、巴西等拉美国家都是因遭受经济危机的打击，原有的威权政体退出，民主政体得以建立。而韩国也经历了经济危机，但其威权政体却能够维持下去；未在经济危机中倒塌的威权政体还包括智利，当时的皮诺切特政权成功地渡过危机并继续执政：经济危机—原有政权持续；但韩国的情况却是朴正熙政权被全斗焕所替代：经济危机—原有政权崩溃—重新确立军人政治。① 在这一情形下，现有的转型理论有可能无法有效解释东亚国家的政治转型，至少，因在结构、过程和结果上的不同，东亚国家的政治治转型也可为转型理论提供再检验的场域。

亨廷顿将全球的民主化浪潮按时段分为三波：第一波是发生在1828—1926年期间，第二波则是1843—1962年期间，第三波是从1974年至今。② 东亚国家大都在"二战"后才得以独立，独立后的政治制度选择并不是长期的政治和经济发展后的结果，其政治转型伴随着国家制度的建设以及各种政治力量的成长，因而，亨廷顿的三波划分并不完全适用于对东亚国家的转型研究。虽然，西方的"民主转型"学派的兴起与第三波民主化的发生密不可分，正是在这一波民主化浪潮中，许多国家朝向民主的转型刺激了民主转型理论的发展，但如果仅从1974年开始探讨东亚国家的转型，则在无形中割裂掉"二战"以来国家独立与国家建设中政治与社会变迁对政治转型的影响。如果拉长时间跨度，将"二战"以来的东

---

① 参见［美］斯迪芬·海哥德、罗伯特·R.考夫曼：《民主化转型的政治经济分析》，张大军译，社会科学文献出版社2008年版，第46—95页。
② ［美］塞缪尔·P.亨廷顿：《第三波——20世纪后期民主化浪潮》，刘军宁译，上海三联书店1998年版，第15页。

亚国家政治转型（不包含中国）纳入到研究范围，那么在对这一更长时段的探讨中有可能会发现与现有理论不一样的转型过程、机制和影响变量，从而对现有理论进行补充，甚或发展出新的解释政治转型的理论。

从比较研究的方法上来讲，无论是采用定性方法还是定量方法，所得出的结论大都难以保证其变量的相关关系是排除了其他变量的影响所得到，因此，即使能够得出一个或多个自变量相对于因变量的因果关系命题，也难以说明这些关系不是在其他因素影响下才得以成立或所论证的理论命题是导致结果的主要变量关系。出现这种状况是因为社会科学难以达到自然科学中的实验效果，即排除其他变量的干扰，由于人类社会的复杂性，特别是所研究的单位越大，所受到的影响也相应增多，因而在比较政治中选取大致相似的案例进行比较是一种用以减少其他变量影响的方法。东亚国家在政治转型的背景上具有很多的相似点：首先，这些国家在历史上具有相似之处，大部分都是在"二战"后独立的新兴国家，唯有日本、泰国是"二战"前就获得独立，但这两个国家在"二战"中也曾被他国占领，也都有一个国家重建的经历。其次，这些国家或多或少都受到外国的影响，日本、中国台湾和韩国主要受美国的影响；蒙古则受到苏联的影响；而印尼、马来西亚、柬埔寨、泰国等国家除受英国、法国的殖民影响外，在国家建设的过程中也受到美国等西方国家的影响。第三，东亚国家在文化上具有一定的相似性，日本、韩国和中国台湾深受儒家文化的影响；新加坡、印尼、马来西亚等国家中生活着大量的华人；蒙古在独立前长期属于中国的一部分；越南、泰国、老挝、缅甸等国家在历史上也深受中国的影响。

更为重要的是，东亚地区的各个国家在"二战"以来的政治转型中呈现出多样化的形态，是在相似的历史背景、国家重建经历和文化下产生出的不同转型过程，在对这些转型过程的比较研究中能够使提出的理论命题得到更多的检验并保证其广阔的适用范围。

另外，本研究属于比较政治学的范畴，比较政治是政治科学中重要的组成部分，比较方法也是政治科学研究中的核心方法，但在国内的政治学研究中，相较于中国政治研究、政治学理论和政治哲学等领域，比较政治的研究较为薄弱，大体上仍停留在介绍国外研究或概念辨析上。相关的研

第一章 导 论

究文章通常介绍比较政治学的某个大家或流派,对西方学界的观点没有批判性的研究发展,也不提出新的研究方向和方法,虽对比较政治学的一些基本概念进行了梳理,但对概念间的理论关系缺少分析,也很少对这些概念所应用的领域和分析方法进行详细的讨论,这样的研究表明我国的比较政治学仍停留在学科起步和草创的阶段,与西方学界仍有巨大的差距。① 笔者对东亚国家政治转型的比较政治研究则是对国内学界在此方面所存在不足的一种回应,通过东亚地区在"二战"后的政治转型状况的探析,进行真正意义上的比较研究,在此基础上得出具有原创性的理论成果。

二、东亚国家政治转型的不同类型

关于政治转型的概念,笔者依照奥唐奈和施密特的界定,即"在一个制度与另一个之间的过渡期"②。按照这一概念,确定东亚国家政治转型的各种类型前,则首先需要定义"政体"的含义,③ 然后才能以此明确各个国家的转型路径,根据不同的路径划分转型类型。

民主政体是指通过广泛参与的选举来决定对政治权力的竞争,并且其结果在选举前是不确定的政体类型;威权政体则是指缺少政治权力的选举性竞争,政治权力由个人、政党或某一组织占有和垄断,对意识形态、经济和社会等方面进行有限控制的政体类型。按照上述定义,在东亚国家(除中国大陆外)中,发生了政治转型④的包括蒙古、韩国、中国

---

① 李辉、熊亦寒、唐世平:《中国需要真正的比较研究》,载《中国社会科学报》第231期,2011年10月20日。
② [美] 吉列尔莫·奥唐奈、[意] 菲利普·施密特:《威权统治的转型——关于不确定民主的试探性结论》,景威、柴绍锦译,新星出版社2012年版,第6页。
③ 同上,第6页,注释1。
④ 从极权主义到威权主义不能被认为发生了政治转型,两者的区别主要是政府对社会和经济的控制方式与程度的不同,而在政治权力的获取上,仍是不允许竞争和参与的。奥唐奈和施密特亦认为,转型取决于对政体的定义,而政体主要规定进入政府主要职位的形式和渠道。参见 [美] 吉列尔莫·奥唐奈、[意] 菲利普·施密特:《威权统治的转型——关于不确定民主的试探性结论》,景威、柴绍锦译,新星出版社2012年版,第6页,注释1。另外,老挝虽然在1957—1959年成立了联合政府,施行了短暂的民主制度,但从1953年10月到1975年人民民主共和国成立前一直处在冷战对抗中,笔者将其界定为威权国家而未进行政治转型,另,东亚国家中"二战"后未进行政治转型的还有文莱、越南和朝鲜。

台湾、新加坡、印度尼西亚、马来西亚、泰国、缅甸、菲律宾等九个国家和地区。结合各个国家和地区在"二战"后的政治发展历程,可分为从威权到民主、从民主到威权和民主与威权交替这三种转型类型和路径(表1.1)。

表1.1 东亚国家政治转型的类型与路径

类型	从威权到民主	从民主到威权	民主与威权的交替	
子类型和转型路径	威权→民主	民主→威权	民主→威权→民主	威权→民主→半威权与半民主
国家和地区	韩国、印度尼西亚、中国台湾、蒙古	新加坡、缅甸	菲律宾、马来西亚	泰国

由威权到民主的代表国家是韩国,朝鲜战争后,李承晚出任大韩民国总统,实行独裁统治。1960年李承晚政府下台,成立了以张勉为首的民主党政府,很快便在1961年5月被朴正熙集团的军事政变推翻。虽然在李承晚之后的政府经过了民主选举而产生,但其存续时间极为短暂,民主制度并未在韩国确立,这次选举只是一次不成功的民主尝试,威权主义政体仍然维持①。朴正熙上台后,以军人政权为基础,实行军事独裁。朴正熙连任第5—9届总统,把持韩国政权达18年之久。1979年10月,朴正熙被金载圭击毙,总理崔圭夏出任总统。同年12月全斗焕发动政变,自任总统,继续推行反民主的独裁统治。直到1987年12月,韩国进行了总统直选,卢泰愚在大选中获胜,当选为总统。自此,竞争性的民主制度在韩国得以建立。属于这个类别的国家和地区还包括印度尼西亚、蒙古共和国和中国台湾。印度尼西亚自1955年以来,长期受着苏加诺及其继任者苏哈托的威权统治,直至1998年苏哈托下台,并于1999年举行建国以来第二次大选,梅加瓦蒂的民主斗争党在竞争性选举中战胜了前执政党专业集团,

---

① 丛日云亦将1948—1987年统一划归为民主与独裁的较量时期,民主转型则是在1987年后发生。参见丛日云:《当代世界民主化浪潮》,天津人民出版社1999年版,第105—119页。

建立了民主政府。蒙古在苏联解体后,从 1992 年开始,便一直通过竞争性选举来选出政府。中国台湾在开放党禁后,民进党力量增长迅速,并形成以其为首的绿营与国民党为首的蓝营两党竞争和轮流执政的局面。

从民主到威权的代表国家是新加坡,其获得自治的初期实行了自由竞争的民主选举,但是当人民行动党将政权巩固后,在打击反对派的过程中政治体制转变为威权政体。李光耀长期担任总理,在 1990 年 11 月才辞去总理职务,改任内阁资政。在 2011 年,李光耀和另一位前总理吴作栋发表声明,他们决定离开内阁,让更年轻的内阁成员团队走上前台,去塑造新加坡的未来。在 2011 年大选中,反对党在选举中获得较高比例的票数和 6 个议会议席,但也未能对人民行动党的执政地位带来威胁。属于这个类别的国家也包括缅甸,缅甸在 1948 年独立后建立了议会制的民主政体,但在 1962 年奈温将军策动了军事政变,民主政体被军政府统治所取代,虽在 2010 年实行了全国大选,成立了新政府,但民主制度还未完全建立,缅甸尚处于民主转型的过程中。

民主和威权交替的代表国家是菲律宾,菲律宾从 1946 年到 1971 年按照美国模式建立了民主制度,国民党和自由党控制了政府中绝大多数的选举席位,[①] 菲律宾的民主制度曾被誉为"亚洲民主的橱窗"。马科斯于 1972 年宣布实施"军管法",菲律宾进入了威权统治时期,直至 1986 年马科斯被驱逐后,自由开放的竞争选举才重归菲律宾。属于这种类型的还有马来西亚和泰国。马来西亚自独立后,从 1957 年至 1968 年实行君主立宪的政治制度,在 1969 年宣布进入紧急状态,形成了以巫统为主导的威权(半威权)政体,其后的马哈蒂尔(1981—2003)及其继任者都使巫统为首的国民阵线的统治地位稳定维持;但在 2008 年的大选中,反对党拿下 82 个国会议席,打破了国民阵线长年占据国会 2/3 以上席位的局面,使一党独大逐渐转变为多党竞争的格局。在"二战"后泰国的政治发展中,军事政变频繁出现是主要特点,泰国的民主化进程总被军事政变打断,即使在 1992 年通过选举形成了新一届文人政府,并且这一竞争

---

① [澳] 约翰·芬斯顿主编:《东南亚政府与政治》,张锡镇等译,北京大学出版社 2007 年版,第 251 页。

性选举制度一直维持到2006年，但在这一年的9月所发生的一次军事政变中，文人政府被推翻，军人统治又重新建立。

由上所述，东亚国家的政治转型具有多种类型和路径，不仅有从威权主义政体转型为民主政体的国家，还包括由民主转型为威权的反向路径，除此之外，泰国和菲律宾等国的转型则是威权与民主交替的多重路径。如果将威权与民主的交替进行拆分，则在东亚国家的转型中存在着两种主要的转型路径，即从威权到民主和从民主到威权的政治转型。对东亚国家政治转型的解释必须要提出能够合理解释这两种相反路径的转型类型的理论。该解释需要能够回答为什么在一些国家中政治转型的发生是从威权政体转型为民主政体，而在另一些国家则是从民主政体转为威权政体，并且还有一些国家是两种政体交替出现的问题。而且，一个统一的解释还要求对各种转型类型的分析中所采用的理论框架和主要的变量是统一的。如果纳入数十个变量，某些变量运用于从民主到威权的转型，某些变量运用于从威权到民主的转型，而另一些变量运用于两者的交替，这种方式只是分别对不同国家和不同类型进行了分析，并未形成对各种转型类型的统一解释，并且这对于理解东亚国家的政治转型并无多大裨益，既不能找到影响东亚国家政治转型的重要变量和机制，也会使该问题复杂化。

因一国的政治转型受着多种因素的影响，诸如社会结构、经济发展状况、国外因素、地理条件等，但在民主转型学派的研究中发现，转型国家的经济水平、政治历史、制度遗产、种族分裂、社会文化传统，甚或其他结构性特征都不是影响转型过程的主要因素，而精英的行为和决策是民主化的必要条件。[①] 这一注重精英行为的分析方式很难解答转型之后的政体巩固问题，在民主巩固的研究中，结构变量又成为了重要因素。东亚国家的转型类型所涉及的时间跨度较长，各派精英的活动、力量变化与相互间关系都会受着结构因素的影响，因此，笔者尝试从精英与结构相结合的视角提出分析东亚国家政治转型的主要变量和理论框架。

---

① Thomas Carothers, "The End of the Transition Paradigm", *Journal of Democracy*, Vol. 13, No. 1, January 2002, pp. 5 – 21.

第一章　导　论

第二节　研究视角：政治转型中的精英和结构

一、精英行为与政治转型

精英相对于其他政治参与者，掌握着更多的组织、物质和能力等资源，在政治系统中占据较高地位，能够显著影响政治过程。当既有政治体制可以有效运转时，制度等结构因素对精英具有很大的约束力，精英必须在制度的框架内行为，否则会受到制度的惩罚。在政治转型时期，原有的政治体制崩塌而新的政治制度尚未完全建立，这一情况下，就难以将行动者锁定在既定方向的制度机制之内，并缺乏对制度具有否决权的执行者（如独立的司法机构）的尊重和对公共代理机构的自主权与限制的界分。[①] 控制着大量资源的精英的行动能力就愈加凸显出来，在行为缺少制度约束的条件下，相比于普通民众，他们具有更强的实现目标的能力，并影响、推动甚至决定政治转型的过程以及新的制度框架的建立。因而，在对政治转型的研究中，精英及其行为成了学者研究的一个重心。具体而言，精英对政治转型的影响主要体现在以下层面：转型的开端、转型的模式和转型后的影响。政治转型的肇始总是源自于精英间的分裂，无论是体制内的精英之间还是体制内的精英与体制外的精英之间。当控制政府的精英未遇到权力上的挑战时，其权力地位就能得到保持，而现有体制的维持也在于社会中不存在反体制精英的挑战。当反体制的力量持续扩大，居于统治地位的精英难以维持现有体制，政治转型才随之发生。在对精英分裂的研究中，亨廷顿将转型中的精英团体分为两大类：支持政府和反对政府。在支持政府的类别中分为民主派、自由派和保守派；在反对政府类别中分为温和民主派和极端激进派[②]。奥唐奈和施密特

[①] 李月军：《以行动者为中心的制度主义——基于转型政治的思考》，载《浙江社会科学》2007年第4期，第78—80页。

[②] ［美］塞缪尔·P. 亨廷顿：《第三波——20世纪后期民主化浪潮》，刘军宁译，上海三联书店1998年版，第151页。

也将精英分为支持与反对两大派别,其称谓是统治精英和反对派精英;在统治精英中分为强硬派和改革派,反对派内部分为温和派和激进派①。正是因为在政治体系中存在着精英间的分裂,由分裂所形成的冲突使得现有体制难以持续,政治转型方得以产生。

  各派精英间的互动关系与行为推动了转型过程,亨廷顿就认为,在民主化进程中三项最关键的互动关系是政府与反对派之间的互动,执政联盟中改革派和保守派之间的互动以及反对派阵营中的温和派和极端主义者之间的互动。② 精英间的互动形式构成了转型的基本模式并决定转型的结果。卡尔和施密特根据精英间以及精英和大众之间的互动将转型模式分为协定、强加、改革和革命等四个类型;③ 亨廷顿则以各派精英在转型进程中的作用将转型方式划分出变革、置换、移转等模式;④ 夏尔则依据转型由哪派精英主导和转型的连续性将政治转型分为渐进、革命、协定与决裂等模式。⑤ 在转型过程中,各派精英的互动方式的不同产生出多种转型模式,并且,由精英所设计与采用的民主政体的制度形式也会影响民主巩固的效果。林茨就认为,相比于议会制,选择总统制会更不利于民主巩固,⑥ 霍洛威茨对此进行了反驳。⑦ 随后,西方学界开始了关于议会制与总统制选择上长达十数年的论争,在该问题上可能没有确证的

---

① Guillermo O'Donnell and Philippe C. Schmitter, *Transitions from Authoritarian Rule: Tentative Conclusions about Uncertain Democracies*, Baltimore: Johns Hopkins University Press, 1986, pp. 15 – 17.

② [美] 塞缪尔·P. 亨廷顿:《第三波——20 世纪后期民主化浪潮》,刘军宁译,上海三联书店 1998 年版,第 153 页。

③ Terry Lynn Carl and Philippe C. Schmitter, "Modes of Transition in Latin America, Southern and Eastern Europe", *International Social Science Journal*, Vol. 43, No. 2, 1991, pp. 269 – 284.

④ [美] 塞缪尔·P. 亨廷顿:《第三波——20 世纪后期民主化浪潮》,刘军宁译,上海三联书店 1998 年版,第 154—193 页。

⑤ Donald Share, "Transition to Democracy and Transition through Transaction", *Comparative Political Studies*, Vol. 19, No. 4, 1987, pp. 525 – 548.

⑥ Juan J. Linz, "The Perils of Presidentialism", *Journal of Democracy*, Vol. 1, No. 1, 1990, pp. 51 – 69.

⑦ Donald L. Horowitz, "Comparing Democratic Systems", *Journal of Democracy*, Vol. 1, No. 4, 1990, pp. 73 – 79.

答案，但至少，政治精英在制度设计和选择上的行为会对民主巩固产生重要的影响。

上述的研究表明，政治精英被视做政治转型过程的最关键因素，其行为和互动关系是理解不同转型方式的主要途径。由精英推动转型的方式会产生协定、决裂和革命等不同的转型过程，而精英转型后的制度设计与选择以及相互间的力量对比则影响着民主制度的持续与巩固。虽然这些研究揭示了政治精英在转型过程中的作用，但却留下了一个尚待解答的问题，即反体制的政治精英在原体制下如何成长到拥有能推动政治转型的力量？因为无论以何种形式进行转型，都必须要求反对原有体制的精英派别拥有足够的力量，或是原有体制难以容纳这一反体制的精英力量的情况下，转型才能得以发生。精英的分裂、出现反现存体制的精英派别并不足以构成政治转型，只有当反体制的力量和行为使得支持体制的精英派别难以再维持体制时，才会发生朝向新政体的转型。从发生时间来看，精英的分裂要远远早于转型的发生，在拥护现体制精英的压制下，反体制精英的力量存续、成长和壮大需经历一个较为漫长的过程。另外，各派精英的力量对比也会影响转型的模式，如果反体制精英的力量远大于维持体制的精英派别，他们就可能取代后者主导转型过程并设计和选择新的制度形式；若反体制精英的力量不足以压制维持体制的精英，他们就必须与其他派别的精英合作来共同完成转型过程。

二、在结构中的行动者

精英分裂只是促使转型发生的一个组成条件，而精英间的力量对比则是更为重要的原因。民主转型学派从行动者角度出发，通过精英间的互动关系和行为来解释政治转型过程，但这一方式并不能完全揭示政治转型过程，因为在转型中发挥重要作用的各派精英的行为和互动关系建立在各自力量的基础上，而各派精英的力量对比的变化发生在转型之前的时段。从理论上讲，精英之间的力量对比和消长会促使、阻碍或推迟转型的发生，并影响精英的互动行为和转型的模式，因而，理解转型过程必须要囊括对精英力量变化的解释。麦克弗尔已经注意到精英的力量会影响转型以及转型结果，他认为，如果威权派的力量大于民主派会不利于转型,反之,则会有利于民主制度的建立与民主巩固。① 但他的分析并未涉及转型前精英力量的变化,并且其关注点主要在于分析一种非同于拉美和南欧的合作转型模式,东欧后共产主义国家中所出现的非合作转型模式。鉴于转型学派在解释转型过程中所存在的不足,笔者试图纳入转型前精英力量的变化来分析东亚国家的政治转型。

转型前各派精英力量的消长是在原有体制尚未崩溃时所发生,此时的精英虽然也能发挥出远大于普通政治参与者的作用,但相比于转型时期,政治制度和其他结构性因素对精英行为的影响与制约作用要更加显著。分裂的精英在既定的结构中追求自身的利益,发展壮大其力量,联合其他派别的精英并限制和打击反对派别的精英,各种结构性因素,如经济、社会结构、文化和政治制度等,都会影响其行为和力量对比。例如,经济的高速增长会为维护既有体制的精英带来更多的支持,使其统治更为稳固,而突然性的经济危机则会沉重打击居于统治地位的精英,甚至会促使其政权瓦解并产生政治转型;② 经济发展促使社会结构发生变化,社会中会出现新的阶层和力量,这些新兴阶层会选择加入不同的政治派别从而改变精英间的力量对比;在文化层面上,不同的文化和观念会影响人们对待体制的态度,民主化被认为是民主的概念和态度传播与扩散的产物;③ 政治制度是直接影响精英力量变化的结构性因素,通过既有体制下的政治过程产生出赢家和输家,从而分配各派精英所获得的利益。另一方面,精英对于其所处的结构并非完全被动,他们会主动应对结构的变化,调整行为与策略,以获得最大的利益。因而,政治精英处于结构之中,是受着结构所约束的行动者。

---

① Michael McFaul, "The Fourth Wave of Democracy and Dictatorship: Noncooperative Transitions in the Postcommunist World", *World Politics*, 54, 2002, pp. 212 – 244.
② 参见[美]斯迪芬·海哥德、罗伯特·R. 考夫曼:《民主化转型的政治经济分析》,张大军译,社会科学文献出版社 2008 年版,第 45—75 页。
③ Raymond D. Gastil, "The Past, Present and Future of Democracy", *Journal of International Affairs*, Vol. 38, No. 2, 1985, pp. 161 – 179.

三、体制性吸纳与政治转型

在分裂的精英中存在多种派别,按照其对待既有政治体制的态度可以分为支持体制与反对体制两大类。两派精英都试图扩大自身的力量并压制对手,既有体制的维持在于支持派别的精英能够始终控制反体制派别的冲击,如果支持体制的精英难以在该体制下发展自身的力量,而反体制的精英却不断发展壮大,体制维持的成本会越来越大,最终崩溃而发生政治转型。因此,体制性吸纳能力对于体制的维持和精英力量对比至关重要。在一个政治系统中,如果其体制性吸纳能力很强,能够将社会中主要的政治参与者都吸收入体制并使得其追逐利益的行为都能够遵循既有的制度规定,那么支持体制的精英力量就能够不断增长,而反体制的精英就很难从社会中吸收人员加入其派别,该派别的力量很难增加甚至会被削弱,无法对现存体制造成威胁,政治转型就难以发生;反之,当政治系统难以将社会中的政治参与者吸收入体制,社会中的冲突和暴动频繁发生,则支持派别精英维持体制运行的成本持续增大,而反体制精英能够源源不断地从社会中汲取力量,对支持体制精英的威胁与冲击日益增加,既有体制就很可能崩溃而发生政治转型。

体制性吸纳会造成精英间力量对比的变化,进而影响到体制的存续。另外,它可能会受到经济、社会、文化和政治制度等结构性因素的影响,经济持续增长会提高体制的合法性,社会结构的多元化会增加更多的政治参与要求,政治文化上的差别会形成对体制的不同态度,而政治制度安排规定了进入体制的方式与获取利益的过程。此外,体制性吸纳可以将结构性因素与行动者连通起来。体制性吸纳是政治体制中的一部分制度安排,它也属于结构性因素的范畴,体制性吸纳能力的大小会形成精英间力量对比的不同格局,从而影响在转型过程中的主要行动者——政治精英的行为与策略。对东亚国家政治转型的考察,笔者就将以体制性吸纳精英派别间力量的变化在政治转型过程的理论框架中展开分析,其中,体制性吸纳是这一理论推导的关键变量。

第三节　研究方法：案例分析与比较研究

体制性吸纳、精英派别力量等变量都涉及多个维度和层次，难于进行量化分析，对其度量则主要采用强弱大小等类别尺度。这两个变量的变化需要一个较长的时间过程，并且在不同转型类型的国家中其具体情况和作用又可能各不相同，如欲详细考察其与政治转型过程间的关系，则应该放到一个较长历史过程中，并通过深入分析其在不同转型类型中的具体作用才能明确变量间的相互作用，因而，笔者将采用案例分析的方法，选取不同转型类型中的代表国家以细致探讨体制性吸纳与精英间力量对比的变化状况，以及这一状况对政治转型的产生和转型过程的作用。由于案例属于不同的转型类型，为明确体制性吸纳对政治转型的作用和各变量间的关系，笔者采用比较分析的方法，对比变量在不同转型类型中的作用和相互关系，以检验关于体制性吸纳和政治转型的理论命题。

一、以不同转型类型的代表国家作为分析案例

案例研究也称为个案研究（case study），是相对于问卷法、实验法等方法的一种社会研究方法。它专注于对单个的研究对象进行具体而系统的实证研究，研究对象可以是个人、个别群体、个别组织或机构、个别事件或问题。[1] 案例研究以"解剖麻雀"的方式对选定的对象的发生过程、特征、细节、所涉及的各种关系进行详尽的阐述，强调对"点"的把握。相对于其他方法，个案研究更适合用于回答"为什么"（why）和"如何做"（how）的问题。[2] 案例研究法虽然是对单个事物的研究，但也可以从中探索出事物的共性，从个别中推导出一般，得出理论命题，它是通过对样本的分析来扩展和推导出理论，属于"分析式通则化"[3]。所

---

[1] 宁骚：《公共管理类学科的案例研究》，载《新视野》，2006年第1期，第34—36页。
[2] R. K. Yin, *Case Study Research*: *Design and Methods*, London: Sage, 1994, pp. 1 – 5.
[3] Ibid.

第一章 导 论

得出的理论命题的适用范围和解释力则需要引入新的样本进行检验。而且案例研究方法拥有提供框架的优点,在这一框架里,学者通过较少的时间和资源就可以得出对于某一案例哪些是可能有用的数据。① 利普哈特也认为,案例研究可以为假设检验和理论创立作出贡献,他对案例研究的类型进行了区分,包括:(1)非理论性的案例研究,仅就案例本身进行分析;(2)诠释性的案例研究,运用某一理论来对某一特别的案例进行解释分析;(3)产生假设的案例,通过对个案的剖析提出某一理论假设;(4)理论证实的案例研究,案例分析的目的是证实某一理论;(5)推翻理论的案例研究,案例可以提供与某一理论相反的事实,或者可以依据案例分析对这一理论提出疑问;(6)偏离常规的案例研究,通过详细分析与某一理论相偏离的案例,以寻求说明和提炼理论②。

如前所述,"二战"后的东亚国家中共有九个国家发生过转型,从这九个样本中,笔者按照转型的类型与路径的不同挑选出三个国家进行案例研究,这三个国家分别是:从威权到民主的转型——韩国;从民主到威权的转型——新加坡;民主与威权的交替——菲律宾(民主—威权—民主)。之所以选择它们作为分析案例是由于这三个国家在经济水平、民族构成、宗教文化上差异较大,可以让理论命题得到更广泛的应用和检验。比如,新加坡是富裕国家,韩国是中等发达国家,而菲律宾尚属于发展中国家;韩国是单一民族国家,新加坡和菲律宾则是多民族国家,新加坡在建国初期还曾发生过马来人和华人的流血冲突;菲律宾的国民大多信仰天主教,其国内长期存在着伊斯兰叛乱武装组织,在韩国和新加坡则没有类似的宗教冲突。在这三个案例的分析中,笔者将主要考察体制性吸纳与精英间力量对比等变量的变化情况,并通过转型中的重大事件集合来检验各个变量之间的关系和对转型的作用。所以,本研究对

---

① [美]尼考劳斯·扎哈里亚迪斯主编:《比较政治学:理论、案例与方法》,宁骚、欧阳景根等译,北京大学出版社2008年版,第43页。

② Arend Lijphart, "Comparative Politics and Comparative Method", *American Political Science Review*, 65, 1971, pp. 682–693.

这三个国家的案例分析应属于利普哈特所划分类型中的诠释性案例研究与理论检验的案例研究（按照案例中的事实证实或推翻理论），以体制性吸纳与政治转型的理论命题来解释这三个案例的转型过程和异同，并以案例的比较分析证伪或证实笔者所提出的理论命题。

二、通过比较方法来澄清变量间的相关关系

在政治科学的研究中，特别是涉及国家等规模较大的研究对象以及较长的时间跨度时，研究者因无法排除环境的影响，实验方法就难以实施。在这一情况下，比较研究方法便可以作为实验方法的代用品。比较是分析的基本工具，它可以加强描述的深度，并通过聚焦于案例之间潜在的相似点和相互对照来形成概念。① 比较通常被用于检验各种假设，同时也有助于新假设的归纳、发现和理论建构。相对于定量分析的大样本（Large-N），比较方法常用于对较少个案（Small-N）的分析，它通过挑选可比较的个案来简化变量控制的问题。斯考切波和索米尔斯归纳了比较研究的目的，首先是为达到因果分析的目的而系统地考察各案例中的共变（covariation）；第二是用某一特殊模式、理论或概念来说明和考察若干案例；第三是突出案例间的差异，考察两个或更多的案例，用以建立某种框架，来解释变化过程在各案例背景中所受到的不同约束。②

用以比较的个案可分为四类：第一类为个案的背景和被研究的政治现象都是相似的；第二类个案的背景不同，而所研究的政治现象相似；第三类个案的背景相似而被考虑的现象不同；第四类个案则背景和现象全不同。③ 本书所欲讨论的三个案例都属于东亚国家，在背景上有相似之处，而各个国家的转型路径相异，大致可归于第三类。

---

① ［美］尼考劳斯·扎哈里亚迪斯主编：《比较政治学：理论、案例与方法》，宁骚、欧阳景根等译，北京大学出版社2008年版，第43—44页。
② Theda Skocpol and Margaret Somers, "The Uses of Comparative History in Macrosocial Inquiry", *Comparative Studies in Society and History*, 22, 1980, pp. 174-197.
③ 王绍光：《比较政治——方法论分析》，载《知识分子》，1987年秋季号，第70—76页。

第一章　导　论

　　从单一个案中所推导出的理论命题，很可能在另一个案中，命题所包含的变量关系并不成立，或者关系的作用方式完全相反，这意味着该理论命题解释范围有限或者是忽略了关键性的变量，多案例的比较分析则可以在一定程度上避免这种情况的发生。在所选取的三个案例中，其转型类型有威权到民主的转型、民主到威权的反向转型以及民主与威权的交替出现，由于案例分属不同的转型类型，这会在一定程度上减少案例不足所带来的问题。在比较中，并非对案例进行面面俱到的介绍和描述，而是主要考察体制性吸纳—精英派别间力量变化—转型发生与过程等变量间的关系，分析不同转型类型中各个变量间关系的异同，从而确定体制性吸纳对政治转型的作用，以理论命题中的变量关系来引导案例比较。

第二章　解释政治转型

第一节　解释视角的转变：从结构到行动者

自"二战"以来，对民主化特别是发展中国家如何建立民主制度的研究成为比较政治学中的主流论题。20世纪50—60年代是发展政治学的兴盛时期，偏重从功能主义和结构上去解释后发国家的民主化，建立民主制度被认为是从传统到现代的重要发展；从70年代开始，因民主制度在许多国家中崩溃或质量低下，结构的解释角度受到质疑，经济的发展并不能促进一国在政治上的"现代化"，而从1974年开始的"第三波"民主化浪潮中，行动者的作用凸显出来，从精英行为和策略的角度解释民主转型过程成为主要的研究视角；随着大批国家在"第三波"中进行了民主转型，在这些国家中如何防止民主制度的衰败，维持民主制度的运转，提高民主制度的质量成为热门的议题，并导致了从"民主转型学"到"民主巩固学"的转变，结构的视角也重新被学者们寻回。关于"二战"后西方学界对民主化研究的理论变迁与发展，国内学者也有所探讨，但主要是关注方法论的变化[①]，对理论观点少有系统的梳理，对其理论的贡献和缺失，特别是"民

[①] 参见陈尧：《寻找民主化研究的新路径：行为者方法与结构分析的结合》，载《学术月刊》，2009年第8期。高春芽：《社会结构与政治行动者之间的张力——方法论视野中的民主转型研究》，载《经济社会体制比较》，2012年第2期。

主转型"理论的不足之处并未形成清晰明确的理解。在上述理论中,对于民主转型过程与模式的阐释和东亚民主转型有更直接的联系,笔者将系统、详细地梳理这部分理论,并剖析其不足之处以提出本研究的理论框架。

一、"二战"后到 20 世纪 60 年代对民主化的结构性解释

发展政治学兴起于 20 世纪 50 年代,60 年代是其产出最多也是最繁盛的时期,该学说由三个分支理论和视角构成,它们分别是现代化的范式、结构功能主义和目的论的发展观。现代化的范式认为,经济发展会带来社会秩序的改变,并促进政治的改变;结构功能主义则把社会学中的结构—功能分析方法引入到政治学中,认为在政治体系中的各个政治结构都应行使相同的功能;发展观则是把西方的模式作为政治发展的目标和终点。① 在发展政治学的影响下,这一时期探讨民主化的学者,大多从结构上去分析民主的先决条件和民主制度的发展,根据各学者所偏重的结构因素的差异,可以归纳将其分为三类。

第一类是从经济的角度出发,探讨经济发展对民主的作用,其代表学者是李普塞特。他在对民主化的研究中,采用了政治社会学的方法,分析社会条件等外在于政治系统的因素对民主制度的影响,其目的在于寻找民主制度的产生和稳固的社会条件。他将经济发展视为支持民主制度的重要结构性条件,该变量包括城市化、富裕程度、教育和工业化等测量指标。② 所考察的国家则包括欧洲国家、英语国家和拉丁美洲国家共 48 个样本,这些国家按照第一次世界大战以来民主的持续和过去 25 年中未出现反民主的政治运动的标准划分为稳定的民主、不稳定的民主和独裁、民主和不稳定的独裁以及稳定的独裁四个类别。③ 在富裕程度与民主

---

① [美]弗兰西丝·哈葛扁(Frances Hagopjan):《重访发展政治学》,载《开放时代》,2006 年第 4 期,第 90—109 页。
② Seymour Martin Lipset, "Some Social Requisites of Democracy: Economic Development and Political Legitimacy", *The American Political Science Review*, Vol. 53, No. 1, 1959, pp. 69 – 105.
③ Ibid.

的关系上，富裕程度用人均国民收入、平均多少人拥有一辆汽车，几千人拥有一名医生，和每千人拥有的收音机、电话和报刊书等作为考量标准：在欧洲，比较民主的国家人均收入是 695 美元，17 人拥有一辆汽车；比较不民主的则是 308 美元，143 人拥有一辆汽车。在拉丁美洲，比较不独裁的国家人均收入 171 美元，99 人拥有一辆汽车；比较独裁的国家则是 119 美元和 274 人拥有一辆汽车。工业化用男性农业雇工百分比和人均工业能源消耗来度量：在欧洲，比较民主的国家农业受雇男工百分比是 21%，不民主的是 41%；在拉丁美洲是 52% 对 67%，人均能耗差别也同样很大。城市化程度采用住在 2 万人以上社区、10 万人以上社区和居住在大城市区域的人口百分数这三个指数度量：比较民主的国家在所有这三个指数上都比不民主的国家高；教育水平上，在欧洲，比较民主的国家中最低的文化普及率是 96%，比较不民主的国家普及率平均为 85%；在拉丁美洲，平均的文化普及率是 74% 对 46%。[1] 这些数据表明经济发展程度和民主之间有很强的相关关系，据此，李普塞特提出了著名的论断：经济发展水平越高，民主的可能性也就越大。[2] 其逻辑是，经济增长推动城市化与工业化水平，提高教育程度，并促进政治领域中民主制度的建立。

第二类是从文化角度来分析政治文化对民主的作用，其代表学者是阿尔蒙德和维巴。在《公民文化——五个国家的政治态度和民主制》中，阿尔蒙德在美国、英国、德国、意大利和墨西哥等五个国家中各进行了 1000 次访谈，以了解居民的政治态度。根据这些调查资料，阿尔蒙德认为，意大利的政治文化是一幅相对单调的政治离异、社会隔离和不信任的图像，意大利人在民族自豪感、稳健、开放的党派关系，承认积极参加地方社团事务的义务，在政治紧张的环境中与他人联合的能力意识，

---

[1] [美] 西摩·马丁·李普塞特：《政治人：政治的社会基础》，张绍宗译，上海人民出版社 1997 年版，第 28—31 页。

[2] Seymour Martin Lipset, "Some Social Requisites of Democracy: Economic Development and Political Legitimacy", *The American Political Science Review*, Vol. 53, No. 1, 1959, pp. 69 – 105.

第二章　解释政治转型

闲暇实践活动的社会形式选择以及对社会环境的信心等方面的得分非常低。① 墨西哥政治文化模式中最明显的特征是不平衡和不协调，在对政府的影响和重要性的评价，公民在官僚主义和警察控制下对公正而又认真对待的期望上，墨西哥的得分在五个国家中最低；但其对政治系统表示自豪的人数高于西德和意大利人，并且墨西哥人有较高的主观政治能力评价，而却在五个国家中最少进行政治参与行为。② 德国政治文化的特点是具有政治超然的文化，国民有较高的政治能力，绝大多数德国人对政治和政府有很好的了解，并积极参与投票；但德国人对政治系统的取向是被动的，属于臣民的取向而非参与者的取向。③ 美国则是一种参与者的公民文化，该文化已高度发展和广泛流传，美国人经常接触政治，参加政治讨论，卷入政治事务，有积极参与社团的义务感和对政府施加影响的能力感，而且还喜欢涉足政治事务；其中也混杂着消极的臣民和村民的文化，其作用在于调和参与角色的行为。④ 英国的政治文化也接近于公民文化，是一种恭顺的公民文化，参与政治的人很多，接触政治、利益和卷入的程度以及能力意识相对来说都比较高，既有支持政治活动的准则，又存在着对政治系统的情感。同美国一样，英国的政治文化也把村民、臣民角色与参与者的角色融合在一起，不同的是，美国偏重于强调参与角色，英国则是温顺的臣民角色发展得更快更广泛。⑤ 英国和美国是最接近公民文化的类型，同时这两个国家也是在五个国家中较稳定和成功的民主制国家。阿尔蒙德认为，公民文化适合于保持一种稳定的和有效的民主政治过程，而且在公民文化中各种态度的混合适合民主制的混合政治系统。⑥ 因而，新兴国家的现代化过程中，还需要培育出某种公民文化以创造有效的民主制度。

---

① ［美］加布里埃尔·A.阿尔蒙德、西德尼·维巴：《公民文化——五个国家的政治态度和民主制》，徐湘林等译，东方出版社2008年版，第359页。
② 同上，第370—371页。
③ 同上，第382—383页。
④ 同上，第393页。
⑤ 同上，第394页
⑥ 同上，第439页。

第三类则强调社会与政治结构对民主制度的影响。除经济发展外，李普塞特还将社会阶级结构与民主制度的维持联系起来，他认为，经济发展会改变阶级斗争的形式，① 因为经济增长会影响低收入阶层的生活状况，从而影响其政治倾向。通过对富裕国家与贫穷国家的比较，他得出，由于后者的贫富差距会大于前者，在贫穷国家中低收入阶层会更倾向于激进主义与共产主义，而不利于产生民主制度。他特别指出了中产阶级对于民主政治维持的作用：因为上层阶级与下层阶级之间生活方式与价值观念差距巨大，上层阶级往往不会与下层阶级分享政治权力，上层阶级反民主的态度和政治行为也会强化下层积极的极端主义反应。随着中产阶级的成长与壮大，一国的社会结构就会由以下层阶级为主体的高大金字塔形逐渐转变为菱形，中产阶级会发挥缓解社会矛盾与冲突的功能，并通过支持温和的、民主的政党，从而遏制极端主义团体。并且，中产阶级更倾向于组建和加入民间组织，以利于民主的产生与稳定。② 亨廷顿则将中产阶级视为民主化的革命性因素，"在大多数处于现代化进程的社会中，真正的革命阶级当然是中产阶级。这是城市中反政府的主要力量之源泉"③，新兴的中产阶级往往有强烈的政治参与意识，他们希望在政治上获得相应的权力提升其地位，他们会创造现代价值观等意识形态来影响和动员社会大众，当新兴的中产阶级在参与政治的愿望落空和参与政治的渠道堵塞的情况下，往往会设法谋求其他社会集团（包括农民、城市无产阶级、军队）的支持，反对政府、鼓动暴乱和示威游行，以推翻原政府。④ 当新的民主制度建立起来后，中产阶级则会稳定新的社会结构与政治制度，成为新制度的维护者。⑤

摩尔也将社会结构视做现代化的重要因素，但他的观点与发展政治

---

① ［美］西摩·马丁·李普塞特：《政治人：政治的社会基础》，张绍宗译，上海人民出版社1997年版，第34页。
② 同上，第38—39页。
③ ［美］塞缪尔·P.亨廷顿：《变化社会中的政治秩序》，王冠华等译，上海世纪出版集团2010年版，第239页。
④ 同上，220—281页。
⑤ 同上，第59页。

第二章 解释政治转型

学的预设有所不同。他分析了英国、法国、美国、中国与日本等国走向现代过程,认为民主政治并非唯一的结果,在不同的阶级基础和阶级关系下,也可能产生出共产主义与法西斯主义。在通向现代的道路中,第一条是以英、美、法为代表的,一连串革命后所获致的资本主义与议会政治的综合体。[①] 其条件是避免太强的君主或太独立的土地贵族为目标的均衡发展和不论土地贵族或农民皆转向一种适当形式的商业化农业。[②] 第二条是以日本为代表的,在缺少强大的革命浪潮之下,经由反动的政治形态,达到法西斯主义的高峰。[③] 因其现代化过程较晚,商业阶级力量较弱,于是形成地主上层阶级和新兴的商业、制造业利益间的联盟,控制农民,以军国主义的形式进行现代化。[④] 第三条是以中国为代表经由农民革命的共产主义道路,[⑤] 这是由于地主阶级领导的农业中缺乏商业革命,旧的制度保留下来,并且农业社会与上层阶级之间的联系太弱,[⑥] 对农民缺乏控制,农民革命就有充分的爆发条件,并唯有通过这一方式才能去除旧制度、进行现代化。

在对结构性因素与民主政治关系的研究中,经济、文化和社会结构等诸多因素被纳入讨论范围,上述研究也表明这些因素对于民主制度的产生与维持有重要作用。受现代化理论的影响,在这些结构性因素中最为重要并且讨论最多的是经济因素,经济发展与民主之间被认为具有正相关关系,并且,经济发展会促使商业阶级和中产阶级发展和壮大,并培育参与的公民文化,这些变化都有利于民主政治的出现与稳固。然而,现代化理论所设定的参照西方模式的政治发展道路在现实中遭遇了沉重的打击,许多战后新兴的发展中国家贫富差距严重,政治动荡,经济陷入停滞,经济发展所带来的参与增长引发了政治秩序的不稳定,许

---

① [美]巴林顿·摩尔:《民主与独裁的社会起源》,萧纯美译,台北远流出版社1992年版,第437页。
② 同上,第453页。
③ 同上,第437页。
④ 同上,第460—465页。
⑤ 同上,第437页。
⑥ 同上,第499页。

多民主政体崩溃,被权威主义政治代替。亨廷顿于1968年出版的《变化社会中的政治秩序》一书则摧毁了结构性因素与民主之间的联系,经济发展不一定会带来政治发展和民主;与之相反,他认为经济的增长会导致更高的政治参与要求,在制度难以容纳这些要求的情况下,会使政治系统不稳定进而使得现有秩序瓦解,换言之,现代化可能会产生出民主政治,但也可能导致政治秩序崩溃。① 奥唐奈在《现代化和官僚威权主义》中进一步反驳了李普塞特的经济发展与民主之间的相关关系理论。拉丁美洲的富裕、城市化程度、教育水平最高的国家中却出现了民主的失败,并产生了限制参与的由技术官僚、军队和企业家集团结盟的官僚权威主义政体。② 现代化过程产生了政治不稳定与不民主的情况,这极大地削弱了经济发展等结构性因素对民主政治的解释力;同时,在20世纪70年代所发生的第三波民主化浪潮中,向民主转型的国家在经济、文化和社会结构上有着极大的差异,这进一步表明了结构性因素在分析民主转型过程上的无力,此外,政治精英的行为和策略在民主转型过程中的作用越来越多地被学者们所重视,对民主转型的研究从结构性视角转变为行动者视角。

二、从结构性视角到行动者视角

民主转型研究的视角转变,一方面是由于现实中诸多无法解释的反例引起了对受现代化理论与功能主义影响的结构性视角的广泛质疑,而更多的则是因对各种结构性因素与民主相关关系的反思以及对政治精英作用的重新认知所导致。

1. 经济发展是否能够促进民主化

新兴国家中的民主政体崩溃、政治秩序紊乱和威权政体的复归使得民主与经济发展的相关性命题受到越来越多的质疑。普沃斯基和利蒙吉

---

① 参见[美]塞缪尔·P.亨廷顿:《变化社会中的政治秩序》,王冠华等译,上海世纪出版集团2010年版,第24—54页。

② 参见[阿根廷]吉列尔莫·奥唐奈:《现代化和官僚威权主义:南美政治研究》,王欢、申明民译,北京大学出版社2008年版,第1—6页。

第二章 解释政治转型

在分析 135 个国家 40 年的数据后发现,经济增长促进民主制度产生的命题并没有实证支撑,经济发展对独裁政体瓦解的作用很小,即使在经济发展较好并从专制政体变为民主政体的国家中,也难以通过数据分析出在什么样的经济发展水平上会发生民主转型。[①] 李普塞特关于经济发展与民主的相关性研究,在方法上也存在一定的问题,他将同一时段内的民主国家和非民主国家的经济水平进行对比,得出民主国家在人均收入、城市化和教育等方面均优于非民主国家。这一结论并不能表明经济发展与民主政体间存在因果联系,因为民主国家经济发展水平较高有可能是由于其现代化的发生时间要远远早于非民主国家,或者是由于民主国家中的保护产权和鼓励创新的制度安排促进了经济发展。因而,经济发展可能并非是导致民主国家的原因,反而是民主制度的结果。这样,在因果关系上,经济发展促进民主产生的命题不能成立,而且,在奥唐奈对拉丁美洲国家的研究中,建立起官僚权威主义政体的阿根廷在经济上的表现也好于同区域的民主国家,那么,两者的相关关系是否成立也需要进一步的探讨。

2. 对结构性因素与民主间因果关系的否定

随着政治发展理论逐渐式微和民主化研究的进一步发展,经济、政治、文化和阶级等结构性因素与民主的关系得到了重新的界定。罗斯托认为,这些结构性因素对民主的作用是功能性的,而非因果关系,若要回答什么因素导致民主转型,则要进行"起源性"的研究。[②] 他将结构性因素视为民主制度运行的条件,而非民主制度产生的原因。并且,他还指出,阿尔蒙德对公民文化的研究是建立在同一时段对不同国家的公民态度的调查上,这就无法显现出公民文化是民主产生的原因还是受民主所影响的结果;而李普塞特的研究只是提出民主制度的社会条件,并不

---

① Adam Przeworski, Fernando Limongi, "Modernization: Theories and Facts", *World Politics*, 49 (2), 1997, pp. 155–183.

② Dankwart A. Rustow, "Transitions to Democracy: Toward A Dynamic Model", *Comparative Politics*, Vol. 2, No. 3, 1970, pp. 337–363.

是民主制度产生的前提条件。① 罗斯托区分了民主制度产生的原因和民主制度的条件，结构性因素是在民主制度产生之后对其维持发生作用，和民主是相关关系，不是因果关系；而要探讨民主制度的原因，则需要从"功能"转换到"起源"，进行对民主转型的起源和过程的研究。在第三波民主化浪潮中，在南欧、拉美、亚洲、东欧、中北美洲和非洲等诸多地区的数十个国家中发生了民主转型，在这些不同区域的国家中，政治文化、经济水平和社会结构等因素都存在较大差别。因而，卡尔和施密特认为，应该对传统的民主化的研究方式进行修正，在民主政体出现的原因上，并不存在唯一的前提条件。学者们对经济的、社会的、文化的、心理的或国际的诸多因素所进行的相关性研究，并未寻找到任何民主化的一般规律。② 而被认为是民主前提条件，诸如较高的经济增长率、城市化程度和教育水平，以及高度的相互信赖、对不同意见的容忍的公民文化等因素，则应该视做稳定的民主过程的产物。③ 虽然巴林顿·摩尔强调，没有中产阶级就没有民主，在民主制度产生之前，必须要有强大的城市工商业主阶级，并具有巩固的统治地位，④ 但在东欧、南欧和南美所发生的民主转型中，唯有少数国家拥有地位牢固的民族资产阶级⑤，而多数国家的民主转型是在资产阶级未具有强大的力量和未获得领导地位的情况下发生的。因此，卡尔和施密特提出，这种探索一组条件以解释民主政权的存在的努力应当放弃，而应依据民主政体出现的各种不同情况，进行一种按照实际经验的、合理的理解。⑥ 由上所述，在现代化理论影响

---

① Dankwart A. Rustow, "Transitions to Democracy: Toward A Dynamic Model", *Comparative Politics*, Vol. 2, No. 3, 1970, pp. 337 – 363.

② Terry Lynn Carl and Philippe C. Schmitter, "Modes of Transition in Latin America, Southern and Eastern Europe", *International Social Science Journal*, Vol. 43, No. 2, 1991, pp. 269 – 284.

③ Ibid.

④ Barrington Moore, *Social Origins of Dictatorship and Democracy*, Boston: Beacon Press, 1966, pp. 418 – 419, pp. 423 – 425.

⑤ Terry Lynn Carl and Philippe C. Schmitter. "Modes of Transition in Latin America, Southern and Eastern Europe", *International Social Science Journal*, Vol. 43, No. 2, 1991, pp. 269 – 284.

⑥ Ibid.

第二章 解释政治转型

下的结构性分析中所提出的经济、文化、阶级等因素与民主之间的相关关系被修正,结构性因素导致民主制度产生这一因果性关系被否定,各种结构因素与民主的关系被认为是有利于维持民主制度的运行或者是民主制度的结果。民主转型发生的原因难以从结构性因素中找到合理的解答,并且,这一视角下的研究都没有对民主转型的步骤、过程与后果加以分析。而要回答这些问题,必须要寻找到新的解释变量和分析视角,在对第三波民主化的研究中,结构性视角因存在的种种限制不再被多数学者多采用,政治精英的作用则逐渐得到重视。

3. 政治精英与行动者视角

正如罗斯托所言,如果要回答民主转型的因果关系问题,就必须要能够解释民主转型的发生与过程。经济、文化和阶级等促进民主稳定或作为其结果的结构性因素并不能导致民主转型的发生或对转型过程造成主要影响,而政治精英的作用被越来越多的学者所发现并将其运用于对民主转型过程的分析。实际上,对政治精英的研究早在19世纪就已经发端,并以帕累托、莫斯卡和米歇尔斯等三位经典理论家为代表。帕累托提出了精英循环理论,他认为,社会发展过程就是精英间相互替代和循环的结果,[①] 具有统治地位的精英的力量会逐渐衰落,对社会掌控的能力下降,新的精英会在这种情况下从社会中出现并不断成长直至取代精英的地位成为新的统治精英,而新精英也会重复上述的路径被其他精英代替,精英的循环和替代就构成了社会变迁和发展的动力。米歇尔斯则提出了著名的"寡头统治铁律",即任何组织都有集中和寡头化的倾向,即使在民主社会,精英和大众之间的权力分配也是极端不平衡的,政治权力最终只能掌握和垄断在少数政治精英手中。[②] 莫斯卡提出了"统治阶级"的概念,认为这些人之所以掌握权力是由于其自身具备的主观素质的资源,而"有组织"的少数人总是统治"无组织"的多数人是人类社

[①] [意] 维尔弗雷多·帕累托:《精英的兴衰》,刘北成译,上海人民出版社2003年版,第41页。
[②] 参见[德]罗伯特·米歇尔斯:《寡头统治铁律——现代民主制度中的政党社会学》,任军锋等译,天津人民出版社2004年版,第18—29页。

会永远不变的事实。①

在此之后,韦伯、熊彼特、拉斯韦尔等学者延续了对政治精英的研究。韦伯认为,现代社会的理性化与官僚制化会将人异化,使其变为机器、金钱和官僚制的奴隶,而具有热情、责任感和判断力并拥有"卡利斯玛"特质的职业政治家则是从官僚制的"铁的牢笼"中解救自由精神的关键要素。②熊彼特把民主看成是一种政治精英争夺权位的制度安排,在这一制度下,政治精英"通过争取人民的选票来取得决定的权力"③。熊彼特的"精英主义民主"概念按权力地位将精英和大众明确地区分开来,表明在现代社会,大众参与共同决策的民主模式不可能实现。拉斯韦尔按照现有权力的权重、范围和领域将政治组织的结构划分为精英、中层精英和民众。他认为权力群体中,掌握权力最多的人群拥有最大的影响力,并且权力群体倾向于发展为等级制度,区分政体的标准并不取决于是否存在精英,而是取决于精英同民众的关系——它是如何被组建,以及如何行使权力。④

在"二战"以后,受欧洲纳粹的影响,以及在新兴国家中传播民主理念并建立民主政体的需要,对政治精英的研究逐渐减少,直至20世纪70年代的第三波民主化浪潮发生以后,此前所提出的结构性因素与民主制度的关系被重新认知,政治精英的作用和行为才再度被加以关注,并以此为视角对民主转型进行研究。在1970年,罗斯托开创性地提出了民主转型的发生是因不同群体间,即统治精英、反对派精英和民众间的互

---

① [意]加塔诺·莫斯卡:《统治阶级(政治科学原理)》,贾鹤鹏译,译林出版社2002年版,第119页。
② 苏国勋:《理性化及其限制——韦伯思想引论》,上海人民出版社1988年版,第233—254页。
③ [美]约瑟夫·熊彼特:《资本主义、社会主义与民主》,吴良健译,商务印书馆1999年版,第394—395页。
④ [美]哈罗德·D.拉斯韦尔、亚伯拉罕·卡普兰:《权力与社会:一项政治研究的框架》,王菲易译,上海世纪出版集团2012年版,第186—191页。

第二章　解释政治转型

动所导致。① 亨廷顿认为政治精英和经济发展同样重要,他把经济发展和政治领导看做是民主稳定和扩张的两个关键因素,"经济发展使得民主成为可能,政治领导使得民主成为现实",并且,他进一步强调了精英的作用,政治精英必须掌握技巧来实现向民主的转型,既反对激进派也反对守旧派,来应付其对民主转型的破坏。② 卡尔和施密特则更进一步,认为政治精英的决策行为对民主转型具有决定作用,所建立的民主制的类型和方式就是各种决策的结果。③ 在对精英行为的研究中,除了重新强调精英的作用外,学者们还引入了理性选择理论用以分析精英的策略和选择行为对民主转型的影响。政治精英被视做"理性经济人",从自身利益最大化出发进行决策行为,虽然在转型过程中,原有的政治体制崩溃,但是过去的社会结构和制度遗产仍然会限制精英的行为;换言之,精英的选择是在既定约束和条件下做出,这些结构会限制或促进精英的行为选择。④ 不同派别的精英及其跟随群体具有特定的偏好和资源约束,通过计算和考量作出战略选择,并组合成各种联盟关系,在各派精英的互动关系和行为下,形成多种转型过程和后果;同时,民主制度的安排和形式也会因精英的互动行为显现出各种制度结果。

在对结构性因素与民主的相关关系重新梳理后,政治精英被引入到对民主转型的分析中。通过采用理性选择理论以探讨精英的行为和策略,民主制度被视做政治精英在不确定性条件下进行选择和互动而塑造的结果。⑤ 不同派别的精英所进行的不同行为组合形成各种转型过程与结果,这显示出民主转型过程在政治精英的行为下所蕴含着的更为复杂的阶段、

---

① Dankwart A. Rustow, "Transitions to Democracy: Toward A Dynamic Model", *Comparative Politics*, Vol. 2, No. 3, 1970, pp. 337 – 363.

② [美] 塞缪尔·P. 亨廷顿:《变化社会中的政治秩序》,王冠华等译,上海世纪出版集团 2010 年版,第 379—380 页。

③ Terry Lynn Carl and Philippe C. Schmitter, "Modes of Transition in Latin America, Southern and Eastern Europe", *International Social Science Journal*, Vol. 43, No. 2, 1991, pp. 269 – 284.

④ Ibid.

⑤ Di Palma, *To Craft Democracies: An Essay on Democratic Transitions*, Berkeley: University of California Press, 1990, pp. 8 – 9.

环节与方式，也意味着结构性视角下所忽略掉的转型过程可能具有更广阔的分析空间和更大的研究价值。自 20 世纪 70 年代以来，越来越多的学者开始从政治精英的角度来揭开转型过程，剖析其细节，对民主转型的研究视角也从结构性视角转变为行动者视角。

第二节　转型次序与转型模式

在行动者视角下，西方学者对第三波民主化进行了大量的研究，因其主要聚焦于政治精英的行为，分析非民主政体向民主政体的转型过程，被冠之以"民主转型学"的称谓。与此前的研究相比，民主转型学赋予政治精英更重要的地位，从精英主义和行动者的视角解释民主转型。查尔斯·蒂利曾将解释民主化的研究归纳为四类：必要条件、变量、次序和集群。① 必要条件是指民主理念和实践的灌输、民族统一的措施、自主的国家、经济成长、市民社会的组织等；② 变量则指促进民主化的原因，例如亨廷顿所列出的五个原因变量：民主价值的普遍接受和威权体制的合法性问题加深，经济的全球性成长，天主教的改革，外国的政策变化，滚雪球或示范效应。③ 蒂利所指的必要条件和原因实际上是上文所涉及的结构性因素，在原因中，亨廷顿五个变量的前三者可视为一个政治系统内在的结构因素，而后两者是国际层面上的结构因素。次序和集群则属于民主转型学所探讨的主要领域。次序是指转型的顺序和秩序；而集群虽被蒂利认为是必要条件与次序的结合，民主转型体现为某一集群的民主化，例如不同的时地、战略条件、游戏规则和掌权者的有限制的选择会形成某种类别的转型。④ 这一集群研究所分析的是不同条件下政治行动

---

① ［美］查尔斯·蒂利：《欧洲的抗争与民主（1650—2000）》，陈周旺等译，上海人民出版社 2008 年版，第 10 页。
② 同上。
③ ［美］塞缪尔·P. 亨廷顿：《第三波——20 世纪后期民主化浪潮》，刘军宁译，上海三联书店 1998 年版，第 54 页。
④ ［美］查尔斯·蒂利：《欧洲的抗争与民主（1650—2000）》，陈周旺等译，上海人民出版社 2008 年版，第 12 页。

者的策略和互动所形成的不同转型类型,其重点在于探讨不同的转型模式是如何产生的,因而,用转型模式而不是集群来表示这类研究显得更为适当。

民主转型学与东亚国家的政治转型有着直接的联系,因为从威权到民主的转型是其中的主要组成部分,这是该理论进行检验和运用的场域。当然,民主转型学并不解释从民主到威权的转型,但其对转型中精英行为、决策和互动的分析也能够运用到这一转型类型的研究中。但是,民主转型学对推动转型的精英派别力量如何在原体制中成长缺少解释,因而无法回答反对派精英为何能够促使原体制崩溃或者有足够的能力资质让原体制内的改革派有与之联合的意愿和行为以使原体制瓦解,这些问题构成转型的起点,同时影响着各派精英以什么方式推动转型。有鉴于此,笔者则会在民主转型次序与转型模式这两方面对民主转型学的主要理论进行梳理,并详细地讨论理论中所存在的问题,并以此为基础构建对东亚政治转型分析的框架。

一、对转型次序的解释

民主转型次序是指从非民主政体到民主政体所经历的步骤和阶段,对转型次序的研究"一再诱惑着民主化的分析家"[①],这些学者在对转型过程的研究中试图依据多个国家的转型历史归纳出能够覆盖几乎所有国家在转型中所历经的主要阶段,明确转型的基本逻辑,并建立起关于转型过程的理想动态模型。如罗斯托所言,转型过程的理论"必须能够覆盖所有给定国家从未建立起民主制度到成为民主国家之间的时段"[②]。

1. 罗斯托的转型模型

罗斯托的模型建立在否定经济、文化等结构性因素与民主转型的因果关系上,并认为其理论能够对民主制度的产生进行因果关系的解释。

---

① [美]查尔斯·蒂利:《欧洲的抗争与民主(1650—2000)》,陈周旺等译,上海人民出版社2008年版,第11页。

② Dankwart A. Rustow, "Transitions to Democracy: Toward A Dynamic Model", *Comparative Politics*, Vol. 2, No. 3, 1970, pp. 337–363.

罗斯托认为,其模型主要解释那些动力来自于政治系统内部的民主转型,而不考虑由外来力量来推动民主转型的案例。通过对 23 个国家转型历史的考察,他构建了民主转型的理想模型,该模型将民主转型过程分为以下阶段①:

(1) 前提条件。该条件并不构成转型的阶段与过程,而是转型开始的基础要件。罗斯托认为转型的开始必须具备国家统一的条件。它要求在将要发生民主转型的政治系统中,绝大多数公民都能够在心理上清楚地确定其属于同一个政治共同体。该条件之所以是前提条件则因为其必须先于民主化而存在,同时也是民主化所具备的唯一的一个前提条件。罗斯托特别指出,他并未将其他作者视之为前提条件的社会经济因素放入其中,因为社会经济因素无法说明测量这些因素的指标在何种数值上时会开始民主转型,例如科威特、古巴、刚果(金)等国在指标上数值较高,却并未开始民主转型。

(2) 准备阶段。这是民主转型的第一个阶段,在这一阶段中,新的精英群体从过去被压制和缺少权力与影响力的社会阶层中涌现出来,他们和其跟随者在政治目标与政治利益上与旧的精英群体展开争夺,随之发生的是长期和充满不确定性的争斗与政治冲突。民主并非争斗的原初目标,它看起来只是争斗的副产品。并且,已实现民主的各个国家中,在这一阶段进行政治斗争的精英群体和方式均不相同,在此并不存在统一的导致民主的斗争模式。斗争的持续和烈度升级,促使精英群体的极化。民主制度只是冲突的一个可能的结果,两极分化的精英群体与争斗可能会导致朝向民主的转型,也可能会使得共同体解体,或者一方对另一方的镇压。

(3) 决议阶段。作为准备阶段的结果,政治领袖们会倾向于接受在政治体中所出现的多元性,在决议阶段,精英间达成某种协议并开始对民主进程中的关键部分进行制度化。在此过程中,政治精英将发挥重要的作用,协议的达成必须依赖于居于顶端的政治领袖,精英们掌控着政

---

① Dankwart A. Rustow, "Transitions to Democracy: Toward A Dynamic Model", *Comparative Politics*, Vol. 2, No. 3 1970, pp. 337 - 363.

治权力，是开启从寡头政体向民主政体转变的决定性力量。决定意味着选择，利于民主的决定源自于多方力量的互动，进行协商的政治精英可能是准备阶段中的政治领袖，以及其他派别或者新兴阶层中的精英。协议通过多种方式达成，保守派的妥协可能是因恐惧持续的抵抗会威胁其地位，或者是由于协议中保证其一定的权力地位，而保守派和激进派也会因担心长期的斗争会引起公民战争而愿意妥协。

（4）习惯化阶段。当协议达成，民主制度建立，习惯化阶段则意味着政治系统中的各种力量不仅要在行为上适应新的制度规定，并且在内心中逐渐相信这一制度。在新的民主制度中，各个派别的竞争通过制度安排来进行，其结果是未知与不确定的。这一阶段会包括各种政治力量的试错和学习过程，逐渐适应民主制度并且将其主要争议与问题都交由民主过程来加以解决。随着在民主制度中成功解决争端与议题争夺的增多，政治精英和公民会增加对新制度的信心与认同。政治精英的行为逐渐被民主制度规约，大众通过民主选举逐步加强与政治精英的联系并习惯于民主制度。

罗斯托的转型模型指出了民主转型的次序：以国家统一为转型的前提，经过斗争、妥协和习惯化。在每一阶段，都包含必须完成的任务：在前提条件上，需要形成一个统一的国家；在准备阶段，需要由精英领导下层民众进行政治斗争；在决议阶段，争斗的精英要通过妥协、协商来达成民主制度的决议；在习惯化阶段，各种政治派别和公民要适应新的制度。罗斯托特别强调了精英在民主转型中的作用，政治斗争与协议是实现民主转型的关键因素和环节，斗争是由政治精英所领导，精英间的冲突使得各方都不得不进行妥协，民主制度的建立则是精英们所达成协议的结果。

2. 奥唐奈与施密特的转型阶段

奥唐奈和施密特在对南欧和拉美等国民主转型的案例研究后提出了揭开威权主义统治、协定之谈判和举行选举等三个转型阶段。其论述与罗斯托有诸多相似之处，例如，揭开威权主义统治、协定之谈判与准备阶段和决议阶段类似。但奥唐奈和施密特更强调转型中的不确定性，他们认为,从已知的威权主义制度的转型是一个未知的结果,可能是民主的建立,也可能是更强大的威权主义政权的建立,也可能仅仅是一片混乱。在转型期中,不可能在事前确认哪一个阶级、地区、机构,或是团体会扮演什么角色,选择哪些议题;虽然巨大的结构会影响团体与个人的行为,但与正常情况相比,这些结构会变得松散,影响软弱无力,① 参与者的行为、政治计算与策略是影响转型过程的重要因素。

(1) 揭开威权主义统治。在威权政治转型的开端上,奥唐奈和施密特认为,虽然有一些国家是由外来力量所引起,但除此之外,转型的原因都可以在国内找到,并且国内因素能够决定转型。他们提出,没有任何一个转型的开始,不是因为威权政体自身的分裂。这一分裂体现在精英群体上,特别是强硬派和温和派的决裂。这两个派别均在政治体系中掌握着权力,两者都赞同对威胁其权力地位的力量进行压制,不同之处是,强硬派拒斥民主,而温和派则认为应该适当开放自由权利与选举。揭开威权统治有两种方式,这取决于各派精英的力量大小,如果体制外的反对派力量较强,体制内各派别分裂严重,则可能由反对派引导转型;在反对派力量弱小,威权体制较为成功的情况下,可能由威权政权自身来引导转型。

(2) 协定之谈判。奥唐奈和施密特将协定看成是一种白纸黑字但不一定对大众公开的、少数局内人之间的协议,是在互相尊重、互相保护彼此关键利益的基础上,制定执行权力的规则。协定产生于以下背景:互相冲突或竞争的多个独立集体行为者必须依赖彼此,如果要满足各自不同利益,他们无法单独执行也无法强迫其他人接受自己的方案。而不同势力之间关系的改变,以及新的派别力量的出现也可能会导致重新协商改变已经建立的协定。协定在转型中不一定必然发生,因为即将下台的统治者可能没有足够的能力与威信同其他势力进行协调,而让派系斗争或者选举来决定接下来的事情。另外,也可能存在一个拥有充分势力与资源的派别单方面决定游戏规则。但他们也强调,一旦出现转型,谈

---

① [美] 吉列尔莫·奥唐奈、[意] 菲利普·施密特:《威权统治的转型——关于不确定民主的试探性结论》,景威、柴绍锦译,新星出版社 2012 年版,第 1—4 页。

第二章 解释政治转型

判协商对于转型是一定有好处的,这可以增加建立民主制度的可能性。同时,由于转型存在不同的时刻,比如,军事、政治和经济的时刻,每一个时刻则代表着不同的协定。军事时刻协定的目标是对军队的非法行为进行控制,阻止针对军队的报复,并建立安全表达利益与讨论政策的通道。政治时刻协定的核心是在竞争性政党领袖之间形成一套方案,包含制定政策选择的议程,按比例分配利益,不让外人参与决策过程,并且全体同意放弃向军方求援和发起大规模社会动员。经济时刻的协定则包含财产权的界定,利益再分配制度等内容。

在协定阶段可能会伴随发生公民社会的复苏与公共空间的重塑,奥唐奈和施密特认为,转型的动力不止来自于精英的喜好、算计和协定,当温和派压过了强硬派并开始与某些反对派谈判的时候,一次巨大的社会动员很可能会发生。社会各阶层的"政治参与"会促使公共空间的茁壮成长,这会迫使政治精英必须尊重、同时分配资源给予某些社会议题,而且会阻碍体制内温和派想要永久执政的企图,也提高了强硬派想要政变的预期成本。协定阶段则包含着两方面的动力,一方面是精英的互动和策略,另一方面是公民社会的复苏,二者共同促使协议的形成与民主选举的举行。

(3)举行选举。转型领导者对于民意代表的职位通过选举方式产生的宣布意味着民主制度的初步建立。政党通过提出不同候选人来相互竞争与选民的自由选择将会引起不同派系与势力间力量和关系的快速变化。选举会将政党带到政治舞台的最前面,政党必须创造政治符号来获得足够多的选民支持才能获得席位。当选举能够在比较公平的规则下进行,一些极端的行为会被放弃,比如,对于体制反对派而言,只要他们相信有机会赢得选举就会倾向于与体制内的温和派联手,并解散一些极端的和军事化的组织,减少暴力和过度的公开活动。威权政治后的初次选举被视为"奠基性选举",如果通往民主制度的转型要获得长期成功,那么奠基性选举必须自由举行、程序公开和公平竞争。①

3. 民主转型次序论及其问题

除上述三位学者外，还有很多转型学者区分了民主转型的阶段，这些分析都较为相似，卡罗瑟斯将其归纳为三个阶段：首先是"开放"阶段。在这一阶段中，政治体系内进行了自由化改革，威权统治内部出现了分裂，并日益演变为壁垒分明的强硬派和温和派。接下来是"突破"阶段。威权主义政体倒塌，新的、民主的政治体系快速产生：经由全国性选举产生新的政府，并通过新宪法出台，建立起民主的制度结构。最后是巩固阶段。这是一个较为漫长和长期的过程，带有目的性地将民主的形式逐渐变为民主的实质，通过定期的选举、公民社会的成长，把民主变为社会中唯一的游戏规则。② 蒂利也对次序论进行了总结，他认为，这些分析家区分了四个显著的阶段，其每一阶段都是下一阶段的前提：前提条件的发展，退出威权主义，向民主转型，民主的巩固。前提条件阶段是一个长期的发展过程，接下来的三个阶段——退出、转型和巩固——是主要政治行动者之间选择和互动的结果，逆转（从民主中退出，回到新威权主义）的产生是由于下一阶段的条件有所欠缺。③

总体上看，相比此前仅从相关性上寻找影响民主产生与维持的条件，对民主转型的阶段分析使我们对转型过程的理解更为深入和细致。对转型阶段的区分将民主转型视为动态过程，在不同的阶段中，对应着朝向民主转型所需要完成的任务，并指明了在不同因素的影响下，民主转型的结果并不确定，对其产生决定性影响的是政治精英的行为与策略。如果主要政治行动者间的互动体现为非民主选择与策略的结合，则转型过

---

① 对于这三个转型阶段的论述，请参见 Guillermo O'Donnell and Philippe C. Schmitter, *Transitions from Authoritarian Rule: Tentative Conclusions about Uncertain Democracies*, London: The Johns Hopkins University Press, 1986, pp. 15 – 64。

② Thomas Carothers, "The End of the Transition Paradigm", *Journal of Democracy*, Vol. 13, No. 1, 2002, pp. 5 – 21.

③ [美] 查尔斯·蒂利：《欧洲的抗争与民主（1650—2000）》，陈周旺等译，上海人民出版社2008年版，第11页。

程则很可能被逆转。① 但次序论也遭到了很多的批评,其理论存在的最大弊病,则是对众多民主转型案例进行普遍化解释的企图。虽然转型步骤和阶段是来自于对多个案例的考察,但所设定的转型次序仍与较多转型案例的事实不符,例如,中国台湾、韩国、墨西哥的转型并未经历"突破"阶段,而是快速地进行全国性选举并建立了新的民主制度框架;在很多国家中也未进行关于民主制度的协议,而是由反对派主导推动民主选举;并且,民主的巩固阶段在多个国家中并未如该理论所预设的步骤推行,其间经历了多次的反复与波折。② 换言之,由于现实中不断涌现的挑战民主转型次序论的反例,非民主政体向民主政体变迁的次序论受到诸多的质疑,达尔就明确否认这一观点。他强调有很多条不同的民主化道路,转型过程是多种因素以多种方式结合起来发生作用,并且,民主制度虽然在世界范围内越来越占据主导地位,但去民主化依然频繁发生。③ 因此,各国的民主转型过程并不遵循于一个统一的动态模型,从多个案例中也难以推导出标准化与普遍化的转型次序。这表明民主转型存在多种模式,相比于单纯的归纳转型阶段和步骤,对不同转型模式及其影响因素的探讨则可能会得出更为有效的对民主转型的解释。

二、对转型模式的解释

转型的阶段分析虽然存有种种弊端,但它对阶段的区分,特别是通过在关键阶段中精英行为和策略作用的强调,启发了后续的转型模式研究。转型学者们发现,民主转型中所出现的多种模式是由于政治精英的行为不同所导致,正是由于政治精英的不同互动方式、结盟与策略行为,使得转型过程呈现出多样性。对转型模式的探讨是民主转型学讨论较多的部分,同时也是行为者视角和分析方法得以运用的主要场域。

---

① Larry Diamond, *Developing Democracy: Toward Consolidation*, Baltimore: Johns Hopkins University Press, 1999, pp. 64 – 116.

② Thomas Carothers, "The End of the Transition Paradigm", *Journal of Democracy*, Vol. 13, No. 1, 2002, pp. 5 – 21.

③ Robert A. Dahl, *On Democracy*, New Haven: Yale University Press, 1998, pp. 182 – 191.

1. 达尔的转型道路和转型方式

达尔的论述分为两个层次。第一个层次是从历史上的转型中区分出三条通往民主的道路：第一条道路是自由化先于包容性，指一个封闭的霸权政体增加公开争论的机会，变为竞争性寡头政体，而后该政体通过增加政体的包容性而变为多头（民主）政体；第二条道路是包容性先于自由化，即一个封闭的霸权政体变得有包容性，然后通过增加公开争论的机会而变为多头政体；第三条道路是捷径，封闭的霸权政体在短期内迅速赋予普选权和公开争论权而发生突变成为多头政体。① 第二个层次是民主政体的创立方式。创立是指通过权力的运用建立竞争性政体并使其合法化，这一环节位于他所指的通向民主政体的道路和政体建立之后的持续之间。达尔将转型的国家分为两类：已经独立的民族国家和至今仍从属于另一个国家的国家，按在不同类别国家中民主政体的创立的方法提出了五种主要形式。

在独立的民族国家中有三种：

第一种是改良方式，旧的政体经过改良而发生改变，新的政体由现任领导人创立，变革在其主持下，对社会的期望进行了让步，以和平的方式创立了民主政体。

第二种是革命方式，新的政体是由革命领袖创立，他们推翻旧政体，在此之上建立了民主政体。

第三种是军事征服方式，在军事失败后，胜利的外来占领军帮助建立民主政体。

在附属国家中有两种：

第一种是改良方式，新政体在该国逐渐培育起来，其领导人建立民主政体，这一过程中，未经历独立运动，也未进行反对殖民主义国家的独立斗争。

第二种是民族独立斗争方式，旧政体在反对殖民主义强国的革命过程中改变，新政体是由民族独立运动的领袖们创立，他们在争取民族独

---

① ［美］罗伯特·达尔：《多头政体——参与和反对》，谭君久、刘惠荣译，商务印书馆 2003 年版，第 44—45 页。

第二章 解释政治转型

立的斗争期间或在其后建立了民主政体。①

达尔对转型方式的划分主要依据政治精英的行为,若是由原统治精英推动则是改良模式,如果由新的精英推翻旧政体,其转型模式是革命或独立斗争。这一分析方式显得较为粗略,因为他并未考虑不同派别精英的互动和策略行为,仅以由谁领导转型为标准。并且,他将转型道路和转型方式区分开来,似乎转型方式与道路是两个不同范畴的概念,但其所指的转型道路与转型方式在内涵上有较大的重叠,转型道路覆盖从旧政体到民主政体建立的时段,而转型方式虽然被界定为道路与民主政体建立之间的时段,但在其分析中,同样也包括旧政体的瓦解到新政体建立的过程;并且,不同道路的区别在于自由化与包容性在转型中的次序,这在很大程度上取决于所采用的转型方式,而主导转型的政治精英也可以决定两者的实施时间。因而,转型道路与方式并不是合理的概念区分,转型道路应该纳入到转型方式或模式的概念中,以形成统一的分析框架。

2. 亨廷顿的三种转型模式

亨廷顿认识到民主转型是复杂的政治过程,涉及各种竞争权力、拥护和反对民主以及其他目标的社会团体,他对转型过程中的关键性参与者进行了界分,按照处于政府内外和对民主的态度分为五个派别。在政府中的是保守派、自由改革派和民主改革派,保守派反对民主化,民主改革派支持民主化,而自由改革派的态度居中,他们支持有限的改革或自由化;居于政权之外的是民主温和派和反对民主的革命的极端激进派。各个派别之间的互动和联合形成了不同的转型模式,亨廷顿依据其互动的方式提出了变革、置换和移转等三种转型模式②:

(1) 变革模式。在这一模式中,那些威权体制下的掌权者们在结束威权政权、并把它变成民主体制的过程中起着带头作用,并扮演着决定性的角色。在变革类转型的国家中,政府比反对派强大,变革只是在政

---

① Robert A. Dahl, *Polyarchy: Participation and Opposition*, New Haven: Yale University, 1971, pp. 40–43.

② [美]塞缪尔·P. 亨廷顿:《第三波——20世纪后期民主化浪潮》,刘军宁译,上海三联书店1998年版,第141—193页。

府显然控制着针对反对派的最终强制手段的牢固的军政权下或是在威权体制经济上极其成功的情况下才可能出现。因而，如果这些国家领导人愿意的话，他们有能力使国家朝着民主的方向迈进。变革模式分为五个阶段。首先是改革派的出现。变革的第一步是在威权体制内出现一群领袖或潜在的领袖，他们出于种种原因相信民主化的方向是可取的，而且也是必然的。威权体制内自由派和民主派的出现为政治变迁创造了领导力量，它也具有两重效果，在政权中，它分裂了统治集团，也使军队政治化。接下来是权力的获得，民主改革派不仅出现和存在于威权政权之内，并且他们还必须在该政权中处于掌权地位，因为变革的出现要在改革派取代了执政的保守派之后才能推行。第三个阶段是自由化的失败。那些取代保守派领袖的自由改革派通常会变成短期执政的转型人物，在自由化改革中，社会被压制的民主化愿望被激发出来，自由派试图通过自由化改革来延续威权政权，并保存他们在其中担任职位的官僚体制的折中企图在社会抗议不断增多的情况下难以实现；在这一情况下，民主化的改革成为首要的选择。第四个阶段是压制保守派，权力的获取使改革派可以开始民主化，但也要消除保守派向改革派挑战的能力，他们可以通过削弱、安慰和改造保守派来抵消其反对。最后一个阶段是与反对派合作，民主改革派在推进民主化的进程中，通常需要与反对派的领袖、政党和主要的社会团体与机构进行磋商来获得反对派的支持，扩大其政治力量，以反对派和新兴社会团体的支持来加强其权力地位。

（2）置换模式。这是一种完全不同于变革的进程，在各派别的力量对比中，政权内部的改革派太弱或根本不存在，政府中占主流的是保守派，他们坚决反对任何政权上的变革，因而，这一模式需要政府外的反对派力量的增加，并使保守派政府削弱，直至政府崩溃才能实现民主化。并且，在反对派掌权后，通常会在新政府中的各派别间就应该建立的政权类型的议题而发生冲突。争执解决后才能进入民主化的阶段。置换模式有三个阶段：为推翻政权而斗争、政权的垮台和垮台后的斗争。由于在政府中，保守派力量比改革派强大，这就需要政府外的反对派消耗政府的力量，使权力的对比逐渐转为对反对派有利。反对派可以通过联合社会上的其他群体，并动员社会民众，以致压制性的政府被"人民的力量"所

第二章 解释政治转型

推翻。当威权政权崩溃后,原先联合起来的反对派就会出现分裂,他们会为权力的分配和新政权的制度设计进行争夺。是否进行民主化则由主张民主的温和派和反民主的激进派之间各自力量的大小来决定。

(3) 移转模式。在移转模式中,民主转型是由政府中的改革派和政府外的反对派采取的联合行动而产生。在政府内部,保守派和改革派之间形成了力量的平衡,改革派不具备单方面推动转型的能力,保守派也难以完全压制改革派,为了寻求支持力量,改革派与反对派进行了妥协、谈判与合作。在反对派中,民主的温和派也能够压倒反民主的激进派,同时也不具备单方面推翻政府的能力,合作对两者都有好处。移转过程包括一系列步骤,首先,政府会致力于一些自由化的措施,并开始丧失权力和权威;其次,反对派在自由化过程与政府的削弱中扩大其力量并开展活动;第三,由于反对派的不断强大,政府对此进行遏制,并极力镇压反对派对社会的动员;第四,政府和反对派在双方的多次交锋中意识到彼此都难以胜过对方,改革派和民主温和派进行谈判并共同来实现民主转型。

亨廷顿对转型模式的分析强调了两个影响转型的主要变量:转型中的派别与派别的力量对比,通过对这两个变量的把握,转型中的行动者的作用和逻辑被展现出来。具体而言,正是在各个国家中所出现的不同派别以及派别间的力量对比在很大程度上决定着民主转型的结果以及通向民主的方式。但是,他在每一模式的分析中都对如何实现成功的民主转型提出了应遵循的准则,使得其分析带有强烈的政策建议的色彩和主观倾向。另外,亨廷顿虽然强调精英派别间的互动,但是在其模式中,仅有移转模式是由精英间的互动来推进的,而在其他两种模式中,占优势方的那派精英靠其自身力量就能够完成民主化。他也并未对精英间的互动进行全面的分析,因而也就无法进一步探讨精英间互动的多种形式对转型过程的不同作用。

3. 夏尔的四个转型模式

夏尔的研究限定于从威权到民主的转型,并排除对后殖民国家转型的考察,他根据两个标准对转型进行了分类。第一条标准是在民主转型中原威权政体的领导层对于民主转型的态度和行为,他们是赞同、参与朝向民主的转型,还是在民主转型中并无这些参与或同意。威权政体内的政治精英如果对民主转型达成共识，就会在转型中发挥支持作用，其表现在两个方面：政治精英可能会容忍政治变革，并克制对变革的阻止与控制；或者是积极参与到变革过程中，以期望能够对变革保持一定的控制能力，并阻止对其不利的变化发生。共识的转型能够在威权政体与民主政体的转换中保持一定的连续性。因为威权的精英期望并允许民主制度的出现，并在民主政体的产生上发挥了部分或主要的作用，这样，民主政体与威权政体的合法性并非完全排斥。而且，共识性的转型通常能够避免在威权政体内部支持民主与支持威权的派别间的冲突，并可获得两个阵营对转型的支持。在这类转型中，民主的某些特征存在于原威权政体中，同时，非民主的残余也会继续存在于转型后的民主制度中。如果民主转型未获得威权体制内精英们的同意与合作，这类转型就是非共识的转型。在其转型过程中，民主与威权的合法性相互排斥，对威权政体的支持与民主制度的接受间无法兼容，威权统治者会倾向于动用政治强权去压制民主力量，清洗、放逐、囚禁是这类转型的标志，在社会经济制度、政治文化、政治符号和政治制度上，威权统治与民主制度时期全然不同，两者没有连续性。①

第二条标准是民主转型的持续时间。这涉及民主转型是缓慢进行并持续了不只一代政治领袖，还是较为快速地进展。依据这两条标准，夏尔划分出四种转型类型②（表2.1）：

表 2.1　夏尔的四种转型模式

转型的速率		威权统治者对转型的态度	
		共识性转型	非共识性转型
	渐进	渐进转型模式	经过长期革命斗争的转型模式
	快速	交易转型模式	决裂的转型模式：（1）革命；（2）政变；（3）崩溃；（4）脱离

① Donald Share, "Transitions to Democracy and Transition through Transaction", *Comparative Political Studies*, Vol. 19, No. 4, 1987, pp. 525–548.
② Ibid.

第二章 解释政治转型

转型时间持续较长的转型模式是渐进转型模式与长期革命斗争的转型模式,在夏尔看来,这两种模式在现代社会并不常见,威权体制外的反对派如果通过长期的革命斗争推翻了原政权,在武力之下所建立起来的新政权往往是非民主政体。而在媒体与公众交流沟通发达,日益增加社会抗议示威的情况下,威权政权试图逐渐进行自由化与民主化的改革并保持对转型进程控制的目的很难实现。

较为快速的转型是交易和决裂转型模式。交易模式是在威权政体内部通过交易形成对转型的共识,并迅速推动转型进程。夏尔认为这一模式需要推动转型的政治精英群体具备高超的政治技巧和能导能力,因为威权政体内的强硬派会反对和限制民主转型,而体制外的民主反对派也不同意由体制内政治精英领导转型,两者的冲突必须要由其调和才能和平与顺利地进行民主转型。决裂转型模式包括四个子类别,革命方式是指通过大众运动或革命斗争来进行转型;政变方式则是威权政府被体制内的某一派别精英用军队或警察力量推翻后建立民主制度;崩溃方式中,威权政权的倒台是由于对外战争中被击败和占领;脱离方式的发生,往往是因威权政府遭遇到一次突然的合法性危机而难以持续,而将权力转交给要求民主的反对派。

夏尔的四种转型模式只是理想类型,正如他所说,可能在实际中某一转型实例涵盖多种转型模式。他的贡献在于提出了划分转型类型的标准,并按这两个标准对众多的转型案例进行梳理,提出了四种转型模式。但他更为强调原威权政府中的政治精英对转型的作用,在他着力阐述的西班牙转型的案例中,统治精英内部的权力更替和变化是他认为交易转型模式发生的最重要条件,这在一定程度上忽略了体制外反对派和他们与统治精英间的互动对转型的推动作用。另外,他所提出的"共识"转型概念也掩盖了在转型中精英派别间的冲突与争夺,例如,强硬派即使接受进行民主转型,这也是在经过利益博弈与竞争后因其力量难以改变这一结果而不得不做出的妥协;换言之,民主转型并不是"共识"所引起的,而是精英间的互动与冲突的不确定性的结果之一。

4. 卡尔与施密特的转型模式

在卡尔和施密特的分析中,精英行为和策略在转型中居于核心地位,虽然经济、社会和政治结构等因素形成了对精英行为选择的约束条件，但政治精英的策略促使转型发生，其行为和选择界定了转型发生的基本空间，行为者和战略选择的结合则决定了转型以何种方式发生。① 两位学者从两个维度对转型模式进行区分，其一就是政治精英的策略变化所形成的转型空间，包括由单方面决定的通过武力来进行转型的策略，到经由多派行为者都同意进行协商的策略，以及处于二者之间的混合策略选择。这些选择可能包含双方之间的威胁与冲突、不连续的妥协商议，以及结合对大众的动员活动等。第二个维度是转型动力的来源，其动力主要分为原政权中处于社会、经济和政治等结构中、下层的被排斥的行为者和在原政权中处于上层的精英这两个类别，在两者间也存在一个中间地带，精英与非精英行为者都参与到转型中，并夺取转型的主导权；还有一个动力是来自于国际力量，特别是该国遭遇到战败等情况时，外来力量就可能成为转型的主要推动者。依据这两个维度，卡尔和施密特提出了四种主要的转型模式② （表2.2）。

表 2.2 卡尔和施密特的转型模式

行为者		策略选择	
		妥协\多边	武力\单方面
	精英	协定	强加
	民众	改革	革命

第一种模式是协定，原威权政权体制内和体制外的精英经过相互间的妥协达成关于政治制度和制度实施的协定；第二种模式是强加，体制内的部分精英运用了武力，瓦解了体制内的其他精英和反对者的抵抗，

---

① Terry Lynn Carl and Philippe C. Schmitter, "Modes of Transition in Latin America, Southern and Eastern Europe", *International Social Science Journal*, Vol. 43, No. 2, 1991, pp. 269–284.

② Ibid.

第二章 解释政治转型

有效地推动体制变革；第三种模式是改革，在大众被动员起来的情况下，以非暴力的方式迫使体制内的精英妥协，实施不威胁现有权力精英地位的部分改革；第四种方式是革命，大众被武装动员起来，在击败原威权统治者后，实施不只是政治制度还包括社会经济制度的全面改革。除了对转型模式进行分类外，卡尔和施密特还探讨了不同转型模式的后果，即分析转型的模式与转型的后果间的因果关系。在南欧和拉美的转型案例中，强加、改革和协定的转型模式会形成多种结果——民主或非民主，而革命则往往会导致非民主的结果，在多个案例中，如果威权统治者是被武力推翻，并为代表着大众意愿的新精英所取代，那么其转型结果往往不是建立起民主政体，或者说至少在很长一段时期内，民主在这些国家中不会出现。改革和强加模式都较难实现民主的巩固，在改革和强加模式中，威权体制内的统治者通过各种手段总能保住其部分权力，并在一定程度上控制转型的程度，使得转型后的民主制度有滑向专制政体的危险。民主转型效果较好的模式是协定，这是因为关于转型的协议是由较强力的精英和其反对者在相互妥协的基础上形成，各派精英都愿意接受协议中关于转型后的制度设置。

卡尔和施密特主要从行为者的逻辑来分析转型模式，基于转型中的主要行为者和行为者策略选择来区分不同的转型模式，这表明行为者和行为者策略选择对于转型具有决定性的作用。但他们在对行为者的划分上较为粗略和含混，某一个国家在转型之前，往往都会出现民众的抗议、示威、游行等社会运动，转型则开端于精英阶层的政策或公开的宣告，在其中很难界定出是由民众自下而上推动还是由精英出于社会压力自上而下推动转型；并且，社会民众通常由体制外的反对派精英进行动员，民众的利益表达也是由反对派精英做出，这就更加难以分清动力的来源。另一方面，在转型模式与转型效果的因果关系的分析中也有错漏之处，他们以转型模式在民主巩固效果上的案例数量差异，得出各种转型模式会形成不同的转型结果。而在实际中，任何一种转型模式都可能存在较好与较差的转型结果，模式本身，即转型中行动者的策略和动力来源与转型效果间并无直接的关联。从精英的角度看，对转型结果产生影响的应该是转型模式中各派精英的力量对比与互动关系，因为精英间的力量对比和互动关系会影响转型的程度与转型后的制度设置。如卡尔和施密特所分析,改革模式会因为威权统治者仍保有权力而影响转型效果,但假如在这一模式中,反对派,或者赞同民主转型的精英联盟力量足够强大,那么原有的掌权者也难以对转型进程施加有效的限制。

5. 普沃斯基的转型模型

普沃斯基延续了卡尔和施密特所作的转型模式与转型结果相关性的分析,并采用理性选择理论和博弈论将精英间的策略性行为模型化,以其互动的选择行为来考察转型的后果。依据此前的研究,普沃斯基将转型中的政治精英区分为四个派别,权威集团内是强硬派和改革派,反对阵营内是温和派和激进派。强硬派一般出自权威集团内的压制核心并极力拥护权威体制,改革派一般是政权内主张对威权体制进行自由化或民主化的群体。温和派和激进派是威权体制外的精英派别,激进派主张采用激烈的手段推翻威权政权,而温和派则倾向于用较和平的方式实现这一目标,两者虽然态度上有区别但也可能代表相同的利益。体制外的激进派不可能与体制内的两个派别进行结盟,而体制内的强硬派也不会与体制外的派别联合,那么改革派与温和派在选择联盟对象时的策略行为就成为发起转型并影响转型结果的重要因素。普沃斯基根据这两个派别的可能的选择结盟对象与决策收益对转型的模式和结果进行了分类(表2.3)。①

表2.3 普沃斯基的转型模型

		温和派结盟的对象	
		激进派	改革派
改革派的结盟对象	强硬派	威权政权原封不动地存续下来:2,1	威权政权做出让步后保持下来:4,2
	温和派	无保证的民主:1,4	有保证的民主:3,3

---

① [美]亚当·普沃斯基:《民主与市场——东欧与拉丁美洲的政治经济改革》,包雅钧等译,北京大学出版社2005年版,第49页。

第二章 解释政治转型

由改革派和温和派的不同结盟策略,转型分为四种模式并呈现出不同的转型结果,在每一种转型模式与结果后的数字是改革派和激进派作出该种策略后的收益,第一个数字表示改革派的收益,第二个数字是温和派的收益。如果改革派选择和强硬派结盟,而温和派同激进派结盟,形成两个对立的联盟,双方会发生激烈的竞争和冲突,在这种结盟情况下,威权政权会占据上风,能够对体制外的反对力量进行镇压,恢复并保持威权秩序;如果改革派和温和派结盟,温和派也与改革派结盟,改革派能够控制住军队不使其对转型进行干涉,而温和派也能控制激进派的过激行为,那么民主制度就能够稳定的建立起来;如果在温和派同激进派结盟的情况下,改革派又欲同温和派结盟,那么改革派在民主制度中的利益难以得到保障,在推翻威权体制后只能接受无保证的民主;而当改革派与强硬派结盟,温和派又与改革派结盟,温和派就只能获得威权政权的一定让步,在这一联盟压制住激进派后,威权政权就能够保持下来。

在这四种策略中,改革派有一项策略优势,那就是总与强硬派结盟,因为其期望收益是3(与强硬派结盟下两个收益值的均值),而与温和派结盟的最大收益值也仅是3。针对这一情况,普沃斯基认为温和派可能会改变其策略,对改革派进行更多的许诺和利益让渡,将其与温和派结盟的收益从3变为4,那么在重复的博弈中,双方就可能为避免形成最坏结果而形成结盟;因为在改革派的策略选择中,与强硬派结盟的收益是2,若改革派选择这一策略,温和派就只能得到收益1,因而温和派不期望这一情况发生。另一方面,如果温和派同激进派结盟,若改革派还要与温和派结盟,那么其收益则为1,温和派就为4,因而,当温和派与激进派结盟后,改革派就不会与温和派结盟,并且,改革派也会担心自己与温和派结盟后,温和派还要与激进派结盟,从而一开始就不会与温和派结盟。温和派为了增加与改革派结盟就会承诺不与激进派结盟并且对改革派让步,从而形成两者的结盟与有保证民主的结果。[1]

在精英通过联盟摆脱旧政权后,接下来的任务就是制定宪法,这关

---

[1] [美] 亚当·普沃斯基:《民主与市场——东欧与拉丁美洲的政治经济改革》,包雅钧等译,北京大学出版社2005年版,第46—54页。

系着民主的巩固。普沃斯基按照精英间的力量对比将制宪的结果分为三种情况：第一种情况，力量对比关系是不平衡的，制度就是为特定的个人、政党或联盟而制定；第二种情况，力量对比关系是平衡的，在这一情形下，各派之间持续冲突，有可能导致内战或者形成暂时性的解决方案；第三种情况，力量对比关系是未知的，所有派别都会支持一种最小最大化方案，使少数派的政治影响最大化，对权力进行钳制，为最终的失利方提供某种担保，并减少政治竞争的风险。这三种情况中，未知情况下所形成的制度最有可能持续下来，而力量对比平衡时所形成的制度最难以持久。

普沃斯基通过对精英间互动策略的分析表明了各种互动策略的可能结果，而要形成稳定的民主制度需要改革派和温和派双方的重复博弈、妥协与让步。当然，普沃斯基的模型是对现实世界的简化，在很多转型案例中，并未出现模型中的这些派别。另外，在对精英派别的联盟策略的推导中，派别间的力量对比被忽略了，而这一因素对转型结果至关重要，即使在各派别对策略进行理性计算时，所主要依据的也是各自所拥有的力量；假设改革派的力量很小，温和派即使与之联合也难以推翻现政权，那么温和派即便在模型分析中表明与其联合会有更大的收益，但它也会与激进派联合以增大脱离威权体制的可能性。在宪法制定的分析中，普沃斯基暗示在派别力量未知的情况下最有可能形成民主制度，并且能够稳固地持续下去，但是力量未知的设定在现实中很难遇到，因为如果是通过联盟的方式脱离威权体制，那么在共同对抗威权政权的同时，对于各自的力量就有了一定的认知；即使遇到符合这一假定的情形，当各派别力量逐渐被识别后，优势方的精英派别很可能会不接受这一对己方不利的宪法安排，并谋求改变宪法制度，从而不利于民主的巩固。

6. 蒙克和列夫的转型模式

蒙克与列夫延续和发展了卡尔与施密特对转型模式与转型结果特别是民主巩固间因果关系的探讨。他们认为，在不同的转型模式中，精英竞争、制度设计、主要行动者对新制度的态度等差异会影响转型后的制度结果，并以东欧和拉美等七个国家的政治转型为案例考察了不同转型

第二章 解释政治转型

模式的作用。在对转型模式的区分上,推动转型的政治精英的身份和精英主要采用的策略是两个主要的维度,精英的策略是指采用和解、对抗与两者的综合使用等三种策略类别;推动转型的政治精英是指政治转型的主要推动者是体制内的精英、体制外的精英还是两个群体的结合。据此,蒙克与列夫提出了七种转型模式(表2.4)。[1]

表2.4 蒙克和列夫的七种转型模式

		推动转型的精英身份		
		体制内精英	体制内、外精英的联合	体制外精英
精英的转型策略	对抗	上层革命（保加利亚）		社会革命
	对抗、和解的综合使用		决裂（捷克斯洛伐克、阿根廷）脱离（匈牙利）交易（波兰、巴西）	
	和解	保守的改革		来自下层的改革（智利）

虽然转型模式被区分为七类,但只有五类模式在东欧与拉美国家中能寻找到相对应的案例,因而,在转型结果的考察上,也只能讨论这五类转型模式的影响作用。社会革命是指转型主要由体制外精英推动,因体制外和体制内的精英相互对抗,政治转型则是由体制外精英发动民众以社会革命的方式推翻现体制以建立新的政治制度。保守的改革则是由体制内精英来推动政治转型,体制内的各派精英形成了和解,在保持各自权力地位的前提下,对现有制度进行了一定的革新。

保加利亚是上层革命转型模式的代表国家,在这一模式中,体制外并无对统治精英的强大压力,由于外部事件,即苏联解体的影响,体制内分裂为多个派别,为获取转型的主导权相互竞争并推动政治转型的发

---

[1] Gerardo L. Munck and Carol Skalnik Leff, "Modes of Transition and Democratization: South America and Eastern Europe in Comparative Perspective", *Comparative Politics*, Vol. 29, No. 3, 1997, pp. 343–362.

生。这一模式可能会阻碍民主的巩固，原有的掌权者相对于力量弱小的反对派而言在新的民主体制中会保有更大的影响力，缺乏权力的制衡会阻碍竞争的制度化与"忠诚"的反对派的形成，而拥有更多权力的一方会逐步减少民主程序和制度安排使其权力掌控更为牢固，比较而言，上层革命是最不利于民主巩固的转型模式。来自下层的改革是指转型的动力来自体制外精英，他们对现体制不断的反抗和由其所领导的群众运动促使体制内的精英对威权体制进行了民主化改革。智利的民主转型属于这一模式。虽然转型动力来自于体制外的反对运动，但强大的体制内精英仍有能力控制精英冲突的范围和程度，并且由其所主导的改革也会留下相对较多的威权残余，而不利于民主巩固。

决裂是指遭受战争或社会运动等危机的冲击后，威权体制的精英变得弱小而难以阻止政治转型的发生不得不采取默许的态度，政治转型在体制外的反对派领导下进行，阿根廷和捷克斯洛伐克的转型都属于这一模式。由于危机和体制内精英力量的虚弱，反对派可以实现不受限制的民主制度，并且，转型也比其他模式进展得更加顺利。它对民主巩固的可能性阻碍则在于占据优势的反对派一方缺少制衡，所设计的民主制度会有较大的偏向性。脱离是指反对派与体制内的精英都具有转型意愿，但体制内精英的力量不足以使反对派同意在新体制中安排对其有利的条件，转型在反对派主导下进行。体制内精英仍保有一定的力量，这可以对反对派形成制衡，同时其力量相对较小，往往会接受民主制度。在这一模式下，民主巩固更容易实现。交易是指转型由体制内和体制外的精英联合推动的模式。巴西和波兰是该模式的代表。在这一模式中，转型的完成经过了反对派和体制内精英复杂而漫长的谈判与妥协，所建立的民主制度受到较少限制。但在转型后，旧精英仍可能占有较大权力，并且在反对威权体制中形成的派别联盟也缺少清晰的身份标识，使其难以有效限制旧精英在新体制中的影响，这些问题会给民主巩固带来一定困难。

蒙克和列夫对转型模式作了更为细致的划分，并集中地考察了精英对转型的影响作用，精英的策略和身份是区分转型模式的标准，表明精英是转型过程中的决定性因素。在其对转型模式与转型结果因果关系的论证中，原威权政体的残留与缺少制衡的精英派别是不利于民主巩固的因素，但这些因素是否由或者主要由转型模式所造成还需进一步探讨。例如，上层革命模式留下了较多的威权因素，表面上看，这是因为采用了由体制内精英来主导转型的模式，但在实际上这是因体制外反对派力量远小于体制内的精英而不得不以这种模式推动转型。换言之，精英间的力量对比可能是影响转型过程与转型结果的更重要变量，它造成了转型模式的差异，并影响转型结果。

7. 麦克弗尔的非合作转型模式

麦克弗尔在对东欧和苏联后共产主义国家的政治转型探讨中，提出了非合作的转型模式，这一模式与此前经由对南欧和拉美国家政治转型的研究所得出的合作转型模式相对立。他认为，合作模式无法解释后共产主义国家的转型事实，实际上，在这些国家的转型过程中所体现出来的转型模式是非合作的，而且这一模式同样也适用于对非后共产主义国家政治转型的分析。

合作的转型模式主要是指在转型过程中，不同的精英派别，例如体制内的改革派和体制外的温和派，通过交易、协定等合作的形式实现从威权政体到民主政体的过渡。这一模式的代表学者是奥唐奈、施密特和卡尔。该模式对民主转型的促进体现在三个方面。首先，协定是对政策议程的限制，如果在转型中除政治制度外还要进行诸如社会经济等制度的改革，那转型的难度就会大增，精英间通过协议形成共识，控制革新的范围，并由联合的力量共同压制社会中的激进要求。第二是通过合作使权力利益得以共享，以减少旧精英对民主转型的抗拒。第三，精英间的合作可以减少社会群众和激进力量对转型过程的参与和作用，这使转型能够稳定进行。但是，这些因素在后共产主义国家的政治转型中所发挥的作用甚小，在政策议程上，共产主义制度的崩溃和苏联的解体使得这些转型国家不得不面对重新建立政治制度和经济社会制度等多项任务；在后共产主义国家的转型中，权力利益往往不是共享而是由胜利方独得，其博弈方式是零和博弈而非正和博弈，在诸多转型中，权力平衡并不存在，转型往往是占优势方的派别通过击败其他精英而推行。①

因而，麦克弗尔认为，协定模式本身需要诸多条件，不仅在南欧或拉美也不是主要的转型模式，它也不能用于分析后共产主义国家的转型。他提出了另一种转型模式——非合作转型模式，是指精英间以非合作的方式来推动转型，转型是由某派精英群体强加，或是精英冲突的结果。麦克弗尔区分了非合作主义的三种形式：第一种形式是反对派在力量对比中占据上风，由于支持民主的精英派别力量大于旧体制中的精英群体，那么民主转型就是由反对派精英用强加的方式来实现，并且转型的结果往往是形成较为稳固的民主制度；第二种形式则是旧体制的精英群体和反对派的力量相对平衡，旧体制的精英不愿意接受民主的制度安排，反对派也不期望旧体制能够维持，两者相互争斗，冲突不断，政治转型由两派精英的竞争引起，但难以形成稳定的制度，转型的结果要么是带有专制性质的半民主制度，或者是作出一定让步的威权制度；第三种形式是旧体制的精英群体力量大于反对派，在这一情况下，反对派无法对其钳制，转型结果则是由旧体制精英强加的方式建立起威权政体。②

麦克弗尔的研究指出了合作转型模式的限制，除了政策议程和力量平衡外，非合作模式的也表明即使精英群体在力量对比上处于均势，要形成协定和交易等合作还需要更多的条件，而在现实中，无论是旧体制精英还是反对派精英可能都不愿向对方妥协，相互竞争和冲突是常态。此外，非合作模式引入了在转型模式分析中被忽略的变量——精英间的力量对比，麦克弗尔的论述表明了，正是由于力量格局的差异，非合作模式表现出多种形式，因该变量的不同，从威权体制的转型呈现出稳定的民主，混合与不稳定的政体以及稳定的威权政体等多种结果。

---

① Michael McFaul, "The Fourth Wave of Democracy and Dictatorship: Noncooperative Transitions in the Postcommunist World", *World Politics*, 54, 2002, pp. 212 – 244.

② Ibid.

第二章　解释政治转型

三、民主转型学及其问题

转型模式是民主转型学中核心也是最主要的部分，以上评述了七种对转型模式的研究，虽然难以穷尽学者们所提出的不同转型模式，但这些分析也代表了转型模式研究的主流和重要成果。民主转型学强调了政治精英在转型中的作用，提出了以行动者为中心的视角来分析政治转型，这一分析方式能够比结构性视角更深入于转型过程的探讨，可以进一步解答民主政体为何产生的起源性问题，并且构建出由精英行为和策略所形成的不同转型模式影响转型结果的理论框架。当然，民主转型学的理论和方法也受到甚多批评，这些批评主要聚焦于两个方面：民主转型学的普遍化企图与行为者方法的缺陷。

卡罗瑟斯认为民主转型学试图提出一种关于民主转型的范式，该范式包含五个前提预设：威权政体的转型朝往民主的方向，转型过程可以分解为一系列的次序，强调选举的重要性，结构性因素在转型中并不重要，第三波的民主转型将较少涉及国家建设问题。这些命题主要来自于拉美和南欧的案例研究中，而在其他国家的政治转型中，威权政体在崩溃后可能建立起另一种威权体制，而且转型的顺序并不适用于所有国家，选举制度的建立不意味着参与的增多和政府对社会利益的回应，结构性因素特别是经济绩效影响着转型的结果，在后共产主义国家的转型中国家建设是相伴随的任务。[①] 民主转型学试图对第三波的民主转型进行整体性的解释，但越来越多的与其假设相悖的事例出现，则表明在政治转型中可能并不存在一种统一的顺序、模式和路径，在多因素的作用下，威权国家的转型可能导向非民主结果。而民主转型学的这一企图也显现出明显的价值倾向，他们对民主制度的偏好使其在对政治转型的讨论中可能遗漏了重要的影响因素。

另外，民主转型学中的以行动者为中心的分析视角难以解释转型后的民主巩固问题，曾经的结构性视角又得以复兴被广泛运用于对民主制

---

① Thomas Carothers, "The End of the Transition Paradigm", *Journal of Democracy*, Vol. 13, No. 1, 2002, pp. 5–21.

度巩固的研究中。例如，普沃斯基和利蒙吉论证了经济发展水平和民主政体维持的关系，在较高经济水平上的民主国家能够长期存续，而在较低经济水平的国家中，威权政体则很可能卷土重来。① 戴蒙德指出了公民社会在扩大公民参与、限制国家权力、政治社会化、减少社会冲突等方面有利于民主的巩固；② 英格尔哈特则提出公民文化和民主的相关关系，具有较高水平的公民文化能更容易形成稳定的民主，③ 在随后的研究中，他进一步证明了自我表达的政治文化与有效的民主制度具有很强的相关关系，这一类型的政治文化是稳固民主的支撑条件；④ 林茨则区分了总统制和议会制对转型后的民主制度的作用，相对而言，议会制有助于民主制度的巩固，而总统制则蕴藏着产生威权政体的危险。⑤ 当然，上述的分析更多的是针对民主制度的巩固阶段，虽然表明了在民主转型后的巩固阶段，政治精英不再是主要的决定性因素，但这也未能否定其在转型阶段中所发挥的作用。

仅就转型阶段而言，结构性因素也再次被加以重视。林茨分析了政治体制对于转型过程和转型结果的影响，他区分了四种非民主政体：威权主义、全能主义、后全能主义和苏丹制，以及七种转型路径。对于不同的非民主政体，其采用的转型路径存在限制，而政体的差别也会导致转型结果的不同，例如，在改良式转型—革命式转变路径中，全能主义和苏丹制不可能采用这一转型路径；而在全能主义和后全能主义政体中，同样都是由于外部霸权支持的撤离引发政权瓦解，后全能主义的转型更

---

① A. Przeworski, F. Limongi, "Modernization: Theories and Facts", *World Politics*, 49, pp. 133 – 183.

② Larry Diamond, *Developing Democracy: Toward Consolidation*, Baltimore: Johns Hopkins University Press, 1999, pp. 238 – 250.

③ Ronald Inglehart, "The Renaissance of Political Culture", *The American Political Science Review*, Vol. 82, No. 4, 1988, pp. 1203 – 1230.

④ Ronald Inglehart and Christian Welzel, "Political Culture and Democracy: Analyzing Cross – Level Linkages", *Comparative Politics*, Vol. 36, No. 1, pp. 61 – 79.

⑤ Juan J. Linz, "The Perils of Presidentialism", *Journal of Democracy*, Vol. 1, No. 1, 1990, pp. 51 – 69. Juan J. Linz, "The virtues of Parliamentarism", *Journal of Democracy*, Vol. 1, No. 4, 1990, pp. 84 – 91.

第二章 解释政治转型

有可能建立起民主制度。① 另一个影响转型过程的结构性因素是经济危机,海哥德和考夫曼论述了经济危机对体制的冲击,会引起群众性抗议,商业精英的背弃以及政权内部的精英分歧;在不同的体制中,产生原政权垮台、退位精英不能影响新体制的结构,或政府能够强有力控制转型与自由化条件等结果。② 鲁斯迈耶等学者将"阶级"引入到第三波民主化的分析中,他们反驳了民主与资产阶级相关联的传统论点,认为工人阶级是最拥护民主的阶级,地主阶级则坚定地反对民主,资产者和中产阶级的态度模糊不清,民主是主导阶级和从属阶级之间斗争后权力均衡的结果;并且,组织起来的工人阶级是民主发展的关键行动者。③ 科利尔进一步分析工人阶级在转型过程的作用,她认为以工人阶级为基础的社会运动能够促进民主转型,工人阶级和反对派精英的政党共同构成主要的体制外反对力量,并且,工人阶级在运动中所显示的力量也有助于其政党或精英加入到转型的谈判中。④ 上述关于结构性因素对转型作用的分析构成了对民主转型学更为直接的挑战,虽然这无法否定精英在政治转型中的主导作用,但至少表明在精英之外还存在更多影响转型过程的因素,民主转型学对转型过程的解释并不完善。

进一步来讲,民主转型学对于转型模式的分析也存在诸多问题,从其所提出的多种转型模式中可以归纳其解释转型过程的主体逻辑:精英分裂引发政治体制崩溃,在多个精英派别间,主要是原体制内的强硬派、改革派和体制外的温和派与激进派,通过互动行为与策略,形成不同的转型模式,推翻旧政权建立民主制度,并导致各种转型后果。在这一逻辑中有较多模糊不清和尚待解释的地方(图2.1,问号表明该处的逻辑推

---

① [美] 胡安·J. 林茨、阿尔弗莱德·斯泰潘:《民主转型与巩固的问题:南欧、南美后共产主义欧洲》,孙龙等译,浙江人民出版社2008年版,第59—70页。

② Stephan Haggard and Robert R. Kaufman, *The Political Economy of Democratic Transition*, Princeton University Press, 1995, pp. 25 – 44.

③ Dietrich Rueschemeyer, Evelyne Huber Stephens, and John D. Stephens, *Capitalist Development and Democracy*, Chicago: University of Chicago Press, 1992, pp. 45 – 50, p. 270.

④ Ruth Berins Collier, *Paths toward Democracy: The Working Class and Elites in Western Europe and South America*, New York: Cambridge University Press, 1999, pp. 187 – 197.

导存有争议)。

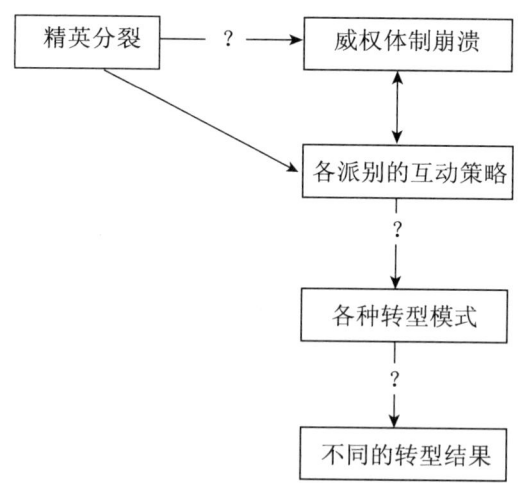

图 2.1 民主转型学的主体逻辑和问题

首先,在威权体制的崩溃上,精英分裂被认为是主要的原因,但姬德丝指出,奥唐奈和施密特等学者将精英分裂视做转型的起因是由于他们考察的案例主要来自拉美,这些国家的威权体制大多是军人政权,这种体制比其他类型的威权体制更容易陷入到精英分裂中;而在一党主导或一人独裁的威权体制中,较不容易出现精英分裂的情况。[1] 转型学者所提出的转型模式中,也有非经内部精英分裂而是从体制外使原体制瓦解的模型,例如亨廷顿的置换模式,夏尔的决裂模式中的革命、崩溃和脱离子类型,卡尔和施密特的改革模式等都源起于体制外精英的推动。在这些模式中,无论体制内精英分裂与否,体制外精英都有足够的力量促使民主转型的发生。

其次,各派别的互动策略上,各派别精英被预设登场,但在实际中,如果体制内精英未分裂,那么就不会有强硬派和改革派;同样的,体制外的反对派力量弱小或不存在,激进派和温和派也无从谈起。或许,可以将派别的划分认为是一种理论上的假设,它仅是为更便利地分析不同

---

[1] Barbara Geddes, "What Do We Know about Democratization after Twenty Years?", *Annual Review of Political Science*, Vol. 2, 1999, pp. 115 – 144.

的转型模式,但这种处理方式忽略掉了各派别出现的条件,从而使得转型模式的分析中缺少了重要的一个环节。另外,即使存在这些派别,但派别间是否会组成联盟,则很大程度上取决于各自的力量对比,如果体制内的改革派和体制外的温和派联合起来也无法撼动强硬派的统治地位,那两者的合作也无法形成"协定"这一转型模式。

第三,麦克弗尔的分析已经表明,并不是模式造成转型结果的差别,关键在于威权派和民主派之间的力量对比,转型模式对结果的影响是通过精英的力量发生作用,那么理论预设的转型模式和转型结果之间的因果联系就可能不成立。

这些逻辑推导中的问题可以归结为两个方面:体制崩溃中忽视了原体制下各种制度的作用,以及这些制度对精英派别力量的影响。虽然麦克弗尔对转型模式的分类里加入了派别的力量,但是他把派别力量视做体制崩溃的遗产,而体制的崩溃、维持与精英间的力量对比是相互联系的。如果在原体制中,威权派的力量能够控制局面,那么威权体制就能够持续,或至少能够延缓崩溃的时间;若是拥护民主的精英力量能够使原体制无法维持,那么原体制崩溃和民主转型就会发生。当然,无论是威权派力量的消减或是拥护民主派力量的壮大都是发生在原体制中,不同类型的非民主体制会影响精英间力量的消长,同时,这一力量对比也会作用于转型过程,形成各种转型模式与转型后果。精英间的力量对比是体制维持和崩溃以及影响转型过程的重要变量,民主转型学因为缺少了对这一因素的考察致使其对转型过程难以得出令人满意的解释。

第三节 结构性因素、精英与政治体制的维持和崩溃

体制崩溃是政治转型的开端,而体制如果能够维持,那么转型就难以发生。对转型要作出合理的解释则不仅需要对精英群体在转型过程中的策略和互动行为进行分析,同时也要关注结构性因素与精英在体制维持与崩溃中的作用,它们决定着转型是否能发生;并且,这些因素也会改变精英间的力量对比与互动行为从而影响体制崩溃后的转型过程。

一、结构性因素与政治体制的维持和崩溃

在体制的维持与崩溃上,结构性因素对威权与民主体制具有相似的影响,即导致民主政体维持与崩溃的因素可能也会影响威权体制的维持与崩溃。这些因素可以归纳为政治文化、经济、社会结构和社会运动、政治制度等四个方面。在政治文化上,前文已经介绍过公民文化有助于民主政体的运转,帕特南认为,在民主制度中,不同的政治文化会导致不同的制度绩效。① 而臣民文化则利于威权体制的维持。

在经济因素上,经济发展水平越高,则民主体制越能得以维持,虽然普沃斯基、利蒙吉、戴蒙德等多位学者再次用数据论证了经济发展状况若高于某一水平,则民主出现的可能性会大增,但奥唐奈则发现在拉美国家中,经济水平更高的巴西和阿根廷从民主政体变为了威权政体。② 经济危机则是会导致民主政体和威权政体崩溃的重要原因,海哥德和考夫曼分析了经济危机对威权政体崩溃的冲击,③ 马尔科夫和巴内塔用巴西的案例显示了经济危机对民主转型的触发作用。④ 经济危机不仅影响威权政体的合法性,同样也会使民主体制的合法性遭到质疑,加斯奥洛夫斯基用 97 个国家 1960—1980 年这一时段的面板数据展示了,因通货膨胀所形成的经济危机促进了 20 世纪 80 年代的民主转型,但这一时期由经济衰退所引发的危机则造成了大量的民主崩溃。⑤ 在林茨所主编的《民主的崩

---

① [美]罗伯特·D.帕特南:《使民主运转起来》,王列等译,江西人民出版社 2001 年版,第 213—217 页。
② [阿根廷]吉列尔莫·奥唐奈:《现代化和官僚威权主义:南美政治研究》,王欢等译,北京大学出版社 2008 年版,第 43—69 页。
③ [美]斯迪芬·海哥德、罗伯特·R.考夫曼:《民主化转型的政治经济分析》,张大军译,社会科学文献出版社 2008 年版,第 21—23 页。
④ John Markoff and Silvio R. Duncan Baretta, "Economic Crisis and Regime Change in Brazil: The 1960s and the 1980s", *Comparative Politics*, Vol. 22, No. 4, 1990, pp. 421–444.
⑤ Mark J. Gasiorowski, "Economic Crisis and Political Regime Change: An Event History Analysis", *The American Political Science Review*, Vol. 89, No. 4, 1995, pp. 882–897.

第二章 解释政治转型

溃》四卷本中，也有多位学者用经济危机来讨论民主政体的崩溃。①

在社会结构和冲突上，工人阶级对于民主转型的作用被重新界定，在早期的民主化研究中，商业阶级和中产阶级被认为是促进民主制度产生的原因，而工人阶级的运动则会成为民主转型的阻碍。② 但在第三波民主化中，工人阶级却成为推动民主转型的重要力量。③ 瓦伦瑞拉认为，工人阶级运动通过提出利益诉求反对威权统治可以促进威权体制的瓦解。④ 但是，工人阶级运动和社会抗议也可能导致民主政体的倒塌和威权政体的重新登场，奥唐奈在分析阿根廷的官僚威权政治体制的发端时，将工人运动和社会抗议的持续，以至形成群众的普力夺主义视为军队干涉的重要原因。⑤ 在多个国家的民主崩溃中，都出现了类似的社会运动的激剧化所引发的军队干预。⑥ 在社会结构与民主巩固关系上，纽豪瑟提出了阶级和解模型，他认为在1945—1948年期间，民主的不稳固是由于阶级冲突所造成，其原因在于：（1）左翼政党和工会所动员起来的工人阶级；（2）资本家及其联盟反对民主制度；（3）国家的资源无法满足工人的消费需求。在1958年后的民主巩固则是由于在阶级间形成了和解，其原因是：（1）充足的国家资源可以平衡消费和储蓄；（2）国家政策扩大了消费和储蓄；（3）阶级冲突被调和，而且无论是资本家还

---

① Juan J. Linz and Alfred Stepan, eds., *The Breakdown of Democratic Regimes*, Baltimore: The Johns Hopkins University Press, 1978. 在该书中，多位学者分析了经济危机与民主崩溃的关系。

② Barrington Moore, *Social Origins of Dictatorship and Democracy: Lord and Peasant in the Making of the Modern World*, Boston: Beacon, 1966.

③ Ruth Berins Collier, *Paths toward Democracy: The Working Class and Elites in Western Europe and South America*, New York: Cambridge University Press, 1999.

④ J. Samuel Valenzuela, "Labor Movements in Transitions to Democracy: A Framework for Analysis", *Cmoparative Politics*, Vol. 21, No. 4, 1989, pp. 445–472.

⑤ [阿根廷]吉列尔莫·奥唐奈：《现代化和官僚威权主义：南美政治研究》，王欢等译，北京大学出版社2008年版，第106—134页。

⑥ Juan J. Linz and Alfred Stepan, eds., *The Breakdown of Democratic Regimes*, Baltimore: The Johns Hopkins University Press, 1978.

是工人阶级都不把颠覆民主制度作为目标。① 对于威权政体而言，安抚工人阶级以减少社会冲突同样也利于威权制度的维持，瓦尔德纳提出了支持—庇护主义的概念，指通过对平民物质生活改善来换取他们在政治上保持沉默，② 无论是威权还是民主国家都可凭这种方式来保障政治体制的持续。

在政治制度上，姬德丝将威权政体区分为军人统治、个人独裁和一党统治三种类型。军人统治的政权天然地蕴藏着分裂的危险，因为对于军人而言，军队的统一和利益高于其他，所以当一小部分军队走出军营发动政变时，其他的军队则不愿意军队的公开分裂而默认或跟从。在另外两种类型的威权政体中，出于成本和收益的考量，体制内的精英推翻威权政权的收益会小于接受现有体制的收益，因而，这两种类型的威权政权不容易出现精英分裂而能够持续较长时间。③ 乌尔菲德考察了不同的威权体制对社会运动的承受能力，相比于一党制、个人独裁的威权政体，军人政府更容易因社会抗议而崩溃。④ 贝林通过对中东威权政体的分析得出了维持威权体制的两个因素，即对强制组织的掌控与世袭主义的家产制；强制机构镇压社会中的抗议和反对运动，家产制则发展出基于个人关系的庇护主义，导致在这些威权国家中，推动民主转型的社会运动和革命难以发生。⑤ 民主政体中，林茨认为总统制相比于议会制存在着责任

---

① Kevin Neuhouser, "Democratic Stability in Venezuela: Elite Consensus or Class Compromise?", *American Sociological Review*, Vol. 57, No. 1, 1992, pp. 117 – 135.

② [美] 戴维·瓦尔德纳：《国家构建与后发展》，刘娟凤、包刚升译，吉林出版集团有限责任公司 2011 年版，第 44—47 页。

③ Barbara Geddes, "What Do We Know about Democratization after Twenty Years?", *Annual Review of Political Science*, Vol. 2, 1999, pp. 115 – 144.

④ Jay Ulfelder, "Contentious Collective Action and the Breakdown of Authoritarian Regimes", *International Political Science Review*, Vol. 26, No. 3, 2005, pp. 311 – 334.

⑤ Eva Bellin, "The Robustness of Authoritarianism in the Middle East: Exceptionalism in Comparative Perspective", *Comparative Politics*, Vol. 36, No. 2, pp. 139 – 157.

第二章 解释政治转型

不清、任期固定具有僵硬性和赢者通吃的缺陷,① 不利于民主巩固。梅因沃宁则把总统制与政党制度联系起来,他认为如果在某个国家中总统制和多党制共同出现,则会妨碍民主巩固。② 另外,梅因沃宁还强调政党制度对民主巩固的重要性,如果政党体系的制度化水平较低,缺少对选民的回应、个人色彩浓厚、与选民联系较少致使大量浮动和易变的选民出现,则会使民主不稳定。③ 卡沃宁和安卡尔分析了碎片化的政党体系对民主巩固的危害,分裂的和碎片化的多党体制会不容易形成稳固的政党联盟,选举中获胜的相对多数会不稳固;数据结果也表明,无论是在总统制还是议会制下,这一政党体系都明显阻碍民主质量的提高。④

在上述的结构性因素中,经济水平、经济绩效、经济危机以及社会运动都作用于威权和民主体制的维持与崩溃,无论是威权还是民主国家在遭遇经济绩效下滑、经济危机打击和社会运动的冲击时,都可能出现崩溃的结果,而制度因素可以增加或减少政治体制对于危机和社会抗议的抵抗力,因此,在考察危机与社会运动对转型的作用时应进入到具体的制度环境中。另一方面,政治精英作为重要的能动因素,体制内和体制外精英的行为,以及支持民主和支持威权精英的策略选择也可能会影响体制的维持,⑤ 或导致其崩溃。

---

① Juan J. Linz, "The Perils of Presidentialism", *Journal of Democracy*, Vol. 1, No. 1, 1990, pp. 51 – 69. Juan J. Linz, "The Virtues of Parliamentarism", *Journal of Democray*, Vol. 1, No. 4, 1990, pp. 84 – 91.

② Mainwaring Scott, "Presidentialism, Multipartyism, and Democracy: the Difficult Combination", *Comparative Political Studies*, Vol. 26, No. 2, 1993, pp. 198 – 228.

③ Mainwaring Scott, "Party Systems in the Third Wave", *Journal of Democracy*, Vol. 9, No. 3, 1998, pp. 67 – 81.

④ Lauri Karvonen, Carsten Anckar, "Party Systems and Democratization: A Comparative Study of the Third World", *Democratization*, Vol. 9, No. 3, 2002, pp. 11 – 19.

⑤ Juan J. Linz, *The Breakdown of Democratic Regimes: Crisis, Breakdown, and Reequilibration*, Baltimore: The Johns Hopkins Press, 1978, p. ix.

二、精英和解、精英吸纳与体制的维持和崩溃

伯顿和希格利考察了精英在体制维持中的重要性，他们提出了"精英和解"（elite settlement）的概念，这是指原本相互对抗的精英派别达成了广泛的妥协和让步。这一和解意味着精英派别对其根本利益冲突上的解决方式用协商取代了争斗，它导致了两种结果：首先，和解在最主要的精英派别中建立公开而和平的竞争模式，并限制了派系的偏见；其次，它改变了不稳定的政治制度，将不定期的武力颠覆政府的方式转变为稳定而持续的政治体制，而靠强力夺取政权不再出现或不被广泛接受。[①] 精英和解可由两种途径形成，第一种途径是在精英的冲突存在很高的代价并且结果不确定的情况下，任何精英派别都难以成为冲突中的赢家，而所有派别可能成为失败者，精英们就会倾向于妥协；第二种途径是在遭遇突然性的重大危机时，为了应对危机，冲突的精英派别间形成了和解。[②] 在后续的研究中，他们发展了这一理论，将精英间的关系分为两种，一种是分裂的精英，另一种是基于"共识联合"（consensual unity）的精英。精英分裂是指在政治制度与政治行为上，精英间不存在或只有很少的共识，并且各派别间只在部分领域有少量的互动。精英的共识联合是指各派精英在政治制度与法律上形成了广泛的赞同，并相互间或多或少地在大量的领域形成了互动与合作依赖关系，精英间的利益分配与决策结果是在政治交易下的正和博弈，而非在政治冲突下的零和博弈。分裂的精英可以通过"精英和解"实现"共识联合"，这一过程分为两个步骤，首先是部分敌对的派别为赢得选举和保护其共同的利益不受政府侵犯，建立起持续与和平的联盟；然后，主要的敌对派别厌倦了选举失利的结果开始寻找其他方式去获得政府权力，并放弃了他们原有的意识

[①] Michael G. Burton and John Higley, "Elite Settlements", *American Sociological Review*, Vol. 52, No. 3, 1987, pp. 295–307.

[②] Ibid.

第二章 解释政治转型

形态与政策立场,并转而采用获胜联盟的政策。① 希格利和伯顿进一步提出了精英的状态与政体维持的关系,他们认为,如果精英和解,就易于形成政局的稳定和制度化的进行,并导致民主的巩固;而如果精英间未达成和解,那么冲突与大众动员就会持续,形成精英与其跟随的大众的极化,进而导致三种结果:不稳定的民主、虚假的民主和威权政体的重建。②

除精英和解外,还有很多学者讨论了精英吸纳对政治体制维持的作用。精英吸纳具有多种方式和途径,例如通过政党、立法机关和行政机构等。塞利格曼是较早对政党吸纳进行研究的学者,他认为,"在新兴的国家中要保证稳定和发展,其关键在于政治精英的整合"③。精英吸纳则是进行精英整合的主要途径,它决定着精英进行政治参与的渠道,界定政治精英的身份和地位,并影响政策过程,造成地位和权力分配上的变化,并最终影响政治体系的稳定。政党吸纳是实现政治精英整合的有效方式,它可以通过提名候选人的方式给予精英获得政治权力的机会。政党吸纳可以分为两个层次:第一个层次是检测,它包括在社会中搜索和招募精英,并提供加入政党的渠道,使精英能够具有获得候选人资格的可能;第二个层次是在政党中进行选择,选出代表政党参加选举的精英。④ 由此,政党吸纳可以将社会中的各个宗教、团体、阶级、种族等群体中的精英招募进政党,使其获得参与政治并取得权力的机会。并且,政党吸纳通过广泛且不断地吸收精英进入政治过程,使得在社会的精英阶层中形成了对政治体制和游戏规则的认同,并在精英群体中形成有效的合作。

桑巴特在分析美国为什么没有社会主义时,也强调了政党吸纳的作

---

① John Higley, Nichel G. Burton, "The Elite Variable in Democratic Transitions and Breakdowns", *American Sociological Review*, Vol. 54, No. 1, pp. 17 – 32.

② Michael Burton, Richard Gunther, and John Higley, "Introduction: Elite Transformations and Democratic Regimes", in John Higley and Richard Gunther eds, *Elites and Democratic Consolidation in Latin America and Southern Europe*, New York: Cambridge University Press, 1992. pp. 1 – 37.

③ Lester G. Seligman, "Elite Recruitment and Political Development", *The Journal of Politics*, Vol. 26, No. 3, 1964, pp. 612 – 626.

④ Lester G. Seligman, "Political Recruitment and Party Structure: A Case Study", *The American Political Science Review*, Vol. 55, No. 1, pp. 77 – 86.

用。在美国,民主党和共和党把持了绝大多数通往政治权力的机会,要形成对两党地位有挑战性的社会主义政党需要花费大量的资源,在每个选区都要有大批高度组织起来的职业政治家投入到不间断的工作中,选区中都要配备经过培训的党务工作人员,他们背后由"幕后操纵者"控制,而这些"幕后操纵者"又受到幕后操纵头目的控制。要使庞大的选举机器高效运转,则需要数额庞大的与之相匹配的资金。另外,两党已经掌握政局多年,建立新的工人阶级的政党与之争斗会遇到双倍的困难。[①] 在美国,"即使是通往最卑微职位的道路也受到政党身份的支配,要想获得政治职位,则必须要加入这两个政党。在两党中已经发展出由当政的执政党给予有影响力的工人领袖以利益丰厚的职位来使他们无害的完整的制度化机制。对于工人的领袖而言,只要他们宣誓忠诚于执政党,那么他们就会得到高额的回报——一个高薪的职位,马萨诸塞州在几年的时间里就有13个工人领袖以这种方式得到了政治职位,芝加哥则有30多例。"[②] 这样,一个工人领袖时常面临着两难抉择,一方面要求"推翻现存的社会秩序",与此同时,一个肥缺又在他眼前不停地晃动。当有影响力的工人领袖屡屡以这种方式背叛他们赖以赢得权力的工人以及工人运动,那么,工人运动在还没开始对现有体制进行攻击时就遭到了致命的打击。美国的资本主义式民主体制就是通过政党吸纳工人中的精英的方式消解了对体制具有冲击力和破坏力的政治力量而得到了巩固和维持。

非民主国家也可以通过吸纳来增强其应对环境与社会挑战的能力,弗莱龙在分析苏联时,发现苏联共产党对专业技术精英的吸纳是其加强统治精英决策能力与体制合法性的重要手段。他区分了"招募"和"吸纳"的概念,招募是指在职业生涯的早期进入到政治系统,而吸纳则是在职业生涯的中期或晚期被吸收到政治体制中。[③] 如果主要是采用招募方

---

① [德] W. 桑巴特:《为什么美国没有社会主义》,赖海榕译,社会科学文献出版社2003年版,第53—57页。
② 同上,第63—65页。
③ Frederic J. Fleron, Jr., "Cooptation as A Mechanism of Adaption to Change: The Soviet Political Leadership System", *Polity*, Vol. 2, No. 2, 1969, pp. 176–201.

第二章 解释政治转型

式,那么在政治体制中主要是职业的政治官员,这种人员构成缺少应对复杂工业社会的决策技能,只能以再培训的方式来提高决策能力;而吸纳则是将某个领域的专业精英吸收进决策体系,使得决策层具有一定的专业技术能力。弗莱龙统计了1952—1961年苏共中央委员会和政治局的人员变化,中央委员会中招募对吸纳的比例从1952年的75.4%:24.6%变为了1961年的49.7%:50.3%;政治局的变化则不大,在1952年和1961年都是75%:25%,并且以吸纳方式进入政治局的人数比例在1956年减少到7.2%。① 在中央委员会增加专业精英的人数,使得其决策系统中具有了各种专业领域的技术知识人才,能够更有效地应对社会与环境的变化,并给予社会中的其他精英有进入政治体制的机会。同时,在更为核心的政治局仍保持人员的"纯洁性",以保障苏共对政治权力的掌控。

中国在1978年改革开放后,社会结构与经济发展产生了剧烈的变化,中国共产党同样也采用了吸纳的方式来进行应对。迪克森认为,企业家和专家被吸收入党,这些精英能够带来新的思想、观念、技术、经验、资源和目标,这激发了政党的活力,提高了行政绩效,并保证中国共产党领导体制的持续。② 经济改革对中国共产党政权带来了两个可能性的威胁,其一是新的精英群体成长起来,并且自主地控制着大量的经济资源;③ 其二是职位、工作和地理的流动性增强,中国共产党很难像以往那样监控社会。④ 在这一情形下,中国共产党大量地将技术人员和私人企业主群体吸收入党。从阶级斗争转向经济建设后,中国共产党提高了新招募党员的学历和技术要求,到1997年中共十五大时,党员中具有高中以上教育水平的比例从1978年的12.8%提高到了43.4%。在20世纪80年

---

① Ibid.

② Bruce J. Dickson, "Cooptation and Corporatism in China: The Logic of Party Adaptation", *Political Science Quarterly*, Vol. 115, No. 4, 2000, pp. 517–540.

③ Samuel P. Huntington, "Social and Institutional Dynamics of One-Party Systems", in Samuel P. Huntington and Clement H. Moore, eds., *Authoritarian Politics in Modern Society: The Dynamics of Established One-Party Systems*, New York: Basic Books, 1970, p. 20.

④ Dorothy Solinger, "China's Urban Transients in the Transition from Socialism and the Collapse of the Communist Urban Public Goods Regime", *Comparative Politics*, 27, 1995, pp. 127–146.

代中期，私人企业主也开始被接收入党，1989 年在温州的一项调查表明，当地的 31.7 的私人企业主是党员；1991 年年末，私人企业主在中国共产党党员中的比例占到了 4%；在 1995 年，据《新华日报》报道，约有 15% 的私人企业主是中国共产党党员。对私人企业主的吸纳使得可能的和潜在的反对者被吸收入政治系统，在其中，私人企业主能够获得更多的政治保护，使其利益与现有的政治体系建立起紧密的联系。技术人员、专家和企业主的入党推动了经济自由化的改革和经济的发展，但是，这些技术、专家，甚至众多的知识分子精英都支持自由化，却并不赞同民主化，[1] 因而，政党吸纳不仅将社会中新兴的精英群体纳入到政治系统的控制中，这些精英还增进了中国共产党在经济增长中的绩效，使其政治统治得以灵活而稳定地持续。

金耀基将殖民地时期的香港政治模式归纳为"行政吸纳政治"，并认为这是香港能够维持高度且持续的政治稳定的主要原因。行政吸纳政治不同于上述所提及的政党吸纳，而是通过政府机构来吸纳精英。它是指一种政治过程，在这一过程中，政府把社会中精英或精英团体所代表的政治力量，吸收进行政决策结构，因而获得某一层次的精英整合，此一过程赋予了统治权力以合法性，从而，一个松弛的但整合的政治社会得以建立起来。[2] 殖民地时期的香港所采用的政治体制并不是民主政治，而是在英国控制下的由精英构成的共识性政府形式。在香港的政治体制中，立法局、行政局和市政局是主要的政治机构，前两者是带有立法性质的议事机构，在这两个机构中，共有 36 人是非官守议员（指非政府机构的行政首长），其中 29 人是中国人，大都来自香港的世家大族或新兴的社会经济上的精英，而其他不是中国人的非官守议员也大都为财富之

---

[1] Jonathan Unger and Anita Chan, "Corporatism in China: A Developmental State in an East Asian Context", in Barrett L. Mccormick and Jonathan Unger, eds., *China after Socialism: In the Footsteps of Eastern Europe or East Asia?*, NY: M. E. Sharpe, 1995, p. 111.

[2] 金耀基：《行政吸纳政治——香港的政治模式》，载金耀基：《中国政治与文化》，香港牛津大学出版社 1997 年版，第 27 页。

第二章 解释政治转型

士。① 市政局则包含一个庞大的文官系统,在1992年,人数已达139300人之多,自1952年之后,香港本地的公务员已占到文官系统的95%,虽然在行政权力上英国人和中国人极不平衡,但这一机构发挥了吸收才能之士并降低出现普世知识分子的功能。② 通过这些形式化的吸纳,其体制外很难出现较大的反对力量,并且,在体制中的精英也可以将所属群体的利益上达以使底层的利益也能在一定程度上得到兼顾。甘迪和普沃斯基也从政府机构吸纳的角度考察了立法机构的吸纳对威权体制维持的作用,他们认为,对于威权政体最大的威胁来自于体制外的各种反对群体和派别,而立法机关可以将这些反对力量吸收进入政治体制中,使他们的利益、观念能够在威权体制的框架内得到协商和满足。这意味着威权统治者由原先的利益独占转为同这些反对派分享,同时,反对派也会因进入到体制内而得到此前无法获取的利益而在一定程度上改变其对现体制的敌对态度与过激行为。

甘迪和普沃斯基将立法机关的吸纳视为制度化的吸纳方式,这一方式有别于威权统治者私人的、非正式的利益分配和任命。在立法机关吸纳的制度化水平上分为三个层次:低制度化,指不存在立法机关,或者立法机关中不包含反对势力;适度的制度化,指立法机关中实际存在的反对派政党与统治者的预期一致;过度的制度化,是指立法机关中的反对派政党数量高于统治者的期望。③ 为了表明不同的制度化水平与威权政体存续时间的关系,他们考察了立法机关的吸纳对1946—1996年期间共388个威权统治者任期的影响,结果表明:实行适度制度化立法机构吸纳的威权统治者能维持平均8.38年的任期,远高于低制度化水平的3.3年,而过度制度化的任期更长,达到了9.36年。④ 这一长时段的跨国数据分

---

① 金耀基:《行政吸纳政治——香港的政治模式》,载金耀基:《中国政治与文化》,香港牛津大学出版社1997年版,第30页。
② 同上,第33—35页。
③ Jennifer Gandhi and Adam Przeworski, "Authoritarian Institutions and the Survival of Autocrats", *Comparative Political Studies*, Vol. 40, No. 11, 2007, pp. 1279 – 1301.
④ Ibid.

析表明了立法机关的精英吸纳对于威权统治的维持有显著的促进作用。

三、精英和解、精英吸纳与体制性吸纳

从上述研究可以看出，精英除了在转型过程中起着决定性作用外，他们对于体制的维持也具有明显的影响。在一个国家中，如果精英处于分裂状态，并时常爆发激烈的冲突，而且体制的支持派别也无法将反对派精英吸收入政治系统，那么这个国家的政治体制将难以持续；反之，当一个国家的政治精英达成了和解，同在一个政治系统中按现有制度来获取政治权力和利益，社会中的精英能够广泛地被吸收入政治体制中，而不至于成为体制的反对派，这一政治体制就能够长期持续。从根本上讲，精英和解与精英吸纳对体制维持的作用是通过改变精英间力量对比来实现的。体制的维持在于反对派精英的力量难以推翻现体制，而体制的崩溃则是因为维护体制的精英派别无法应对和招架反对派对体制的冲击，因此，政治体制的崩溃与维持与否主要由维护体制的精英派别与反体制的精英派别间的力量大小而定。精英和解是原本相互冲突的精英就某一制度规则达成了共识，无论这一制度规则是原有体制的继续还是新建立的制度，都意味着对于形成共识的体制而言，当主要的精英派别都支持这一游戏规则时，反对体制的精英派别力量相对来讲被减小了。精英吸纳则是通过政党或各种机构将政治系统外的精英吸收进入体制内，这些精英或是属于反对现体制的精英派别，或可能成为潜在的反对者，当他们改变原有立场加入到体制中则会使反对派阵营的力量减小而拥护体制的精英力量增加（图2.2）。

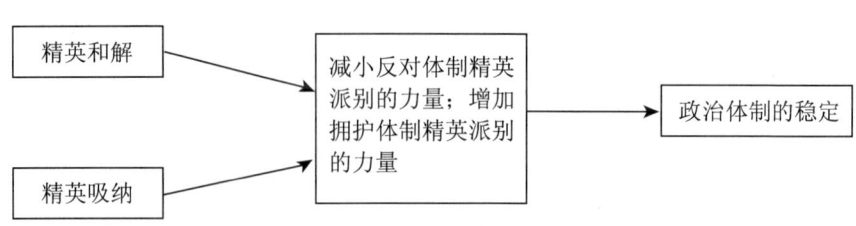

图2.2　精英和解、精英吸纳与体制维持

第二章 解释政治转型

另一方面，精英和解和精英吸纳在概念上有较多相似之处。精英和解包含着两种形式，第一种形式是在现体制下形成共识，第二种则是在新的体制下各派精英达成和解。第二种形式是在政治转型过程中发生，各派别精英对新体制达成联合共识。如果只是考察精英对现体制的作用，那么精英和解与精英吸纳都是指在现体制中原本反对体制的精英进入了体制内的过程和结果。冲突的精英派别如果在现体制内形成共识，则表明主要的精英派别都接受这一体制所规定的政治权力竞争方式，持反对态度的精英派别改变了既往的策略转而按现有的游戏规则来竞争政治权力和利益。虽然精英吸纳有政党、立法机关、行政机关或其他组织和机构等方式，但在本质上也是将原本处于体制外的精英吸收进体制内，并使其态度和行为从对抗、冲突转变为接受与遵守。因而，笔者提出体制性吸纳的概念来分析精英对政治转型的作用，它是指体制外的精英进入到体制内，而不论其是通过和解、谈判、协商还是加入政党、立法或行政机关等方式。体制性吸纳的程度与效果可以改变各派精英的力量对比，促使体制崩溃或者维持，不管是威权政体还是民主政体，转型的开端都始于原有的体制崩溃，当反体制精英力量持续增长，社会冲突不断激化以使现体制难以维持时，转型就有可能发生。

笔者在对东亚国家各种转型类型的分析中，将会讨论精英间力量的变化所发挥的作用，在体制的维持与崩溃以及转型过程中，精英作为能动者和转型方向的引导者起着重要的作用，而其作用的实现是凭借其拥有的力量。虽然力量的消长并不必然意味着结果的出现——比如，反对派所拥有的力量足以推翻现体制，但其成功与否还受行动、策略、时机与结构性制约等多种因素的影响——但至少，力量的变化产生了一种新的可能性，使得转型更易于发生。体制性吸纳能够引起各派精英，特别是维持现体制与反对现体制的精英派别力量变化，因而这一概念是笔者用以解释东亚政治转型的主要变量，并以此来建立主要的分析框架。

第三章 分析框架：体制性吸纳与政治转型

麦克弗尔的分析已经表明，与精英的行为与策略相比，精英的力量是影响政治转型更为重要的因素，[①] 无论是合作还是非合作转型模式，力量都是精英行为选择的基础。如果反对派具备独立推翻原体制的力量，则他们不需要与体制内的改革派合作就能够推动转型；而若其力量过于弱小，即使与改革派联合也无法威胁强硬派的地位，那威权体制就会得以维持。另外，在对精英和解与精英吸纳的研究中，政治体制对不同派别精英的吸纳作用能够改变精英间力量对比，进而造成体制的崩溃或维持以及转型的发生。对政治体制持有不同态度的精英派别的竞争和冲突是引起体制崩溃和政治转型的主要原因，如果精英间的冲突不是集中在体制上，那么冲突的结果即使造成原有的政府倒台但体制仍会得以维持。在既定的政治体制下，支持和反对该体制的精英派别依据成本和收益的计算作出行为选择，而体制性吸纳可以将体制外的精英吸收进体制内，从而改变其行为的成本与收益结构，影响其对现体制的态度，进而使各派别精英的力量对比发生变化。在这一章中，笔者将根据体制性吸纳与精英力量的关系来提出对东亚国家政治转型进行比较分析的理论框架，

---

① Michael McFaul, "The Fourth Wave of Democracy and Dictatorship: Noncooperative Transitions in the Postcommunist World", *World Politics*, 54, 2002, pp. 212–244.

第三章 分析框架：体制性吸纳与政治转型

首先是对主要的概念进行界定，其次是厘清各变量间的关系，并提出体制性吸纳对政治转型影响的理论命题。

第一节 概念界定

一、政治体制、民主与威权政体

政治转型在不同体制间发生，在东亚国家中，主要是威权和民主政体间转型，因而必须对政治体制、威权和民主的概念进行界定。

1. 政治体制

政治体制（political system）在《布莱克维尔政治学百科全书》中被定义为政治体系和政治系统，是指某一社会的政治生活的方式，在社会中的相互作用和机构，通过它们，一个社会作出的决定在多数时期，被社会多数成员认为具有约束力。政治系统的范围包括意志、权力、决策以及对合法使用权力的垄断，和对社会价值的权威性分配。① 而在国内学术界，政治体制概念的定义和使用与之不同，1982年之前，中国学术界并无"政治体制"的概念，直到1982年9月中共十二大才第一次使用"政治体制"这一概念。国内学术界对"政治体制"的诸种界说大体可以分为两类，一类是将政治体制只认为是"具体制度"，以此和基本制度相区分，② 另一类则大体将政治体制与政体的概念相等同。例如，《简明社会科学词典》认为，政治体制亦称政治制度，通常是有关政体的制度，《政治学常见名词浅释》也认为政治制度、政体和政治体制是同义词。若将政治体制中的制度安排细分，则可分为两个子系统，第一个子系统是对国家政治事务管理者的规范总和，包括对中央管理者和地方管理者的规范，即由中央体制和地方体制构成；第二个子系统是对被管理者——

---

① [英]戴维·米勒、韦农·波格丹诺编：《布莱克维尔政治学百科全书》，中国政法大学出版社1992年版，第575—576页。
② 浦兴祖：《依据、蓝图、原则——重温邓小平政治体制改革思想》，载《北京联合大学学报》，2010年第4期。

国家公民参与形式的规范总和，其中包含社会政治组织体制（由政党体制、社团体制构成），和公民参与方式体制（由人事体制、选举体制、言论体制和政治权利规范构成）。① 抑或将制度、行为与过程结合起来界定政治体制，认为政治体制是政治共同体在特定环境中，以强制力为依托，为实现其价值目标所选择的制度、程序和规则的有机组合，包括五个要素：各政治主体之间的稳定关系模式、程序和规则、强制力、合法性和政治文化。② 陈红太也对"具体制度"的论点进行了批评。实际上，这一论点所依据的中国政治体制改革也包括基本制度层面，③ 因而本书采用第二类观点，即政治体制是关于政治体系的规范、过程、程序等制度安排的总和，并从政治权力分配角度对政治体制概念进行界定。诺斯将制度定义为一个社会的游戏规则，并规约个人间的相互行为。④ 制度包括三个特征：（1）它是一种人为的设置，而非自然产生；（2）它体现为规则并制约个人行为；（3）制度是通过影响行为动机而发挥作用。⑤ 政治体系中，权力的获取与分配是其核心，政治制度就是关于权力竞争的游戏规则，因而，笔者将政治体制界定为一整套或显或暗的制度安排，这些制度安排规定了进入政府主要职位的形式和渠道，以及参与政治和权力运行的方式，并反映出在此过程中的赢家和输家的特点，以及他们用来进入此过程的资源和策略。⑥

2. 民主政体

在民主政体的定义上，古今中外诸多学者都对其进行了探讨，致使这一概念的内涵庞杂，在价值层面和实际层面上并不统一。民主的概念

---

① 谢翔：《论政治体制的内涵和结构》，载《政治学研究》，1986 年第 5 期。
② 赵虎吉：《比较政治学——后发展国家视角》，中山大学出版社 2002 年版，第 25—26 页。
③ 陈红太：《"政治体制"概念认识上的误区》，载《中国特色社会主义研究》，2004 年第 2 期。
④ Douglass C. North, *Institutions, Institutional Change, and Economic Performance*, New York: Cambridge Unimersity Press, 1990, p. 3.
⑤ Douglass C. North, *Structure and Change in Economic History*, New York: W. W. Norton & Co., 1981.
⑥ 该定义参照奥唐奈和施密特对政体的界定，见 [美] 吉列尔莫·奥唐奈、[意] 菲利普·施密特：《威权统治的转型——关于不确定民主的试探性结论》，景威、柴绍锦译，新星出版社 2012 年版，第 6 页，注释 1。

第三章　分析框架：体制性吸纳与政治转型

源于古希腊，民主在希腊语中的含义是人民统治，古希腊著名的政治家伯里克利认为，雅典政制是民主制，城邦是由大多数人而不是由少数人进行管理的。① 柏拉图认为民主制是多数的统治，其价值在于自由，但极端的自由会通往可怕的奴役的僭主制。② 亚里士多德对民主制的评价同样不高，他认为最佳的政体形式是君主制，其次是贵族制，民主制则是多数人正当统治的共和制的变态形式；在寡头、僭主和民主这三种变态形式中，民主制是最能让人容忍的，在民主统治中，更多的人能够从中获益，多数人的不满可以受到抑制。③ 启蒙运动时期的法国思想家卢梭则提出了人民主权和主权在民的概念，认为统治应该为了公共利益并基于公意而进行。④ 美国前总统林肯则提出了民主的经典定义，即民主是指"民有、民治、民享的政府"（the government of the people, by the people, for the people）⑤。托克维尔也认为民主就是人民的统治，在美国，他发现了质朴的民主形式，"人民统治着美国的政治世界，犹如上帝统治着宇宙"⑥。

在上述的定义中，对民主的理解倾向于其实质，反映了古典民主的观点，即民主意味着人民的自我统治，民主能促进或表达公共利益，所有的公众都能实现自我治理⑦。但如从这一界定来理解民主，会遭遇两个方面的问题：第一个问题是，谁是人民，以及人民如何来进行统治。人民统治是非常不确定的概念，人民的范围、涵义常常会发生转变。在现代国家中，由于国家规模较大，人民也不可能进行直接统治，只能由少

---

① ［古希腊］修昔底德：《伯罗奔尼撒战争史》，徐松岩、黄贤全译，广西师范大学出版社2004年版，第98—99页。
② ［古希腊］柏拉图：《理想国》，郭斌和、张竹明译，商务印书馆2002年版，第340—344页。
③ ［古希腊］亚里士多德：《政治学》，吴寿彭译，商务印书馆2007年版，第142—172、312页。
④ ［法］卢梭：《社会契约论》，何兆武译，商务印书馆2005年版，第38—40页。
⑤ ［美］亚伯拉罕·林肯：《哥底斯堡的演说》，载《林肯选集》，朱曾汶译，商务印书馆1983年版，第227—228页。
⑥ Alexis de Tocquewill, *Democracy in America*, New York: Harper and Row, 1969, p.60.
⑦ ［加］弗兰克·坎宁安：《民主理论导论》，谈火生等译，吉林出版集团2010年版，第11页。

数人来代替他们进行国家治理。① 第二个问题是，从民主的价值，即为实现公共利益的目的来界定民主会使民主观混乱，因为，在第二次世界大战之后，几乎所有国家都宣称自己是民主国家，人人都称自己是民主派，所有的政治领袖都宣称自己的统治是为人民的利益。②

因而，从实质角度去定义民主难以用于对现实民主的分析，"二战"后的西方学者从民主的程序与过程来对其进行界定。熊彼特提出，民主就是那种为作出政治决定而实行的制度安排，在这种安排中，某些人通过争取人民选票取得作决定的权力。民主政治并不意味着人民真正在统治，其含义只能是，人民有接受或拒绝将要来统治他们的人的机会。③ 李普塞特结合熊彼特和韦伯的概念，将民主定义为一种政治系统，该系统为定期更换政府官员提供合乎宪法的机会，也可以定义为一种社会机制，该机制允许尽可能多的人通过在政治职位竞争者中作出选择，以影响重大决策。④ 达尔也按照民主的程序和过程提出八个判断民主政体的标准：(1) 建立和加入组织的自由；(2) 表达自由；(3) 投票权；(4) 取得公共职务的资格；(5) 政治领袖为争取支持和选票而竞争；(6) 可选择的信息来源；(7) 自由公正的选举；(8) 根据选票和民意表达制定政府政策。⑤ 自由之家也提出判断是否是民主的四项标准：(1) 竞争的多党政治体制；(2) 所有公民的普遍的成人选举权；(3) 在投票保密和合理的投票安全的条件下进行的有规则的竞争的选举，并且没有导致不代表公共意志结果的大量的投票舞弊；(4) 主要的政党有通过媒体和完全

---

① [美] 乔万尼·萨托利：《民主新论》，冯克利、阎克文译，上海人民出版社2010年版，第21—47页。

② 同上，第15—16页。

③ [美] 约瑟夫·熊彼特：《资本主义、社会主义与民主》，吴良健译，商务印书馆2007年版，第395—396、415页。

④ [美] 西摩·马丁·李普塞特：《政治人——政治的社会基础》，张绍宗译，上海人民出版社2011年版，第21页。

⑤ [美] 罗伯特·达尔：《多头政体——参与和反对》，谭君久、刘惠荣译，商务印书馆2003年版，第16—27页。

第三章 分析框架：体制性吸纳与政治转型

公开的政治运动接触选民的公共途径。① 然而，也有学者认为从程序和过程来定义民主仍有缺陷，自由和竞争的选举不过是民主的最低要求，而不包括负责任的政府、高度的法治和对公民自由权利的有效保护。卡尔认为，仅仅用选举来定义民主是犯了"选举主义的谬误"，他区分了两种不同的民主：自由主义民主和选举民主，② 卡罗瑟斯则把选举民主认为是准民主政体或介于民主政体和威权政体之间的中间政体（hybrid regime）。③ 但如果按照这一要求，在对现实的民主制度分析中，会混淆什么是民主和民主的程度这两个不同的问题，换言之，民主的程序性定义确定某一种政体是民主政体或非民主政体；而法治、政府治理和回应以及公民的政治权利等则是判断民主质量高低的标准，属于民主巩固的范畴。

民主政体的基本特征是参与和竞争，④ 如果具备这一条件，则可以把政治体制确认为是民主的。⑤ 不确定性则是民主的另一基本特征，普沃斯基提出，在民主体制中，竞争的政治力量事先都无法知道冲突的结果，从参与各方来看，结果都是不确定的。⑥ 因而，笔者认为，如果某一政体是通过广泛参与的选举来决定对政治权力的竞争，并且其结果在选举前是不确定的，则可以认为该政体是民主政体。

3. 威权政体

威权政体（Authoritarianism）又称为威权主义、权威主义政体，沃格

---

① Aili Piano and Arch Puddington, "Freedom in the World 2004", *The Annual Survey of Political Rights & Civil Liberties*, New York and Washington, DC: Freedom House, 2004, p. 716.

② Terry Karl, "Imposing Consent: Electoralism Versus Democratization in El Salvador", in Paul Drake and Eduardo Silva eds., *Elections and Democratization in Latin America, 1980 – 1985*, San Diego: University of California, 1986, pp. 9 – 36.

③ Thomas Carothers, "The End of the Transition Paradigm", *Journal of Democracy*, Vol. 13, No. 1, 2002, pp. 5 – 21.

④ [美] 罗伯特·达尔：《多头政体——参与和反对》，谭君久、刘惠荣译，商务印书馆2003年版，第14—15页。

⑤ [美] 亚当·普沃斯基：《民主与市场——东欧与拉丁美洲的政治经济改革》，包雅钧等译，北京大学出版社2005年版，第1页。

⑥ 同上，第2页。

林在20世纪30年代首先提出了这一概念,其后在60年代,萨托利区分了民主政体、威权主义政体和极权主义政体,他认为威权主义政体由权威(authority)演化而来,是一种滥施淫威、践踏自由的压制性政体。①威权政体在学界的使用有广义和狭义上的区分,在广义上,威权政体可视做所有的非民主政体,例如,亨廷顿就认为,君主专制、贵族政治、帝国政制、法西斯主义、殖民统治、一党制、军人政权和个人独裁都属于威权政体。②在狭义上,威权政体是现代政治体制中的一种,与民主政体与极权主义政体相区别。在《布莱克维尔政治学百科全书》中,威权政体也被称为独裁主义,它是指一种统治形式,在这样的统治形式之下,统治者把他们的价值观强加给社会,全然不顾其成员的意愿。它具有三个主要特征:公民讨论和投票的决策方法几乎或全部由当权者决策的方式所取代;这些过于集中的权力运用缺少宪法上的制约;统治者所宣称的那种权威通常不必也不是来自于被统治者的认可,而是出自他们特有的某种特性。③在20世纪70年代后,威权政体的概念被广泛应用于政治转型的研究中,奥唐奈将拉丁美洲所出现的非民主体制归纳为官僚权威主义。这一概念是指一种官僚统治,政府在军人或军事集团的支持下,通过控制选举来限制政治组织和利益集团,压制社会运动,在经济上采用紧缩政策来促进经济发展。其特征为,政权基础是上层阶级,取消大众的政治活动并实现经济的规范化,排除公众参与和压制公民权利,取消政治民主的机构,促进垄断资本的积累,使社会问题非政治化等。④林茨提出了威权政体的定义,他认为,这是一种不负责任的有限

---

① [美]乔万尼·萨托利:《民主新论》,冯克利、阎克文译,上海人民出版社2010年版,第213—215页。
② [美]塞缪尔·P. 亨廷顿:《第三波——20世纪后期民主化浪潮》,刘军宁译,上海三联书店1998年版,第139页。
③ [英]戴维·米勒、韦农·波格丹诺编:《布莱克维尔政治学百科全书》,中国政法大学出版社1992年版,第44页。
④ Guillermo O'Donnell, "Tensions in the Bureaucratic - Authoritarian State and the Question of Democracy", in David Collier eds., *The New Authoritarianism in Latin America*, N. J. : Princeton University Press, 1980, pp. 286 – 302.

第三章 分析框架：体制性吸纳与政治转型

多元政治体系，没有严密的意识形态控制但有独特的民族心理，没有广泛的政治动员，统治者的权力在形式上不受约束但在实际上有一定限制。①

威权政体具有多种形式，麦克里迪斯将其分为四种类型，即暴政、王朝政制、军人政权和一党制；② 而林茨则分为官僚政治军人型、有机的国家制（合作主义的威权政体）、后民主期社会的动员性威权政权和后极权期的威权政权等四类。③ 总体而言，不同形式的威权政权都体现出一个共同的特征，即缺乏政治竞争④，按照林茨对威权政体五个关键方面的归纳，即有限的多元性、受限制的领导权、弱动员、非意识形态统治和缺少广泛的社会动员。⑤ 威权政体就是指缺少政治权力的选举性竞争，政治权力由个人、政党或某一组织占有和垄断，对意识形态、经济和社会等方面进行有限控制的政体类型。

二、政治转型、转型路径与模式

1. 政治转型

关于政治转型的概念，笔者参照奥唐奈和施密特的界定，是指在一个政治体制与另一个政治体制之间的过渡期。按这一概念，对政治转型的探讨通常结束于一个新的政治体制建立的那一刻，而不管它的内容或

---

① Juan L. Linz, "An Authoritarian Regime: The Case of Spain", in Erik Allardt and Yrjo Littunen eds., *Cleavages, Ideologies and Party Systems*, Helsinki: Westermarck Society, 1964, pp. 291 – 342.

② R. C. Macridis, *Modern Political System*, p. 217. 转引自陈尧：《新威权主义政权的民主转型》，上海人民出版社2006年版，第33页。

③ [美] 胡安·林茨：《极权政权与威权政权》，载 Greenstein and Bolsby 主编的《总体政治论》，台北幼师文化事业公司1983年版，第367—493页。

④ 亨廷顿认为，权威主义可以简单地界定为竞争性选举制度这一制度内核的缺乏。参见 [美] 塞缪尔·P. 亨廷顿：《第三波——20世纪后期民主化浪潮》，刘军宁译，上海三联书店1998年版，第138页。

⑤ Juan L. Linz, "An Authoritarian Regime: The Case of Spain", in Erik Allardt and Yrjo Littunen eds., *Cleavages, Ideologies and Party Systems*, Helsinki: Westermarck Society, 1964, pp. 291 – 342.

类型是什么；一方面，转型是以某一体制开始解体而启动，另一方面则是新的体制以某种形式建立起来。① 蒙克曾经指出，在对民主转型的研究中，由于概念上的问题会阻碍理论的建立，这些问题主要体现在学者们对民主体制的界定和选用的测量标准上的不一致。② 而笔者按照民主和威权体制的基本特征去确定转型过程，可在一定程度上避免出现这些问题。

2. 转型路径和类型

转型路径和类型是指某一国家在一定时期内，不同政治体制间的发展道路，即，在这一时段中，该国所经历的政治体制的顺序。亨廷顿对转型路径进行过归纳，他提出五种政权的发展类型：（1）轮回型：a—d—a—d—a—d；（2）二次尝试型：A—d—a—D；（3）间接民主型：A—D—a—D；（4）直接过渡型：A—D；（5）非殖民化型：D/a—D（a和d表示不稳定的威权和民主体制，A和D表示相对稳定的威权和民主体制）。③ 亨廷顿的分类方式具有明显的价值倾向，每一种转型类型的终点都是代表民主制的d或者D，而忽略了从民主到威权的转型路径，即D—A或d—a，同时其分类也略显复杂，民主与威权体制的交替出现可归为一类。在本书导论中，笔者将东亚国家在"二战"后的转型路径分为三类：从威权到民主、从威权到民主和民主与威权的交替，并以韩国、新加坡和菲律宾作为每一种类型的代表国家。

3. 转型模式

转型模式是指政治转型的具体过程和方式。在第二章中，笔者评述了民主转型学对转型模式的研究，各个学者对转型模式分类的标准不尽相同，但大都将政治转型的重要行动者——政治精英作为分类的主要依据，而精英派别对转型的推动策略可分为以施密特和卡尔为代表的合作

---

① ［美］吉列尔莫·奥唐奈、［意］菲利普·施密特：《威权统治的转型——关于不确定民主的试探性结论》，景威、柴绍锦译，新星出版社2012年版，第5—6页。

② Gerardo L. Munck, "The Regime Question: Theory Building in Democracy Studies", *World Politics*, 54, 2001, pp. 119-144.

③ ［美］塞缪尔·P. 亨廷顿：《第三波——20世纪后期民主化浪潮》，刘军宁译，上海三联书店1998年版，第52页。

模式和麦克弗尔所提出的非合作模式。笔者按照这两个标准,即推动政治转型的精英派别——体制内和体制外；精英推动转型的策略——合作与非合作,将政治转型的模式分为三种（表3.1）。

表3.1 政治转型的三种模式

		推动转型的精英派别		
		体制内精英	体制内、外精英的联合	体制外精英
精英策略	合作		交易	
	非合作	强加		决裂

蒙克和列夫大体也按照这两个标准对民主转型的模式进行了分析,他们提出了上层革命、社会革命、决裂、脱离、交易、保守的改革、来自下层的改革等七种模式①,但本研究的目的并不是具体讨论在政治转型中所出现的各种模式和模式间的差别,而是分析体制性吸纳对精英力量的影响,及由此对转型过程所产生的作用。另外,在精英策略上,合作与非合作的区分主要是看体制内与体制外精英的关系,合作是指体制内的一个或多个精英派别与体制外的一个或多个派别联合起来推动转型,而非体制内或体制外的精英派别间的合作。并且,这三种转型模式包含了从民主到威权和威权到民主的转型路径,交易是指体制内和体制外的精英派别合作推动朝向民主或威权政体的转型,而强加和决裂则是体制内或体制外的精英以非合作的方式来促使政治转型的发生。

三、政治精英、精英力量与体制性吸纳

1. 政治精英

帕累托使"精英"这一概念在社会科学中被广泛使用,他认为精英

---

① Gerardo L. Munck and Carol Skalnik Leff, "Modes of Transition and Democratization: South America and Eastern Europe in Comparative Perspective", *Comparative Politics*, Vol. 29, No. 3, 1997, pp. 343 – 362.

是由人类各个活动领域中能力最强的人所组成,并且他集中关注相对于社会中下阶层的"统治精英"①。莫斯卡也做出了相似的划分,他认为所有社会都表现为两个阶级——统治阶级和被统治阶级②,绝大多数人都处于被统治地位,并受着极少数精英的统治。米尔斯提出了权力精英的概念,它包括企业公司的上层、政治领袖和军事头脑,他认为统治阶级的概念过于宽泛,并有依凭经济基础来进行统治的设定,而权力精英的概念则可以取代统治阶级。③ 为了度量和分析的客观性,拉斯韦尔摒弃了品质、禀赋、能力等个人特性的因素,将地位作为判断精英的唯一指标,他认为,精英是指在社会中占据高位的人,在各个领域都有与之相对的精英,除了权力精英外,还有财富、名望和知识等方面的精英,精英就是在所处领域获取价值最多的人,其他的群众则分配剩余的价值。④ 普特南、麦克多纳夫、代伊等学者们也都倾向于认为精英是在某一社会中的政治、经济、军事、文化、社会运动等领域中居于上层地位的人。⑤ 虽然,精英可以分为不同的种类和领域,但是这些精英都能够对政治过程和政治决策造成影响,因而,在更大的范围上,权力精英、权势人物或政治精英包含着某一社会的不同领域中居于上层的人。马太·杜甘将政治精英界定为,有权势的组织和运动中战略性位置的持有者,包括异议组织,这些人能够不断地和深刻地影响国家政治决策。⑥ 笔者在政治精英的概念上将采用希格利和伯顿的界定,是指在权力组织和各种运动中居

---

① [意] V. 帕累托:《普通社会学纲要》,田时纲译,生活·读书·新知三联书店2001年版,第298—301页。
② G. Mosca, *The Ruling Class*, H. D. Kahn and A. Livingston, trans. and eds., New York: Mcgraw-Hill, 1939, p. 50.
③ C. W. Mills, *The Power Elite*, New York: Oxford University Press, 1956, p. 4.
④ [美] 哈罗德·D. 拉斯韦尔:《政治学》,商务印书馆1992年版,第136—155页。
⑤ Robert D. Putnam, *The Comparative Study of Political Elites*, Englewood Cliffs: Prentice Hall, 1976. Peter McDonough, *Power and Ideology in Brazil*, Princeton: Princeton University Press, 1981. Thomas R. Dye, *Who's Running America? The Reagan Years*, NJ: Prenctice Hall, 1983.
⑥ [法] 马太·杜甘:《国家的比较》,文强译,社会科学文献出版社2010年版,第249页。

第三章 分析框架：体制性吸纳与政治转型

于权威性地位的人，他们能够深刻并持续影响政治结果。①

2. 精英力量

精英力量是指精英实现某一目标的能力和凭借。在本书中，精英力量并不是指某个精英所拥有的力量，而是精英派别的力量，按照奥唐奈、施密特和普沃斯基等学者的观点，在政治转型中的精英派别主要分为强硬派、改革派、温和派与激进派等四个派别，依各个派别对体制的态度可以归纳为支持体制和反对体制这两个主要的精英派别。笔者认为，这两个派别的精英力量的变化将会影响政治转型过程，正如麦克弗尔所言，当民主派或威权派的力量压过其他派别时，他们就会用强加的方式建立民主或威权政体。②

精英力量体现为精英派别所拥有的组织规模、组织的制度化水平与凝聚力、经济资源、强制能力、社会支持等，一般来说，某个派别在上述力量组成因素中所拥有的程度越高，他们实现自己的目标的可能性也就越大。在实际中，度量支持和反对现体制的精英派别所拥有的力量非常困难，但若是在重要的历史时刻和重大事件中，精英派别产生分裂，其中的某一部分改变原有对体制的态度，或者精英派别所能动员的资源增多，例如在反体制的运动中参与的人员增加、范围扩大，精英力量及其变化则是可辨的。换言之，在对东亚国家政治转型的案例分析中，虽然难以准确度量各派别所掌握的资源和由此所体现出的力量，但可以通过在历史事件中的各派别所能动员的资源消长来反映其力量对比的变化。

3. 体制性吸纳

体制性吸纳的概念是来自于对精英和解和精英吸纳相关研究的归纳，无论是精英和解还是精英吸纳都是源于原先反对现体制或被排斥在体制外的精英派别接受现体制所规定的"游戏规则"，并按照这一规则来获取相应的权力和利益。因而，笔者将这一概念界定为某一特定政治体制将

---

① Michael G. Burton and John Higley, "Invitation to Elite Theory", in G. William Domhoff and Thomas R. Dye, ed., *Power Elites and Organizations*, CA: Sage, 1987, pp. 133 – 143.

② Michael McFaul, "The Fourth Wave of Democracy and Dictatorship: Noncooperative Transitions in the Postcommunist World", *World Politics*, 54, 2002, pp. 212 – 44.

政治参与者吸收进体制内，使他们按照既定的游戏规则竞争和分配政治权力与利益。这一概念包含以下几层涵义：首先，吸纳体现为一个从体制外到体制内的过程，是原先不能参与体制内权力竞争与分配的社会成员加入到这一"游戏规则"中，类似于奥唐奈所谓的"收编"① （co-opt）和林茨所提出的"进入内部"②（encapsulate）。第二，除了从体制外到体制内的"正向吸纳"外，体制性吸纳还包含防止体制内的成员退出体制而接受另一种游戏规则，即阻止其他政治体制对体制内精英的"反向吸纳"。第三，吸纳是发生于政治体制层面，它包含多种方式，例如政党吸纳、立法机关吸纳、行政机关吸纳等，甚至加入到受权力庇护的网络关系中也可认为是一种吸纳方式，因为新加入的精英参与到了体制内的权力和利益的分配。最后，吸纳也表现为对社会成员的遴选，并非所有成员都能够被吸收入体制。

在国内学界，也有一些学者运用了"体制吸纳"（用词上非"体制性吸纳"）的概念，例如国云丹博士将中国的国家与上海邻里空间关系归纳为从威权控制到体制吸纳，其对体制吸纳界定为国家政府机关通过制度渠道将公民或社会组织的利益诉求和政治表达，纳入到体制管理范围内加以协调和吸纳的社会整合机制，③ 侧重点在于社会需求向政治系统的输入；徐家良提出"体制吸纳问题"的概念，指在一定的体制范围内，有效解决常态性问题和非常态问题，保持社会活力，④ 强调体制对公共问题的解决能力；赵成福也从这一角度来定义"体制吸纳"，指政府通过组织创新来解决公共问题；⑤ 杨华锋的"体制吸纳"概念与"行政吸纳政治"

---

① G. O'Donnell, *Modernization and Bureaucratic-Authoritarianism: Studies in South American Politics*, CA: Institute of International Studies, 1973, pp. 25–40.
② J. Linz, "Opposition to and under An Authoritarian Regime: The Case of Spain", in R. Dahl eds., *Regimes and Oppositions*, New Haven, CT: Yale University Press. 1973, pp. 171–259.
③ 国云丹：《从威权控制到体制吸纳：国家与上海邻里空间，1949—2008》，复旦大学博士学位论文，2009年。
④ 徐家良：《"体制吸纳问题"：社区组织动员的功能》，载《中国行政管理》，2007年第9期。
⑤ 赵成福：《公民政治参与：体制迟钝与体制吸纳》，载《河南师范大学学报》，2009年第3期。

相似，认为是指吸纳社会力量尤其是社会精英进入行政权力系统，但他将"体制吸纳"限定为主要是基层政权吸收乡村能人和龙头企业等；① 黄卫平和陈文虽然归纳出"体制吸纳"的立法机关吸纳、行政机关吸纳和组织吸纳等形式，但其所指的"吸纳"内容主要是公共需求和民意。② 总体来看，国内学者在使用"体制吸纳"概念时侧重于"吸纳"而忽略了"体制"，并未把握住体制性吸纳概念的核心，即政治体制作为权力竞争的游戏规则对其他社会成员的覆盖，因而难以去比较和分析不同体制对社会精英吸纳能力的差别。而在本书中，则是从体制的层面来理解这一概念，并将其运用到政治转型的比较分析中。

第二节 体制性吸纳、精英力量与政治转型

在对东亚国家政治转型的案例分析中，体制性吸纳是主要的自变量，通过它的变化来解释各种转型类型中所出现的差异；精英力量，即支持和反对既有体制的精英派别的力量及其变化是体制性吸纳与政治转型间的中介变量，它是联系体制性吸纳与政治转型的通道，派别间力量对比的转变是造成体制崩溃与否以及转型模式异同的原因。明确体制性吸纳的强弱则需要具体区分吸纳的结构与形式，并以此来形成定性层次的度量，体制性吸纳会改变精英行为的成本与收益，进而影响会精英力量对比和政治转型。

一、体制性吸纳的结构与形式

在社会科学中，大部分的概念都具有多面向性和多层次性，萨托利区分了高、中、低这三个层次的概念范畴；③ 科利尔和马洪则在概念分析

---

① 杨华锋：《乡村社会体制吸纳与协同治理的现实之辩》，载《理论与改革》，2008年第4期。
② 黄卫平、陈文：《民间政治参与和体制吸纳的互动——对深圳市公民自发政治参与三个案例的解读》，载《马克思主义与现实》，2006年第3期。
③ G. Sartori, "Concept Misformation in Comparative Politics", *American Political Science Review*, 64, 1970, pp. 1033–1053.

中运用了初级范畴和次级范畴;① 戈茨认为概念应分为基本层次、次级层次和指标层次,基本层次是概念的基本属性,次级层次构成概念的范围,指标层次又称为操作化层次,是对概念的测量。② 笔者将体制性吸纳这一概念分为两个层次,即基本层次和次级层次。在次级层次上再分为三个因素:首先,体制外的精英进入到体制内和阻止体制内精英被"反向吸纳",就要求体制为其提供相应的职位和权力与利益的分享;其次,确认是否吸纳体制外的精英,并选择吸纳的人员,需要有相关的遴选制度、程序和发现精英和潜在精英的网络,以及体制外精英进入体制的渠道;再次,对于体制外精英和体制内精英而言,进入或退出体制并遵循体制中的规则存在成本和收益的考量,既有体制的支持者需要具备一定的谈判能力来说服精英进入或留在体制内并使他们行为不违背相应的制度设置。

这三个因素是笔者所认为的体制性吸纳概念的次级层次,虽然这一概念可能包含更多的内容和层次,但吸纳的职位、网络和谈判能力构成了体制性吸纳的主要结构和表现形式。吸纳体制外精英必然要经过体制的支持者对被吸纳者的说服,并通过一定的网络和渠道进入体制和居于体制内的相应位置,而防止反向吸纳则取决于支持者的谈判能力。另一方面,这三个次级层次是体制性吸纳概念的细化,它们提供了对案例进行比较分析的尺度,使得在定性层次上能够界定体制性吸纳的强弱。

1. 现体制可供吸纳的职位

政治体制中的职位意味着在其上所附带的政治权力、经济、地位等各种收益。体制所能够提供给精英的职位包括金耀基在"行政吸纳政治"

---

① D. Collier, J. Mahon, "Conceptual Stretching Revisited: Adapting Categories in Comparative Analysis", *American Political Science Review*, 87, 1993, pp. 845 – 855.

② [美] 盖里·戈茨:《社会科学概念——方法论的思考》,徐子婷等译,台北韦伯文化国际出版有限公司 2010 年版,第 7—8 页。

第三章 分析框架：体制性吸纳与政治转型

的分析中所指出的立法机关、行政机关等政府机构的职位,[①] 和弗莱龙在探讨苏联共产党为适应工业社会的环境变化时对专业和技术精英的政党吸纳,[②] 在政党中安排其职位。从本质上讲，对体制外精英提供职位是将权力和利益向原先被排斥在外的人员分配，将更高的职位提供给体制内精英则使其能得到更多的权力和利益，以减少另一种体制对他们的"吸引"。因而，除以上职位提供方式外，存在大规模庇护主义经济的国家中，将精英吸收进庇护经济网络也应是职位提供的一种形式，例如，某些精英并不愿担任正式的政府官员或接受政党中的职位，而更愿意加入庇护网络，享有在体制外所不能分享的权力保护和垄断的经济利益。在这种情况下，体制内和体制外被严格地分隔开来，在体制外，经济利益的获取必须经过严酷的市场竞争和权力的盘剥；而在体制内的庇护网络中，不仅享有权力的保护，而且能够更便利地获得信息与资源，维持相对垄断的经济地位。

体制的类型与制度化是影响职位提供能力的重要因素，体制的类型是指同一种政治体制的不同种类和形式，例如民主体制可以分为总统制和议会制，威权体制分为军人政权、个人独裁和一党制等。林茨分析了议会制和总统制在民主巩固上的差别，采用总统制的国家，民主巩固效果较差，并且更容易崩溃。首先，总统制容易导致政治矛盾和政治冲突，这是由总统制内含的二元合法性[③]、固定的任期和赢者全得游戏规则[④]等特性所导致。其中，赢者全得的游戏规则就是指赢得总统职位的政党会

---

① 金耀基：《行政吸纳政治——香港的政治模式》，载金耀基：《中国政治与文化》，香港牛津大学出版社1997年版，第21—46页。

② Frederic J. Fleron, Jr., "Cooptation as A Mechanism of Adaption to Change: The Soviet Political Leadership System", *Polity*, Vol. 2, No. 2, 1969, pp. 176 - 201.

③ Juan J. Linz, "The Perils of Presidentialism", *Journal of Democracy*, Vol. 1, No. 1, 1990, pp. 51 - 69.

④ Juan J. Linz, "Presidential or Parliamentary Democracy: Does It Make A Difference", In Juan J. Linz, Arturo Valenzuela eds., *The Failure of Presidential Democracy*, Baltimore: The Hopkins University Press, 1994, pp. 3 - 15.

控制行政机构,而对于选举中的输家所能获得的政府职位就相对较少。① 姬德丝的研究指出了,相对于个人独裁和一党制,军人政权更易于陷入分裂和崩溃。这是由于在一党制和个人独裁的体制中,各派别有更强的合作动机,它们的崩溃往往不是来自于内部而是由于外部事件。② 这两者中,体制内的精英会分成各种派别进行争斗,但大都缺少改变体制的动机,这是因为体制内的职位能够为其带来各种物质利益,他们依赖于体制,"并伴随体制生存或沉没"③。从体制性吸纳的角度,导致出现这种差异的原因是在一党制和个人独裁体制中,当权者往往能够控制军队和政府,所能提供的体制内职位和分享的利益要比并未完全掌控政府的军人政权要多得多,因而能够有效防止"反向吸纳"的发生。因此,在军人政权中,无法获取到职位和利益的精英与体制外的反抗运动交织在一起,混乱的局面加大了军队采取行动与发生政变的可能。

制度化是指职位的提供成为一种惯常化与固定化④制度安排的过程。执掌政治权力的支持派别在应对精英的反对时,可以临时性地提供一些物资上的分享,以"收买"反对派精英,换取其沉默和合作;或者将他们安插进体制内,用官职来获得其服从。这种临时性的措施具有"救火"的性质,并不能及时应对社会的变化,唯有在反对运动的规模足够大时,当权者才能感知到并采取行动。如果当吸纳成为一种制度化的安排,例如苏联共产党有意识地在党内扩大专家和技术人才的比例⑤,中国共产党放弃了"以阶级斗争为纲"的意识形态,将私人企业主、专业人员吸收

---

① Adam Przeworski, *Democracy and the Market: Political and Economic Reforms in Eastern Europe and Latin America*, Cambridge: Cambridge University Press, 1991, pp. 34 – 35.

② S. P. Huntington, *The Third Wave: Democratization in the Late Twentieth Century*, Norman: Univ. Okla. Press, 1991, p. 366.

③ Michael Bratton, Nicolas Van De Walle, *Democratic Experiments in Africa: Regime Transitions in Comparative Perspective*, UK: Cambridge University Press, 1997, p. 86.

④ Peter Berger and Thomas Luckmann, *Social Construction of Reality*, New York: Anchor Books, 1967, p. 54.

⑤ Frederic J. Fleron, Jr., Cooptation as A Mechanism of Adaption to Change: The Soviet Political Leadership System", *Polity*, Vol. 2, No. 2, 1969, pp. 176 – 201.

第三章 分析框架：体制性吸纳与政治转型

入党①，体制外精英进入体制就具有惯常的、规范的途径和通道，或进入专门为反对派精英留出的立法机关席位②，或者在其他部门任职。在这一情形下，很多体制外精英在并未进行反体制行动时就已经被吸纳进体制，进而减少反对行为对既有体制的冲击。

2. 现体制吸纳体制外精英的网络与方式

职位和制度化为精英进入体制提供了空间，但如果不具备发现精英的网络和渠道，吸纳过程仍然难以进行。在体制中的支持派别不仅需要将反对力量吸收入体制内，同时也要不断从社会中吸收人才以发展自身的力量，这些人员如果无法进入体制，则会蕴藏着逐渐成为现体制反对者和加入反体制精英派别的危险。一般而言，现体制下掌权的支持派别会具有相应的组织基础，其体现为政党、团体、协会等组织形式，这些组织的设置和对社会的嵌入构成了发现精英和招募精英的网络。一个从基层到中央都设有相应的层级结构并保持良好运转并具有一整套完善的人才选拔机制的组织体系，可以保障精英或潜在的精英被持续不断地输送到体制内；而不具备这样的组织设置或者仅在中高层次设有组织机构的当权的支持派别则会在很大程度上造成体制内部新陈代谢的缓慢，同时这也会导致体制外进入体制内方式的缺乏与通道的狭窄，体制外精英难以被现体制所吸纳。

除体制内的组织外，"合作主义"的采用能够拓宽体制内组织的覆盖网络。合作主义是指一种利益代表体系，在其中，利益从下层到最高层被组织起来，以限制和制度化关键群体对政策过程的参与。③ 合作主义分为国家合作主义和社会合作主义，前者是指国家建立与扩展和社会组织、群体的联系，后者则是在更为多元的设置中促进社会的独立性。体制内

---

① Bruce J. Dickson, "Cooptation and Corporatism in China: The Logic of Party Adaptation", *Political Science Quarterly*, Vol. 115, No. 4, pp. 517 – 540.

② Jennifer Gandhi and Adam Przeworski, "Authoritarian Institutions and the Survival of Autocrats", *Comparative Political Studies*, Vol. 40, No. 11, pp. 1279 – 1301.

③ Philippe C. Schmitter, "Still the Century of Corporatism?" *The Review of Politics*, Vol. 36, No. 1, 1974, pp. 85 – 131.

的组织可以通过国家合作主义的方式扩展自身的联系和社会网络,一方面减少社会冲突,"合作主义是阶级冲突的结束,它可以促使利益的和谐共处以避免社会在总体上的变革①";另一方面,合作主义能够使吸纳网络的触角更深入到社会的各个层面,不仅保证国家对社会的控制,也拓宽了进入体制的渠道和方式。

3. 现体制支持派别的谈判能力

因为从体制外进入体制内是一个利益考量与计算的过程,体制外精英要通过衡量在体制外和体制内的收益与成本的组合才能作出是否接受被体制吸纳的决策。既有体制除了为体制外精英提供进入的通道与职位外,体制内掌权的支持者还需要具备一定谈判能力以说服体制外精英进入体制。

当权者的谈判能力也成为相对议价能力,它取决于两个方面,其一是体制外精英对当权者所依赖资源的控制程度,其二是当权者对体制外精英所依赖资源的控制程度。② 在其中,主要的资源类型有经济资源、政治资源和强制资源。经济资源是指对生产资料的所有权和有效控制,③ 劳动力供给、金钱等代表财富的可转让物、物品与服务、各种交易的方式和设施等。如果体制外的精英更为依赖当权者手中所控制的经济资源,相对而言,当权者的议价能力就更强,他们可以用较小的代价将体制外的精英吸纳入体制;相反,如果当权的体制支持者不得不依赖于体制外的精英,而要想将他们吸收进体制,则必须要作出更多的让步,否则难以达到吸纳的目的。

政治资源主要是指所掌握的政治权力,以及由权力所带来的服从与支持。如果当权者能够阻止人们倒向体制外的精英或由他们所宣称的另一种政治体制,那么当权者就拥有更多的政治资源。而随着服从和支持

---

① Douglas A. Chalmers, "Corporatism and Comparative Politics", in Howard J. Wiarda, eds., *New Directions in Comparative Politics*, CO: Westview Press, 1985, p. 62.
② [美]玛格利特·利瓦伊:《统治与岁入》,周军华译,上海人民出版社2010年版,第18页。
③ Ronald Cohen and Elman R. Servece, eds., *Oringin of the State: The Anthropology of Political Evolution*, Philadelphia: Institute for the Study of Human Issues, 1978, p. 132.

第三章　分析框架：体制性吸纳与政治转型

的增多，当权的体制支持者就更为依赖或需要体制外精英所掌握的政治资源，在换取他们的服从和支持的过程中，当权者的谈判能力就会相对减弱。

强制资源是指军队、警察等暴力机构，如果支持派别垄断了一个社会的强制资源，他们就可以在较少依赖其他派别的情况下获得权力和维持政治体制，并实现自己的政策目标；如果强制资源分布在数人或者数个联盟之间，当权者就可能面临竞争对手或潜在的竞争对手，在这种情况下，个体或集团的依附性会降低，而当权者的依附性会增强。[①] 特别是当体制外精英获得了一定的强制资源或者通过不断组织社会运动、叛乱来对现体制发起冲击时，体制的支持者就不得不交换大量的资源来使体制外精英加入体制并放弃对强制资源的占有。

支持派别对谈判能力的运用类似于集体行动的逻辑，集体行动的产生要求正向的选择性激励、反向的惩罚，还有企业家技能，它使相关行动者能够找出其他的激励并加以运用。[②] 为将体制外精英吸纳进现体制，支持者一方面运用经济资源和政治资源来"诱惑"体制外精英；另一方面，如果体制外精英坚持不肯"合作"，并保持对现体制的反对与冲击，或体制内的某些精英和精英派别退出现体制投入反体制的阵营，那么支持者可以运用强制资源进行惩罚，并限制与约束其行为；而各种手段的组合运用则取决于支持体制精英的政治家技能和统治艺术。

除了吸纳体制外精英外，体制性吸纳能力的高低还体现为阻止体制内精英作出退出现体制的行为，因为当社会中出现多种体制选择时，从现体制的退出意味着现体制不仅不能吸纳体制外精英，甚至不能防止体制外精英所宣称的体制对体制内精英的吸引。大量的"反向吸纳"出现则表明既有体制的体制性吸纳能力相比于另一种体制而言，处于较低水平。当然，反向吸纳的出现说明现体制已经难以提供足够的职位和资源来获得体制内精英对体制的支持，并且无法用强制资源去制约这一状况的发生，因而，反向吸纳的发生也是现体制的吸纳能力不足的表征之一。

[①] [美]玛格利特·利瓦伊：《统治与岁入》，周军华译，上海人民出版社2010年版，第19页。
[②] Mancur Olson, *The Logic of Collective Action*, Cambridge, Mass: Harvard University Press, 1965.

二、体制性吸纳对反对与支持现体制行为选择的影响

政治转型的发生主要在于现体制的支持派别无法抵抗反体制精英派别对体制的冲击,难以持续维持体制以致体制崩溃。为应对反体制的行为,体制的支持者具有多种策略选择,不同的精英派别在针对体制的行为上形成了相互间的博弈。因而,要确定体制性吸纳对政治转型的影响,则必须对精英支持与反对体制的行为选择进行分析。

1. 精英反对与支持现体制行为的公共选择分析

如果将精英假定为理性经济人,其政治活动的目的是实现利益最大化①,对支持与反对现体制的行为选择取决于他们在不同体制下的成本与收益结构。将精英的行为模型化,可表示为以下等式:

(1) $G_1 = I_1 - C_1$

(2) $G_2 = I_2 - C_2$

(3) $O = G_1 - G_2$;若 $G_1 - G_2 \geq 0$,则 $O = O_1$,即支持现体制

若 $G_1 - G_2 \leq 0$,则 $O = O_2$,即反对现体制

G_1、G_2 分别表示在现有政治体制与可替代体制中,精英所得到的净收益;I_1、I_2 表示在两种体制中所能够得到的预期利益;C_1、C_2 则是在现体制和替代体制中要获得预期收益所必需付出的成本,其中,C_2 还应包括推翻现体制的成本。O 代表行为选择的结果,如果在既有体制中所得到的净收益大于替代体制的净收益,则该精英会选择支持现体制;如果是替代体制中的净收益大于现体制中所得到的净收益,那么该精英会选择反对现体制。

不同的体制和精英在体制中所处的位置,即体制外或体制内等因素均会影响精英的成本与收益状况。在民主体制下,所有精英派别都可以通过公平的选举来竞争政治权力,影响精英支持与反对体制的主要因素是获胜的概率与推翻现体制的成本。普沃斯基对此作过详尽的分析②:在

---

① [英]缪勒:《公共选择理论》,韩旭等译,中国社会科学出版社 2010 年版,第 2 页。
② [美]亚当·普沃斯基:《民主与市场——东欧与拉丁美洲的政治经济改革》,包雅钧等译,北京大学出版社 2005 年版,第 16 页。

第三章 分析框架：体制性吸纳与政治转型

民主过程中，对于任何精英派别而言，选举竞争获胜所得的价值都会高于失败的价值，即 $W>L$，W 指获胜所得的价值，L 是失败所得到的价值。他们在未来任何一轮竞争中获胜的概率设为 P，他们的行动方案是服从或反对民主体制。如果他们选择反对，他们得到的价值为 S，S 包括失败与受惩罚的风险，若在另一种体制中其收益是既定的，那么 S 值的大小取决于失败和受惩罚的成本。在 $S>W>L$ 的情况下，这一精英派别会选择反对民主体制；而在 $W>L>S$ 的情况下，则会选择服从民主体制。当出现 $W>S>L$ 的情形，其服从或反对则取决于他们对未来选举获胜的预期概率。假设他们刚刚在上一轮选举中失败，令 $t=0$，如果他们服从，得到 $L(0)$；若反对，得到 $S(0)$。如果他们估计下一轮有望得到 $G(1)=PW+(1-p)L$，只要 $L(0)+G(1)>S(0)+S(1)$ 成立，那么即使 $L<S$，为了下一轮选举的净收益，他们也会在上一轮选举失利时选择服从于支持民主体制。如果将这一逻辑推广，假设精英派别对民主选举中的未来净收益累计值预期为 G^*，反对的累计值为 S^*，只要 $G^*>S^*$，失利的一方会在 $t=0$，即上轮选举失利时选择服从。如果某一精英派别在选举中总是失利，那么他们会减小 G^* 的预期，使 $G^*<S^*$，得出反对的行为决策。

对于获胜方来讲，虽然他们能得到更大价值的 W，但这并不意味他们会选择服从，只有在 $G^*>S^*$ 时，他们才会选择支持现体制。如果反对并颠覆体制的成本变得很小，S 的累计值 S^* 就会变得很大，而上轮选举的获胜方并不能预期自己总能在后面的选举中获得胜利，那么 G^* 值会变小，从而 $S^*>G^*$，即使上轮选举获胜，该精英派别也会谋取颠覆民主体制。总体来看，不管是获胜方还是失利方，在民主体制下，如果 $G^*>S^*$，会产生 O_1 结果；如果 $S^*>G^*$，则是 O_2 结果。

在威权体制下，政治权力缺乏竞争机制，权力和利益被垄断于某一精英派别。颠覆与维持现体制的成本，以及精英在体制中所处的位置是影响精英行为选择的重要因素。处于体制外的精英由于被排斥于权力竞争之外，他们无法从现体制中得到收益，所以假定现体制下他们的收益为 0，他们在另一种体制中预期收益为 I，推翻现体制的成本为 C，如果 $I>C$，那么他们会选择反对现体制。但是，从长期看，推翻现体制的成本不是固定不变的，如果体制外精英持续保持对现体制的冲击，那么威权体制的支持者维持体制的成本会不断上升，也就是说，推翻现体制的成本 C 是随着反对运动的强度而不断递减的。只要体制外的精英认为另一体制的平均收益 $\overline{I^*}$ 大于推翻体制的平均成本 $\overline{C^*}$，就会选择反对现体制；而如果 $\overline{C^*} > \overline{I^*}$，体制外精英则会服从现体制。体制内精英能够在威权体制下享有非竞争权力所带来的收益，只要体制能够继续维持，那么这一收益就能持续享有，并随着其在体制中的职位升迁而增长。如果选择民主体制，他们就要与其他精英通过选举来竞争政治权力，在新的游戏规则下，相对于拥有更多民意支持的精英派别，体制内精英往往会处于弱势，所以他们获胜的概率 p 很低。因此，在威权体制下体制内精英所获得 I_1^* 总会大于在民主体制下的 I_2^*，如果加上推翻现体制的成本 C_2^* 和维持的成本 C_1^*，常见的情况也会是 $I_1^* - C_1^* > I_2^* - C_2^*$。那么，支持现体制的精英派别转为反对体制的条件则是在威权体制中所得到的收益在长期内会大幅度减少，并且，在现体制遭受重大冲击摇摇欲坠时，维持现体制的成本激剧增高；同时，反体制精英承诺在未来的民主体制中，给予其更多的权力收益，即提升 I_2^* 和 C_1^*，并减少 I_1^*，使 $I_1^* - C_1^* < I_2^* - C_2^*$，这样，支持威权体制的精英才有可能变为反对派。

2. 体制支持派别应对反体制行为的策略选择与作用

支持现体制的精英和精英派别能够得到相对更多的收益，而对其地位造成重大威胁的是反体制精英颠覆体制的行为。一般而言，应对这一威胁，支持现体制的精英有三种策略选择：收买、镇压和体制性吸纳。收买是指现体制的支持者在对付体制内和体制外的反对者时，通过一次性支付或分享政治权力与利益的方式来换取反对者的服从。收买可以用支付大量金钱、给予政治职位和政策倾斜等形式实现，是垄断权力收益的精英派别向其他精英派别的利益让渡，这一方式在精英行为选择的成本和收益结构中加大了 I_1 的值，使 $I_1 - C_1$ 的值从收买前的小于转变为大于 $I_2 - C_2$ 的值，也使反对派精英的行为选择从 O_2 变为了 O_1。但收买的方式存在很大的负面效应，若设这一方式对的 I_1 增加值为 i，那么 i 的

第三章　分析框架：体制性吸纳与政治转型

大小取决于反对派精英（包括体制内和体制外）对现体制的冲击与破坏程度。破坏程度越大，体制的支持者就更为依赖反对派的服从以恢复体制的秩序，那么他们付出的收买成本就更高，即 i 值就越大。这样，为了获得更大的 i 值，反对派就会把他们的资源尽量地投入到对现体制的破坏运动中，即使在上一次收买中得到了 i_1，并不意味他们会保持服从；为了得到下一次更多的 i_2，他们会积极谋求对现体制更大的冲击，换言之，收买在暂时性地换取了服从的同时，埋下了对现体制更大破坏的危险。

镇压是支持者运用强制资源，迫使反对派不得不选择服从的一种方式。这一方式是通过在精英行为选择的成本和收益结构中加大 C_2 的值，使 $I_2 - C_2$ 的值变得很小，并小于 $I_1 - C_1$ 的值，从而使反对派精英不愿付出反对行为所必须承受的成本而无奈地选择服从。镇压方式最大的问题是在提高反对派行为的成本同时，支持者的成本同样也在提高，[①] 并且，出动强制机构，例如军队去镇压，也常常会没有效率。[②] 这种方式总是带有事后"救火"的意味，不仅对体制的冲击事实已经形成，并且军队出动去镇压平民也会使体制的合法性进一步降低。对于军队而言，其核心利益在于自身的团结统一、效率与战力的维持和提升[③]，而总是出动军队充当镇压平民的工具，有可能造成军队中的分裂。

体制性吸纳与收买均是体制的支持者分享垄断的权力和利益以获得反对派的服从，而体制性吸纳相比于收买更强调将体制外的反对者吸收入体制内，改变精英在政治体制中的位置。不管是正向吸纳还是对反向吸纳的阻止，体制性吸纳都会使政治冲突尽可能地发生在体制内，并可以用体制内的手段去解决；并且，被吸收入体制的原反对派精英会以现

[①] Jennifer Gandhi and Adam Przeworski, "Authoritarian Institutions and the Survival of Autocrats", *Comparative Political Studies*, Vol. 40, No. 11, pp. 1279 – 1301.

[②] F. H. Cardoso, "On The Characterization of Authoritarian Regimes in Latin America", in D. Collier eds., *The New Authoritarianism in Latin America*, Princeton, NJ: Princeton University Press, 1979, pp. 33 – 60.

[③] M. Janowitz, *Military Institutions and Coercion in the Developing Nations*, Chicago: Chicago University Press, 1977, p. 211.

体制所规定的游戏规则来获取未来更多的收益而非如收买方式下以发动更大规模的反对运动来获取收买价格的上涨。另一方面，体制性吸纳使某些原体制外的反对派精英加入了现体制，这就使还坚持在体制外反对现体制的精英不得不付出更多的代价去弥补被吸纳的空缺。因而，从长期来看，体制性吸纳减少了体制支持者维持体制的成本，因为进入体制的反对派精英以发起反对运动来换取利益的可能性降低，并且，由于原反对派阵营的精英流失也使反对行为的成本增加。相比于收买策略对I_1的提高，体制性吸纳不仅也会提高I_1的值，同时还能降低C_1的值（设吸纳的成本为m_1，如果不吸纳这些精英而不得不增加的维持体制的成本为c_1，在$m_1 < c_1$的情况下，C_1的值降低），以及提高C_2的值。于是，比较这三种体制的支持者应对体制威胁的策略，在反对与支持体制的行为的两个等式中：收买能提高反对派的I_1，但可能会埋下大幅度增加支持者C_1的隐患，而镇压在提高反对者C_2的同时也提高支持派别的C_1；唯有体制性吸纳不仅能提高反对派的I_1值，而且也能降低支持者的C_1和增加反对派的C_2值，使$G_1 - G_2 \geq 0$，$O = O_1$所出现的可能性大幅度增加。可见，在三种应对策略中，体制性吸纳是最为有效的策略。

三、体制性吸纳与政治转型

1. 体制性吸纳与精英派别的力量变化

体制性吸纳通过改变不同精英派别在反对与支持现体制的成本与收益结构来影响精英的策略选择，使得精英作出加入反对或支持现体制派别的行为，进而造成不同精英派别力量的变化。如上所述，体制性吸纳的采用会增加原体制外的精英在现体制下的收益，提高反对体制的成本和减少维持体制的成本。如果体制性吸纳能力很强，大量的反对派精英会选择接受现体制的吸纳，进入体制以获得更多的收益；相应地，这使得反对派精英的力量受到大幅度的削弱，愿意坚持反对立场的精英越来越少。若体制性吸纳能力很弱，反对派精英缺少进入现体制的途径，那么他们会坚守反体制的立场，而原来并不反对现体制的精英也会因难以获得收益而加入反体制阵营；并且，随着反对派力量的增大，维持现体

第三章 分析框架：体制性吸纳与政治转型

制的成本增加，体制内的精英也会被"反向吸纳"，支持体制的精英派别力量相对减弱，反体制的精英派别力量则得到增强。

另一方面，体制性吸纳对精英力量的影响不仅包含吸收反对派精英加入现体制，还意味着将原反对派精英与反对体制和对体制不满的社会力量，如民众、阶级等之间的联系割断。美国两党通过吸纳工人领袖来保证民主体制的运转，工人领袖在接受职位的同时就背叛了原来的工人群体，[①] 而他们与工人阶级的联系被割裂开来。科利尔的研究也从侧面印证了精英对群众运动的作用，她从工人阶级的角度来分析政治转型，其所指出的工人阶级在不同时段对民主转型作用的差异正表明精英在反威权体制中的领导作用。在第三波之前的民主化中，工人阶级表现为对民主转型的阻碍作用，这是由其领袖精英的社会主义目标所导致，而在第三波民主化中，工人领袖越来越倾向于民主制度，而工人阶级运动则转为促进民主转型。[②] 作为社会底层的民众，其对现体制的不满可以为反对派精英提供冲击体制的资源，而反对体制的民众唯有通过组织化才能形成持续的、统一的和大规模的社会运动，这些组织总是体现为被少数精英所领导，[③] 并且在反体制精英派别的行为中，是否吸收平民参与、吸收的程度等取决于各派别精英的冲突程度[④]和精英的行动策略。换言之，如果发起社会运动的精英被体制所吸纳，那么社会底层的反抗难以形成统一的行动与全国性的规模，将变为一盘散沙。

体制性吸纳分为对体制外精英的正向吸纳和阻止对体制内精英的反向吸纳，因而，对其强弱的度量分为正向吸纳和阻止反向吸纳这两个层次。按照不同的强弱组合，体制性吸纳对精英派别力量的影响分为以下

---

① [德] W. 桑巴特：《为什么美国没有社会主义》，赖海榕译，社会科学文献出版社 2003 年版，第 53—65 页。

② Ruth Berins Collier, *Paths toward Democracy: The Working Class and Elites in Western Europe and South America*, New York: Cambridge University Press, 1999.

③ [德] 罗伯特·米歇尔斯：《寡头统治铁律——现代民主制度中的政党社会学》，任军锋等译，天津人民出版社 2004 年版，第 18—19 页。

④ [美] 戴维·瓦尔德纳：《国家构建与后发展》，刘娟凤、包刚升译，吉林出版集团有限责任公司 2011 年版，第 33 页。

四种类型（表3.2）。

表3.2 体制性吸纳的四种类型

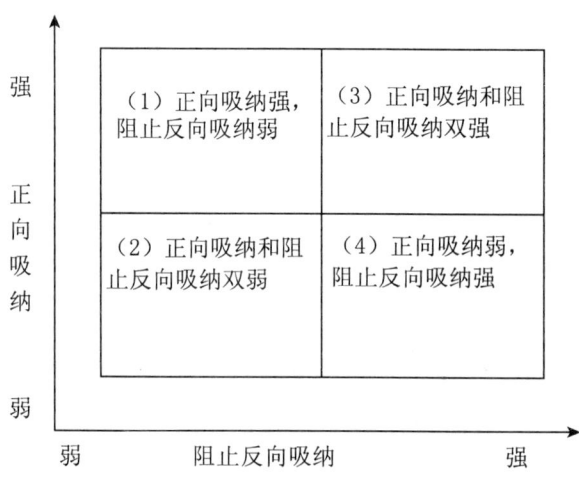

根据体制性吸纳的四种类型，笔者提出体制性吸纳对精英力量影响的四个命题：

（1）在正向吸纳强，阻止反向吸纳弱的类型中，体制外的反对派精英力量弱小，但是在体制内的精英中出现支持与反对体制的分裂和冲突，体制中要求改变政治体制的精英派别力量越来越强大。

（2）在正向吸纳和阻止反向吸纳双弱的类型中，不仅体制外的反对派精英力量日益壮大，体制内的反对派的力量也不断增强，支持体制的精英派别力量越发弱小。

（3）在正向吸纳和阻止反向吸纳双强的类型中，体制外的反对派精英被不断吸收入体制内，体制内的反对派精英也越来越倾向于服从现体制，社会中反对派力量不断减弱，而支持体制的精英派别力量更加强大。

（4）在正向吸纳弱，阻止反向吸纳强的类型中，体制外的反对派精英力量难以进入体制，其力量得到不断增强，在体制内的精英派别却得到整合并支持现体制，在支持与反对现体制上，形成了体

第三章 分析框架：体制性吸纳与政治转型

制外反对，而体制内支持两个壁垒分明的精英派别或阵营。

2. 体制性吸纳对政治转型的影响

如果不考虑外国占领等外部因素，精英派别间的力量对比则是政治转型的关键因素，并且也是体制性吸纳与政治转型间的中介变量。按照麦克弗尔的观点，政治转型分为两个阶段：体制的崩溃阶段和新体制的建立阶段[①]，体制性吸纳对政治转型的影响也分为两个层面，其一是影响体制的崩溃或维持，其二是影响政治转型的模式。

在体制的崩溃和维持上，反体制精英的力量如果大于支持体制的精英力量，那么现体制则易于崩溃，反之，现体制则会得以持续。体制性吸纳分为四种类型，其对精英力量的影响各有不同，若考虑两个极端类型，即双强和双弱类型，在双强类型，即第三种类型中，现体制则会维持；在双弱，即第二种类型中，现体制更容易崩溃；而在第一和第四种类型中，现体制的维持和崩溃则难以确定。在体制的维持与崩溃层面上，体制性吸纳与体制崩溃和维持的关系可表述为三个命题：

（1）体制性吸纳越强，即正向吸纳和阻止反向吸纳都更强，那么现体制更倾向于维持；

（2）体制性吸纳越弱，即正向吸纳和阻止反向吸纳都更弱，那么现体制更易于崩溃；

（3）在正向吸纳和阻止反向吸纳非同一方向变化时，即正向吸纳更强，而阻止反向吸纳更弱；或相反，那么现体制的维持则视体制性吸纳对精英力量对比的具体影响而定。

在转型模式上，前文将之归纳为强加、决裂和交易等三种模式，体制性吸纳对精英力量对比状况的影响构成了精英在转型过程中进行策略选择的基础。如果体制性吸纳形成了体制外反对派精英力量大于支持体

[①] Michael McFaul, "The Fourth Wave of Democracy and Dictatorship: Noncooperative Transitions in the Postcommunist World", *World Politics*, 54, 2002, pp. 212 – 244.

制精英派别的力量,那么在转型中就会倾向于形成由体制外精英所主导的决裂模式;如果体制内的反对派精英力量大于支持体制精英派别的力量,由体制内精英强加的转型模式发生的可能性就更大;当体制内或体制外的反体制精英派别力量都无法单独压过支持体制的精英力量,而唯有联合起来才能比支持者的力量更强时,在体制内、外的反体制精英间又存在相互沟通方式与途径的情况下,转型就可能以交易的模式进行。由此,体制性吸纳对转型模式的影响可分为以下命题:

(1) 体制性吸纳造成体制外反对派力量强过支持体制的力量,决裂模式就易于发生,这一转型模式主要出现于第二种吸纳类型中。

(2) 体制性吸纳造成体制内反对派力量强过支持体制的力量,强加模式就易于发生,这一转型模式主要出现于第一种吸纳类型中。

(3) 体制性吸纳造成体制内、外反对派力量唯有联合起来才具有强过支持体制的力量,当存在体制内、外反对派精英沟通的途径时,交易模式就易于发生,这一转型模式主要出现于第四种吸纳类型中。

上述六个命题表述了体制性吸纳对政治转型影响的变量关系(图3.1、3.2)。

这些命题中所包含的变量关系提供了东亚国家政治转型的比较分析的理论框架。笔者依据东亚国家政治转型中的三种转型类型和路径,分别以韩国、新加坡和菲律宾作为"从威权到民主"、"从民主到威权"、"民主与威权的交替"转型类型的代表国家,通过比较这三个国家的转型过程、体制性吸纳、精英力量的变化和转型模式来明确各个变量的关系;并以此来检验关于体制性吸纳与政治转型的各个理论命题,通过证实或证伪的情况来提供关于体制性吸纳与政治转型理论的初步实证基础。

第三章 分析框架：体制性吸纳与政治转型

1. 体制性吸纳对体制维持和崩溃的影响

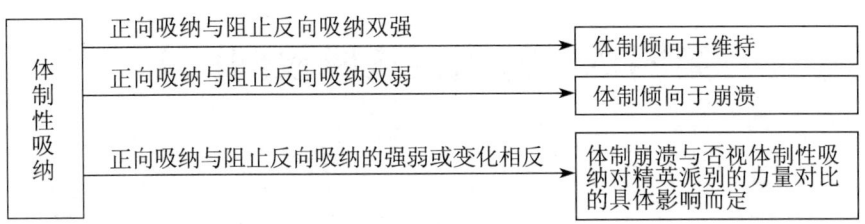

2. 体制性吸纳对转型模式的影响

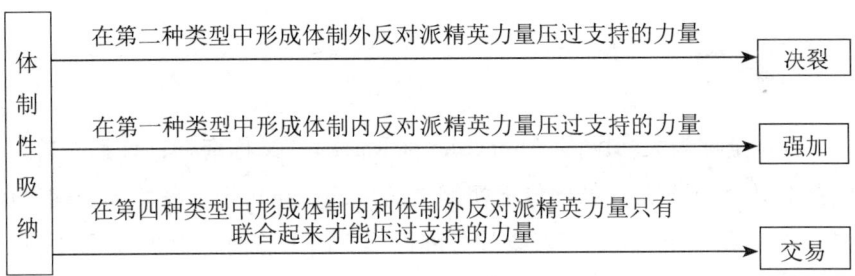

图 3.1 体制性吸纳对政治转型的影响

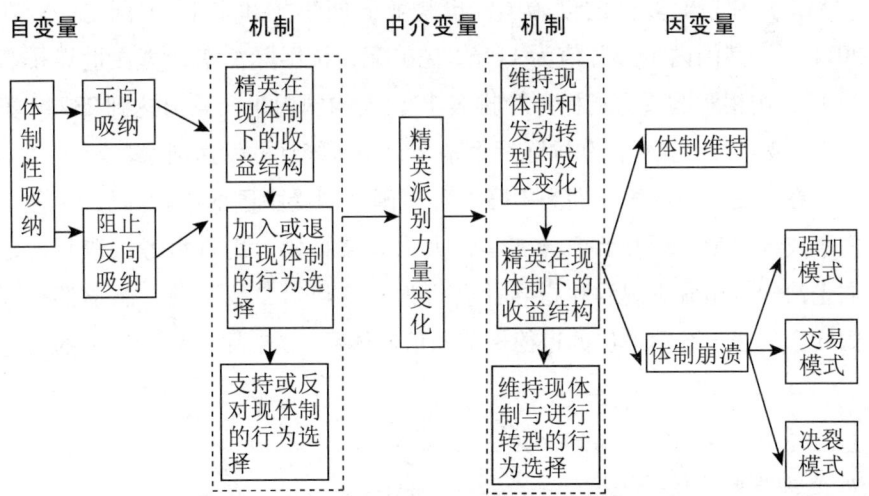

图 3.2 体制性吸纳对政治转型影响的变量关系

第四章 韩国：从威权到民主

韩国全称为大韩民国（Republic of Korea），又称南韩，首都在首尔，成立于1948年8月。韩国位于朝鲜半岛南部，与居于半岛北部的朝鲜民主主义人民共和国以"三八线"分隔而治。国土总面积为9.96万平方公里，人口约5000万[1]，朝鲜民族占总人口的99%，是单一民族的国家。韩国是20国集团和经合组织（OECD）成员国之一，是亚太经合组织（APEC）和东亚峰会的创始国，也是亚洲四小龙和未来11国之一。在2011年，其国内生产总值为11162亿美元，按国际汇率计算在世界排名第15，按相对购买力指标计算排名12，人均国内生产总值达到23749美元[2]，被列入世界银行和国际货币基金组织所统计的发达国家名录[3]。

在历史上，韩国长期为中国的藩属国，深受中国的影响。从14世纪的李成桂王朝，便开始倡导儒学，大力兴儒排佛，用科举考试取材，以儒士治国，用儒学规约和指导社会行为。直到"二战"前，儒学都是韩国社会的居于统治地位的道德规范和信仰体系。"二战"后，美国的民主

---

[1] 据世界银行统计数据，2010年韩国人口为48875000。
[2] World Bank, WDI, 2011.
[3] International Monetary Fund, *World Economic Outlook*, April 2008, first complete paragraph, line 14, p. 236.

第四章 韩国：从威权到民主

制度和思想开始传入韩国，对儒学占统治地位的政治文化造成冲击，而基督教的传播与信徒的剧增①，韩国的知识分子、大量的大学生对现代西方民主政治观念的接受，使韩国的政治文化在根本上发生了转变。

在经济上，长期以来韩国都是一个以农业为主的国家，王朝统治时期，商业和手工业受到严格的控制。在殖民时期，日本对韩国进行了大量的建设，使其经济发生了重大的结构性转变，工业能力大幅度提高，在1910年到1945年，工业产值年均增长率达到了15%。② 在朴正熙时期也强调工业发展，建立出口导向型的经济模式，并以政府制定经济计划、指导经济发展目标和方向的方式来推动经济高速发展，从1963年到1986年，其国民生产总值年均增长率达到了8%，③被称为"东亚奇迹"。因政府主导的经济发展模式，韩国与日本也被认为是发展型国家的典范④。民主转型以来，从1987年到2011年，即使受到亚洲金融危机的影响，韩国的经济增长率也保持在年均5%以上。⑤

在对外关系上，近代以来，韩国深受美、日的影响，日本在殖民统治时期的经济建设，被认为是韩国20世纪60年代以来经济高速增长的基础，⑥ 但由于对日本在殖民统治时期残暴行为的深刻记忆，韩国与日本的关系并不融洽，虽在美国的协调下，两国于1965年签订《韩日基本关系条约》，但彼此关系一直比较微妙，更多是经济上的往来，而非政治上的伙伴关系。更为直接地对韩国施加影响的是美国，朝韩分治即是美国干预的结果，为了防范共产主义，美国对韩国进行了大量的军事和经济援

---

① 郭定平：《韩国政治转型研究》，中国社会科学出版社2000年版，第56页。
② 尹保云：《韩国为什么成功——朴正熙政权与韩国现代化》，文津出版社1993年版，第25页。
③ World Bank, WDI, 2013.
④ [美]潘佩尔：《变化世界经济中的发展型体制》，载禹贞恩编：《发展型国家》，曹海军译，吉林出版集团有限责任公司2008年版，第158—209页。
⑤ World Bank, WDI, 2013.
⑥ [美]阿图尔·科利：《高速增长的政治经济体从何而来？韩国"发展型国家"的日本谱系》，载禹贞恩编：《发展型国家》，曹海军译，吉林出版集团有限责任公司2008年，第110—157页。

助,并促使军方势力在韩国政局中的力量大增,并且,"二战"后韩国的每一次重大的政治变迁,美国都在不同程度上施加了影响,无论是朴正熙的政变,还是卢泰愚的民主化宣言。①

1910年,朝鲜沦为日本的殖民地。第二次世界大战结束后,朝鲜半岛由中国、美国、英国和苏联共管,此后被划为南北两块势力范围,由苏联控制的北部和由美国统治的南部,并于1948年先后成立朝鲜民主主义人民共和国和大韩民国。在朝鲜战争后,两国沿北纬38°线非军事区分治。其后,大韩民国历经了李承晚的独裁统治、朴正熙和全斗焕的军政府统治,直到1987年才结束了威权主义政治,逐步建立起民主制度。按照亨廷顿的"两轮选举测试标准",即民主巩固的标志是反对党第二次通过选举执政②,在2002年,平民出身的卢武铉当选为韩国总统,这是反对党第二次获得总统选举的胜利,表明韩国已经实现了民主的巩固。③ 韩国的民主制度实行立法、司法和行政的三权分立,总统是国家元首,拥有最高行政权,由韩国国民直接选举产生,任期五年;国会采用一院制,由选区制和比例代表制相结合的方式产生,任期四年;最高司法机构是大法院,成员由总统任命并经国会批准,另设有宪法法院。政党制度为多党制,在韩国政坛上活跃着多个政党,其中新国家党和民主统合党是最大的两个政党。学界对韩国民主转型的研究大都从20世纪80年代开始④,在1987年,体制内的精英派别和体制外的反对派实现了和谈与妥协,并由卢泰愚发表了"6·29民主化宣言"("6·29宣言")。但"二战"以来,韩

---

① 郭定平:《韩国政治转型研究》,中国社会科学出版社2000年版,第60页。
② [美]亨廷顿:《第三波——20世纪后期民主化浪潮》,上海三联书店1998年版,第321页。
③ 王菲易:《国际化、制度化与民主化——韩国政治发展与转型的国际因素研究》,复旦大学博士学位论文,2009年。
④ 参见[美]亨廷顿:《第三波——20世纪后期民主化浪潮》,上海三联书店1998年版。James Cotton, "From Authoritatianism to Democracy in South Korea", *Political Studies*, 1989, Vol. 37, No. 2, pp. 244 – 259. Hee-Min Kim, "A Theory of Government-Driven Democratization: The Case of Korea", *World Affairs*, 1994, Vol. 156, No. 3, pp. 130 – 140. Han Sung-Joo, "South Korea in 1987: The Politics of Democratization", *Asian Survey*, 1988, Vol. 28, No. 1, pp. 52 – 61.

国共经历了长达近40年的威权主义统治,在此过程中,支持体制的精英派别和反体制精英间的争斗从未停止,在转型中发挥重要作用的反对派领袖金泳三和金大中在李承晚时期就已登上政治舞台,并作为反对派而存在。而反对派别的力量发展到使掌权者再难以维持体制而不得不与其协商进行民主化,则历经了数十年的积蓄与壮大。另一方面,威权主义体制也遭遇了多次的冲击,并有数次几乎走到了崩溃的边缘,例如,李承晚政府被推翻后,曾短暂地施行了民主选举,朴正熙被暗杀后,民主运动高涨,当时的崔圭夏政府也开始进行宪制改革,这一时期被称为"汉城之春"。虽然这几次民主转型的机遇都以政变夺权而告终,但都在不同程度上消耗了支持体制的力量,也就是说,民主转型中所出现的两派精英妥协是基于此前威权体制中的双方力量的消长和变化,当威权派力量足够强大时,他们往往会采用政变或者镇压的手段,而非与反对派妥协。换言之,对韩国政治转型的理解不应只关注其在1987年之后的民主化进程,威权时期的精英争斗、力量变化、对威权体制的冲击是民主化开启的前提和基础。①

第一节 "二战"以来韩国政治转型的历程

一、第一共和国时期与李承晚的独裁政治(1948—1960)

"二战"后,朝鲜南部处于美国的控制之下,日本的退出和美国军政府奉行"只与有组织的政治团体对话"②的政策,使殖民时期被压制的政治力量喷发式地涌现出来,纷纷组织政党和政治团体,在美国宣称这一政策后的一个月间,即有54个政党在美国军政府登记,一年之后,朝

---

① 在 Rustow 的转型次序理论中,精英间的长期争斗构成了转型过程的准备阶段。参见 Dankwart A. Rustow, "Transitions to Democracy: Toward a Dynamic Model", *Comparative Politics*, Vol. 2, No. 3, 1970, pp. 337 – 363.

② C. I. Eugene Kim and Young Whan Kihl, eds., *Party Politics and Elections in Korea*, Silver Spring, MD: The Research Institute on Korean Affairs, 1976, p. 8.

鲜半岛南部的政治团体数目激增到 300 多个。① 面对这一状况，美国军政府加强了对政党登记的官职，严格了建立政党、政党申报和登记的规定，这促进了政党间的组合和调整，韩国民主党、韩国独立党、朝鲜共产党等政党是其中影响较大的政党。

这一时期，本土的政治势力主要分为亲美反共的右翼势力和主张共产主义以及亲共的左翼政党。在美国防范苏联与抵制共产主义的战略下，美国军政府为打压左派势力而开始扶持亲美的右翼势力。在美国对左翼政党的资源、人员、活动的重重限制下，② 左翼中的强硬派合并为南朝鲜劳动党后，只能进行地下活动，并逐渐衰没，朝鲜人民党在组成勤劳人民党后，因领袖吕运亨被美国指使的南朝鲜李承晚极右集团暗杀，其作用和影响也日渐衰微。③

在南朝鲜是否成立政府和政府的组织形式上，右翼势力分成了三个派别，以李承晚为首的大韩独立促成中央协议会，主张建立总统制的南韩政府；金性洙领导的韩国民主党，倾向于内阁制；而金九的独立党是临政派，反对在半岛南部单独成立政府。④ 1947 年美苏第二次联合委员会破裂后，美国敦促尽快在朝鲜半岛南部单独成立政府，并于 1948 年 5 月 10 日举行国会大选，在选举前，美国军政府为保证自由气氛，残酷镇压反对单独选举的运动，据统计，从 5 月 7 日到 10 日，有 50425 人被捕，350 人遭到杀害。⑤ 选举当日，民众被强迫到投票点投票，而李承晚等 12 人以"没有竞争对手"为由，未经选举自动当选国会议员，⑥ 美国所谓的对韩国移植民主制度的设想，从一开始就预示了失败。

此次选举所选出的国会是第一届国会，任期两年，因其主要任务是

---

① Sung M. Pae, *Testing Democratic Theories in Korea*, Lanham, Md.: University Press of America, 1986, p. 155.
② Park Chan-Pyo, "The American Military Government and the Framework for Democracy in South Korea", in B. C Bonnie, eds., *Korea under the American Military Government, 1945–1948*.
③ 杨永骝、沈圣英编：《南朝鲜》，世界知识出版社 1985 年版，第 28 页。
④ 宋国华：《韩国政治转型中的政党政治研究》，山东大学博士学位论文，2009 年。
⑤ 曹中屏、张琏瑰等编：《当代韩国史（1945—2000）》，南开大学出版社 2006 年版，第 70 页。
⑥ 郭定平：《韩国政治转型研究》，中国社会科学出版社 2000 年版，第 39 页。

第四章 韩国：从威权到民主

制定宪法，又称为"制宪国会"。在制宪过程中，就一院制还是两院制国会，政府组织形式是总统制或是议会制，总统由直接选举产生还是经由国会间接选举，以及总统的权力范围等问题，国会中获得最多席位的李承晚派系和第二大党韩国民主党展开了争斗。因李承晚的坚决反对和民主党的让步，最终出台的《大韩民国宪法》和《政府组织法》中规定，在国会实行一院制，立法权归于国会，行政权由总统掌控，并赋予总统对国会的否决权。总统由国会间接选举产生，由总统任命的国务委员所组成的国务院是政府决策机关，总统任期四年，可连任一届，政府形式为总统制与内阁制并用，取名为总统中心制。7月20日，国会以间接选举的方式选举李承晚为大韩民国总统，8月15日，大韩民国政府宣告成立。1948年出台的《大韩民国宪法》是一部自由色彩很浓的民主宪法，[①]体现了美国在新兴独立国家中移植民主制度的设想，但在实际上，宪法对于政府的制约极其有限，民主只是停留在纸面上而已。

由于在国会中不占优势，李承晚的第二任总统的连任企图受到威胁，为此，李承晚派系的国会议员提出所谓的"第三宪法修正案"，史称"拔萃改宪案"，其核心内容在于施行上下两院制和总统直接选举。1952年，7月2日起，李承晚动用警察将拒绝出席会议的议员强拖至国会，并以反共为由，逮捕50多名议员；4日晚，在警察和宪兵包围下，166名议员以起立表决的方式（163票赞成，3票弃权）的方式，通过了该议案。[②]因当时正处于朝韩战争，李承晚在民众中仍有较大的支持率，在8月5日举行的第二届总统选举中实现了连任。

因《宪法》中规定，总统只能连任一届，而李承晚谋求个人的持续执政，1954年9月，由国会议长自由党人李起鹏联合135名议员署名并向国会提出宪法修正案，其中心内容是削弱国会和内阁的权限，强化总统的权力，并废除对总统连任的限制。11月27日，国会对修宪案进行表

---

① ［美］劳伦斯·沃德·比尔：《日本和韩国的宪政与权利》，载［美］路易斯·亨金等编：《宪政与权利》，郑戈译，生活·读书·新知三联书店1996年版，第322页。

② 曹中屏、张琏瑰等编：《当代韩国史（1945—2000）》，南开大学出版社2006年版，第121页。

决，投赞成票的议员可获得50万元，但投票结果仍未达到2/3的通过人数：203名议员中，1人缺席，赞成135票，反对60票，弃权6票，无效1票，还差1票才能达到2/3。自由党则提出"四舍五入"计算方法，203名议员的2/3是135.33，小数点后的0.33可以忽略不计，这就能够达到修宪的人数要求。在29日的国会会议上，副议长崔淳周辞职以承担取消否定修宪案的责任，60名反对党议员退场抗议，剩余的124名自由党议员和1名无党派议员则作出通过修宪案的决定。

在1956年第三届韩国总统选举中，执政党和反对党的竞争激烈，民主国民党联合自由党的脱党人员和无党派分子组成民主党，推举申翼熙、张勉为正、副总统候选人，进步党推举曹奉岩和朴己出为候选人，自由党则是李承晚和李作鹏。总统竞选上，民主党占据了明显的优势，但是在5月5日的竞选活动中，民主党总统候选人申翼熙在旅途中"暴死"，一说为李承晚派人暗杀。① 于是在5月15日，李承晚战胜进步党的曹奉岩再次当选总统，民主党候选人张勉被选为副总统。

1960年的总统大选是自由党和民主党之间的争夺，自由党的候选人是李承晚和李起鹏，民主党则是赵炳玉和张勉。1960年1月，民主党总统候选人赵炳玉因病到美国进行治疗，在2月16日，赵炳玉突然在美国死亡，这一"暴死"的方式与1956年该党总统候选人申翼熙极为相似。自由党则提出提前进行大选，将选举日改为3月15日，并利用政府权力筹集竞选资金以收买和拉拢各方势力。由于赵炳玉的突然离世，在总统选举上，李承晚没有竞争对手，当时，他已逾85岁高龄，按照宪法规定，如果总统去世，接任者为副总统，所以，民主党力争能使其候选人张勉当选。为保证自由党副总统候选人李起鹏能战胜张勉，李承晚出动了警察和特务，对民主党的会场进行破坏，阻止其推举出新的总统候选人，并控制所有的公共场所，不让民主党进行竞选宣讲，对选民进行威胁，警察和自由党党员还制造"幽灵选民名单"，将占选票40%以上的赞成票成捆地投入票箱。② 3月15日，在自由党的多重努力下，李承晚和李

---

① 车哲九：《南朝鲜四十年》，中国展望出版社1990年版，第90页。
② 郭定平：《韩国政治转型研究》，中国社会科学出版社2000年版，第42页。

第四章 韩国：从威权到民主

起鹏"如愿以偿"地当选为总统和副总统，这一结果引起反对党和社会的不满，并直接导致"四月革命"的爆发，李承晚被迫辞职，李起鹏全家集体自杀，第一共和国就此结束。

二、第二共和国时期与民主制度的短暂尝试（1960—1961）

李承晚辞职后，总统由国务委员和外交部长许政继任，在第一共和国结束后的第二天，1960年4月28日，以许政为首的过渡政府上台以收拾混乱的政局。随着李承晚的倒台和流亡美国，自由党陷入了巨大的困境，在舆论的声讨中，5月31日，144名自由党议员中有104名发表声明，退出自由党，自由党在事实上处于崩溃境地。① 随后，在第五届国会议员选举中，从自由党分裂出的再建派仅有2人当选，② 自由党的迅速衰落意味着，民主党已无有力的竞争对手，他们成为了国会和政府中的主导力量。

民主党力主修改宪法，尔后再进行大选，他们希望在宪法中加入其所主张的内阁制。6月15日，国会通过了宪法修正案，新的宪法规定，总统作为国家元首，但无实质的行政权，内阁总理由总统提名和议会通过，掌握主要的行政权，国会实行两院制，国会可以通过不信任投票使内阁辞职，内阁也可以要求重新进行大选。这样，其政府组织形式从总统制变为了内阁制，行政权集中在总理和内阁阁员手中。由于新宪法取消过去对公民权利并放宽了政党建立的程序，这促进了社会运动的活跃，以及原先被压制的社会力量的复兴。

7月29日，第五届民议院和第一届参议院选举中，民主党获得了大胜，他们在民议院和参议院分别得到了75.1%和53.4%的席位，成为了执政党。但是，民主党内部矛盾激烈，1961年2月20日，新民党成立，

---

① 曹中屏、张琏瑰等编：《当代韩国史（1945—2000）》，南开大学出版社2006年版，第187页。

② 郑继永：《韩国政党体系变迁动因与模式研究》，复旦大学博士学位论文，2007年。

民主党彻底分裂为两个政党。① 民主党的内斗直接导致张勉政府的混乱和能力低下,在其存在的九个月里,内阁进行了四次全面改组。② 与政府频繁改组,无力应对政务相映照的则是经济发展缓慢,以及民众运动所造成的社会无序。1960年,韩国经济增长率仅为2.1%,低于2.7%的人口增长率,张勉政府时期的生产量减少了9.8%,通货膨胀率高达38%。③ 因直接导致李承晚下台的以学生为主导的社会运动并非由民主党所领导,民主党对其难以进行控制,为严惩前政府官员和"3·15选举"选举中的舞弊者,以知识分子和学生为主的社会团体多次组织抗议活动以逼迫政府,最终,在1960年12月,约有2217名前政府官员、81名警官、4000名警察以及大批军人遭到清洗。④ 大量官员的罢免、80%的警察调换,使张勉政府越发难以控制日趋紊乱的社会秩序。在短短一年内,韩国共发生2000多次示威游行,90多万人参与。⑤

社会无序、抗议运动日益极端化、经济的衰退和政府的软弱无能为朴正熙的军事政变创造了机会。在1960年11月到1961年4月期间,任陆军本部作战参谋副长的朴正熙少将便多次召集军官会议,进行政变准备,张勉本人也不断得到政变的情报;并且,美国也向张勉政府劝告将朴正熙编入预备役,但张勉政府对此迟迟未有反应。军人派系原定于1961年4月19日通过煽动群众暴动并以此为由调动军队镇压以发起政变,后因故改到5月12日,但因指挥官的告密而流产。即使政变如同"公开"进行,也未受到大的阻挠,终于在5月16日,朴正熙成功发动军事政变,成立军事革命委员会,对韩全境实行管制。5月18日,张勉

---

① Andrew C. Nahm, *Korea: Tradition and Transformation*, *A History of the Korean People*, New Jersey: Hollym International Crop., 1988, pp. 438–439.
② 王菲易:《国际化、制度化与民主化——韩国政治发展与转型的国际因素研究》,复旦大学博士学位论文,2009年。
③ [韩]金正源:《分割的韩国史》,第256页,转引自曹中屏、张琏瑰等编:《当代韩国史(1945—2000)》,南开大学出版社2006年版,第204—205页。
④ 王菲易:《国际化、制度化与民主化——韩国政治发展与转型的国际因素研究》,复旦大学博士学位论文,2009年。
⑤ 赵炜:《韩国现代政治论》,东方出版社1995年版,第11—12页。

辞职，第二共和国结束，短暂的民主尝试失败。

三、第三、第四共和国和朴正熙的军政府统治（1961—1979）

朴正熙在以军事政变夺取政权的过程中，并未受到太大的阻力，在国际上，美国对政变的态度从默认变为了支持。在政变初期，美国期望尽快恢复秩序，防止共产党乘虚而入，在朴正熙表示会尽快进行选举后，美国转而支持朴正熙，因为，民主试验中的混乱秩序让美国意识到民主与反共阵地的共存，并不适用于当时的韩国；① 并且，由民主选举所产生的张勉政府的无能和软弱无法抵抗共产主义的进攻，政府的严厉镇压或许是有效的解决方案。② 在国内，持续的经济不景气和社会无序已经引起工商业阶层和普通市民的强烈不满，他们希望能够有一个强力的政府掌控社会秩序并恢复经济。在这一情况下，朴正熙顺利地执掌了政权，1961年5月19日，军事革命委员会改组为"国家再建最高会议"，由陆军参谋总长张都暎任议长，朴正熙为副议长，建立军事长官组成的革命内阁，并任命现役军人为地方长官，实行军政府统治。

在"5·16政变"后，军政府对社会抗议运动进行了镇压，在5月20日当天，就抓捕2000余人，关闭数百家报纸和杂志，解散5个政党和200多个社会团体，在短短数月内，逮捕的学生领袖和社会运动分子就达3万多人。在恢复社会秩序的同时，韩国的公众参与和市民社会发展也受到了压制。为进一步强化军政府的集权政治，垄断政治权力和资源，朴正熙取代张都暎出任最高议长后，在1962年3月出台了《政治活动净化法》（《净化法》），对政治活动者、政党、社会团体的行为进行限制，该法案规定，第五届国会议员、民主党内阁成员、政党与社会团体的领导者、地方长官等，都必须进行政治活动资格审查，若不能通过，则停止政治活动6年。

---

① 陈波：《冷战同盟及其困境：李承晚时期美韩同盟关系研究》，上海人民出版社2008年版，第351页。
② Abaham Lowenthal eds., *Exporting Democracy: the United States and Latin American*, Baltimore: Johns Hopkins University Press, 1991, p. 387.

1962年7月,军政府的"还政于民"开始启动,成立"宪法审议委员会"进行修宪准备。9月,最高会议在关于军部以何种方式参与政治上出现分歧,共提出了三种方案:(1)返回军营,对政治进行操控;(2)军部领导人转为预备役,作为文人政府的顾问;(3)创立政党参加选举掌握政权。① 以朴正熙和金钟泌为首的势力主张最后一种方案。早在5月,朴正熙便指令中央情报部长官金钟泌筹备创立民主共和党事宜,以应对不久之后的大选。金钟泌先成立了政党的预备组织——"再建同志会",在1963年1月,金钟泌辞去中央情报部长官,全力筹建民主共和党("共和党");2月26日,共和党成立大会举行;同年8月30日,朴正熙转为预备役,加入民主共和党,被选为总裁,也被定为该党总统候选人。

1962年12月17日,第三共和国宪法经国民投票得以通过,在新宪法中,总统制取代了第二共和国时期的内阁制,国会由两院制变为一院制;总统由国会的间接选举改为由选民直接选举,任期四年,总统的权力得到了大幅度加强,无须经国会通过就可以任命和撤换总理,有权动用军队维持公共秩序,国会的权力遭到削弱;总统和国会议员的候选人必须有政党身份,由政党推荐,独立人士无法参与选举。《国会议员选举法》也进行了大量的修改,第一次引入了比例代表制,除131个小选区外,另有占全部议席约1/3的44个席位按各政党得票比例进行分配,第一大党可以获得比例代表议席的半数,而未得到10席的政党和总得票低于5%的政党不能得到比例代表席位,小选区席位称为地区议员,比例代表席位为全国议员。

1963年10月15日,在第五届总统选举中,朴正熙获得46.6%的选票当选为总统,主要竞争对手尹潽善获得45.1%选票惜败,两者仅有1.5%的差距,其他3个政党候选人共得票7.53%。如果尹潽善能够实现建立统一在野党的目标,那就能战胜朴正熙,但在野势力的内斗导致了他们难以整合而形成合力。11月26日的国会议员选举,共和党得到110

---

① C. I. Eugene Kim, "Transition from Military Rule: The Case of South Korea", *Armed Forces and Society*, Vol. 1, No. 3, 1975, pp. 302 – 316.

第四章 韩国：从威权到民主

个席位，控制了超过半数的议席，民政党得到41个席位，民主党得到13个席位，自由民主党9席，国民的党2席。此次选举未出现大量的贿赂和舞弊等现象，被认为是韩国15年来"最诚实、公平"[①]的选举。

1967年5月3日，第六届总统选举中，朴正熙再次当选，得票率为50.4%对尹潽善的37.7%，随后的国会选举中共和党也获得了胜利，得到129个议席，这一数量确保了修宪所需席位，而新民党仅得到45席。因宪法规定总统只能连任一次，朴正熙为了第三次当选总统，令其党羽筹划修改现法，进行所谓的"三选修宪"，此举遭到反对党的强烈抗议，并组织了学生抗议示威，虽遭军政府镇压，但新民党得到了新的发展机会，其民主诉求得到了众多的支持。[②] 在1969年10月17日的国民投票中，该修宪案仍得以通过，将总统仅连任一次的限制取消。在新民党内部，为迎战1971年的总统大选，出身民主党旧派的金泳三和新派的金大中展开了激烈的竞争，最终金大中在党内战胜了金泳三获得了党内总统候选人提名。在1971年4月27日，韩国第七次总统选举中，朴正熙和金大中成为主要的对手，朴得到选票的53%，金大中则得到了43.6%，两者相差不大；而在国会选举中，共和党只得到113席，新民党席位大幅度增加，为89席，这样，共和党就无法随意操纵国会修改宪法。反对党力量的增加使朴正熙的地位受到了严峻的挑战。1972年10月，朴正熙以北朝鲜入侵的威胁为借口，实行军管和全国戒严，解散了国会，禁止政党和政治活动。朴正熙发表特别宣言，他认为，国际形势的变化，会对韩国带来巨大的威胁；而现有法律和政治体系不适应这一局面，必须进行一次大的维新；如果在正常状况下进行维新，会造成社会混乱，因而，维新改革必须在非常措施下进行。[③]

1971年12月6月，维新宪法以公民投票的方式通过，并得到91.5%的赞成票。维新体制建立，为韩国第四共和国时期。维新宪法对第三共

[①] New York Times, 1963—10—19.
[②] [韩]姜万吉：《韩国现代史》，社会科学文献出版社1997年版，第219页。
[③] 赵虎吉：《揭开韩国神秘的面纱——现代化与权威主义：韩国现代政治发展研究》，民族出版社2003年版，第162—163页。

和国宪法进行了 70 余处修改，进一步加强了总统的权力。总统改为由"统一主体国民会议"间接选举产生，国民会议议员规定为 2500 名，任期 6 年，由总统任议长；国会的 1/3 的议席由总统任命经统一主体国民会议通过，剩余的 2/3 按选区制产生。废除总统连任的限制，对总统任期也没有明确规定，获得 200 位以上统一主体国民会议议员的推荐就可成为总统候选人；总统有不受制约的紧急措施权，国会不能对总统进行监督。

1973 年 2 月 27 日，第九届国会选举中，应选议员 146 名，共和党获得 73 席，新民党 52 席，统一党 2 席，无党派人士 19 席。总统推荐的 73 名候选人所组成的"维新政友会"成为了第二执政党，共和党和政友会在国会中把持了绝大多数的议席，两者联手就能通过法案，这使得国会中在野党议员几乎无所作为。维新体制后，在野势力一度沉寂，但在金大中绑架事件后，社会抗议逐渐增多，在多次大型反体制运动中，在野政党都进行了号召、组织或领导，这极大地冲击了朴正熙的独裁体制。

在朴正熙的统治时期，韩国经济得到了大幅度的增长，被誉为"汉江奇迹"，1962—1971 年间，国民生产总值增加 2.5 倍，年均增长率达到 9.9%，工矿业在国民经济中的比重由 1961 年的 15.2% 上升到 1971 年的 22.2%。虽然因第一次世界石油危机加重了韩国的通货膨胀和外汇短缺，但在 1972—1976 年的第三个五年计划期间，其经济发展速度并未减缓，工矿业的年均增长率为 20%，① 超过了计划指标。经济上的成功使朴正熙政府获得了相对于民主政治的"负面合法性"，因民主试验时期的经济衰退和社会混乱，朴正熙的统治和政府推动经济以及发展重工业的政策获得了较多的社会支持。但是在维新体制实施后，特别是因金大中绑架案所掀起的一系列反体制社会运动，使朴正熙派系内部就应对措施问题上出现分歧，最终造成朴正熙被刺杀。

1979 年 10 月，釜山爆发了大规模的游行示威，上万名学生和市民走上街头抗议，数日后，邻近地区纷纷响应，并开始向全国蔓延。在面对大规模社会运动的处理措施中，朴正熙一贯的态度是镇压，而因镇压所

---

① World Bank, WDI. & 韩国银行《经济统计年鉴》。

造成的反体制运动的愈发激烈化,使中央情报部长官金载圭和朴正熙之间产生了分歧。在关于1979年"釜马抗争"的应对上,朴正熙认为仍应采取强硬手段,而金载圭则担心镇压会引起更大规模的反抗,两人难以形成一致意见。10月26日晚,金载圭在晚餐时又与朴正熙就该事件的处理发生争执,金载圭掏出手枪向朴正熙射击,朴正熙当场死亡,长达18年的朴正熙政权就此终止。①

四、第五共和国和全斗焕的新军部政权(1979—1987)

朴正熙遇刺身亡后,总理崔圭夏代任总统,并于1979年12月6日被主体国民会议选为第十任总统。为缓解反体制势力的冲击,崔圭夏推行"解冻政策",终止紧急措施令,并释放因示威抗议的被抓捕者。12月12日,时任陆军保安司令官兼戒严司令部联合搜查本部长和军部少壮派军官组织"一心会"首脑的全斗焕与第九师团长卢泰愚发动军事政变,掌控了军部大权。政变后,军方就建立什么样的政府,是否恢复民主制度产生了分歧,这延缓了新军部夺取政府权力的步伐。

紧急措施令的取消和大量政治犯的释放引发了韩国民主气氛的高涨,在野势力再度获得发展机会,新民党宣布重回国会,并开始推动维新宪法的修改和进行民主化。在野势力中的领袖人物金泳三和金大中却出现了较大的矛盾,两人在推举总统候选人问题上难以达成一致,"二金"决裂,并使新民党内也出现分裂,部分党员组成拥金大中派。

另一方面,权力得以巩固的新军部实施了夺权的行动。1980年5月17日,新军部实行除济州岛外的全国戒严,陆军33师团控制了国会,总统崔圭夏被迫接受实行扩大戒严令,禁止国会在内的一切政治活动。5月18日,军部逮捕包括金钟泌在内的多名前政府官员和金大中等24名民主人士;5月20—27日,出动军队和坦克血腥镇压了"光州起义";8月16日,崔圭夏辞去总统职务,全斗焕从军队退役,在8月27日被统一主体国民会议选举为韩国总统;10月22日,第五共和国宪法经国民投票通

---

① 曹中屏、张琏瑰等编:《当代韩国史(1945—2000)》,南开大学出版社2006年版,第328—329页。

过,该宪法有"第二维新宪法"之称。宪法规定,取消统一主体国民会议,由5278人组成的总统选举人团选出总统,总统任期改为七年,不能连任。国会选举上,恢复比例代表制,在全国划分出92个小选区,每个选区选出两名议员,另有92个全国区议席,按政党得票比例分配,得票最多的政党可获得2/3的席位。

1981年1月15日,执政党民主正义党("民正党")成立,推选全斗焕为党首和总统候选人,在随后的总统选举和国会选举中,民正党均获得了胜利。全斗焕成为了韩国第12届总统。民正党得到了276个席位中的151个,而在野党虽然也得到了超过1/3的议席,但大都偏向于执政党,使得民正党成为了国会中的霸权政党。在反体制运动的压力下,全斗焕分三次解除了政治活动的限制措施,反体制人士逐步建立体制外运动的领导组织,并不断发动反对军政府的社会运动。1984年5月"民主化推进委员会"成立;1986年2月,新民党发起了"一千万人修宪签名活动",要求将总统选举从间接选举改为直接选举,该运动迫使全斗焕同意修宪。

反体制运动力量也实现了联合,民众运动协议会和民主统一国民会议合并为民主统一民众运动联合(民统联)。1987年,因大学生朴钟哲被拷打致死一事,引发了大规模的社会抗议运动,5月27日,在民统联和统一民主党(由金泳三和金大中势力退出新民党而成立的政党)的发起下,在汉城成立"反对护宪、争取民主宪法国民运动本部",要求追查朴钟哲拷打致死和"光州事件"真相,并展开全民抵抗运动。随着反体制运动的高涨和威权体制维持成本的持续上升,民正党二号人物卢泰愚在29日发表"6·29宣言",宣布与在野党合作,同意直接选举总统,并修改宪法。"6·29宣言"的发布,意味着全斗焕新军部统治的终结和第五共和国的结束。

五、第六共和国:民主转型及巩固(1987—)

"6·29宣言"源于军政府内部对体制维持的成本和收益考量所得出的策略选择,一方面,日益猛烈的社会反体制运动促使维持体制和镇压运动变得越发不可能;另一方面,由于在野势力的分裂,如果进行总统

第四章 韩国：从威权到民主

选举，执政党所推出的候选人也有很大可能在选举中获胜。[1]

经过与反对派的多次磋商后，卢泰愚决定开始修改宪法，并准备总统直选。1987年10月，国民投票通过了"第六共和国宪法"，总统改为由公民直接选举，任期五年，不得连任，总统权力受到限制，取消了非常措施权力，并不能解散国会；国会议员任期四年，国会权力得到增强，可以弹劾总统、总理，并解除总理和政府部长的职务；另设宪法裁判所，受理国会对总统等的弹劾，审查立法等。

统一民主党是最主要的在野政党，其总裁为金泳三，金大中为顾问，"二金"再次在总统候选人上发生矛盾，两者都不愿放弃总统选举，统一民主党分裂，金大中退出，另行组建和平民主党（"平民党"），并被推为该党总统候选人。原朴正熙政府的主要政治人物金钟泌也重回政坛，建立新民主共和党（"共和党"），成为该党总统候选人。在总统选举上，形成卢泰愚、金泳三、金大中和金钟泌的"三金一卢"竞争局面。[2] 1987年12月16日，因金大中和金泳三的分裂，民主正义党候选人卢泰愚仅以36.5%的得票率就当选为总统，而金泳三得到28%的赞成票，金大中为27.1%，金钟泌仅为8.1%。这次总统选举，虽然仍是军人出身并直接源出于新军部的卢泰愚当选，但在韩国却是第一次以直接选举来实现政权的交接。

1988年4月，根据3月8日通过的新选举法，以小选区制进行了第十三届国会选举。在295个席位中，执政党民正党仅得到125个席位，不足半数；金大中的平民党得到70个席位，是第一大在野党；金泳三领导的民主党获得59个席位；共和党得到35个席位。国会首次出现"朝小野大"的局面。民正党为扭转国会中的失势，发起了和在野的民主党、共和党联合的行动，对在野两党而言，唯有与民正党合并才能获得更大的政治利益，虽然金钟泌和卢泰愚可能有更多的共同价值倾向，而金泳

---

[1] 王菲易：《国际化、制度化与民主化——韩国政治发展与转型的国际因素研究》，复旦大学博士学位论文，2009年。

[2] Han Sung-Joo, "South Korea in 1987: The Politics of Democratization", *Asian Survey*, Vol. 28, No. 1, 1988, pp. 52–61.

三则是自由主义者，三党的联合表明他们不再是民主与威权的分野，而是为竞选成功而进行的势力重组。① 1990年1月，三党合并为民主自由党（"民自党"），合并后的民自党在国会拥有2/3以上的议席。与之相对，在野的李基泽所领导的"小民主党"和源于平民党的金大中的新民党也进行了联合，在1991年成立了统合民主党。为了竞选胜利，各派势力都进行了势力重组，总统选举时的多党竞争变为两党体制。②

1992年，在民自党的党代表会上，金泳三战胜了军政界实力人物李钟赞，成为总统候选人，李钟赞则退出民自党，组建新韩国党，并与郑周永的统一国民党合并，推选郑周永为总统候选人。在民主党内，金大中战胜李基泽成为总统候选人。12月18日，金泳三赢得总统大选，成为韩国历史上首位文人总统。

1997年12月，在野党候选人金大中战胜了执政党候选人李会昌，成为50年来韩国宪政史上第一个当选总统的在野党候选人。③ 2002年12月，在野党候选人卢武铉当选总统，达到了"两轮选举测试"的民主巩固标准。在1988年以来的历次总统选举和国会选举等政治权力竞争中，反对党和执政党虽然竞争激烈，但其行为大都遵循民主体制的法律框架，并未进行过激的体制外行为，这也表明民主越来越成为"小镇中唯一的游戏规则"④。1988年进行总统直接选举后，在长达数十年的时间里，韩国主要的政治团体和派别都以民主制度作为进行政治权力竞争的唯一正当合理的制度框架，这意味着所有的相关政治力量都认为，继续将他们的利益与价值付诸于不确定的制度博弈对自己最有利并愿意服从失利的博弈结果，在这一情况下，民主制度不仅得到了巩固，且实现了自我执行。⑤

---

① 李文主编：《东亚：宪政与民主》，中国社会科学出版社2005年版，第272页。
② 郑继永：《韩国政党体系变迁动因与模式研究》，复旦大学博士学位论文，2007年。
③ 陈周旺：《金大中政治思想与韩国政党政治的转型》，载《当代亚太》，2000年第8期。
④ ［美］胡安·林茨、［英］阿尔弗雷德·斯蒂潘：《走向巩固的民主制》，载［日］猪口孝等编：《变动中的民主》，吉林人民出版社1999年版，第58页。
⑤ ［美］亚当·普沃斯基：《民主与市场》，包雅钧等译，北京大学出版社2005年版，第14页。

第二节 体制性吸纳与韩国精英派别力量的变化

通过对"二战"以来韩国政治发展的历史的回顾,可以看到,韩国经历了长期的威权统治时期。虽然李承晚政权更多体现为个人独裁,而朴正熙和全斗焕的统治是军人干政,他们都基本垄断了政治权力竞争,在其任期内,总统都未曾更换,即使存在选举和反对派别,但并不会使这一竞争具有不确定性。如果把这三个政权都看成统一的威权政治时期,那么,韩国的威权政治体制遭受了多次的冲击,曾经出现了两次中断,并有可能被颠覆。同时,反威权体制的力量也不断得以增长,在李承晚时期,反体制的运动并未和民主派精英相结合,左翼派别和学生是主体力量;但在朴正熙和全斗焕时期,反威权的民主派别开始有意识地发起、组织和领导反体制的社会运动,并且反体制运动中出现了精英组织,市民、工人等群体也加入到反体制运动中。正是因为大规模和全国性的社会抗议的涌现,才促使卢泰愚不得不发表"6·29宣言",同意进行民主转型。所以,韩国的政治发展历程印证了本书的主张,考察政治转型不能只是单纯地聚焦于转型过程中的精英行为和策略,影响其行为选择的基础是其所具备的力量,以及维护和反对体制的成本与收益。但精英的力量是在原有体制中逐渐形成的,不仅要经历较长的发展过程,同时受到体制吸纳能力的影响。在这一节中,笔者将详细讨论在韩国威权时期的三个不同政权中,体制性吸纳对不同派别精英力量的影响状况。

一、李承晚时期的体制性吸纳和精英派别力量变化

1. 体制支持力量的构成和整合

从1948年7月当选韩国第一任总统到1960年4月被迫辞职,李承晚维持了近12年的个人独裁统治。李承晚政权的主要支撑分为两个方面,其一是暴力机器中,其二是经济资源。在暴力机器中,警察、特务组织、暴力团体甚至军队都是李承晚控制的用以维护其统治的工具。另一方面,则是受李承晚政府所支持的大型财阀,这些财阀在起家之初与政府都有

着千丝万缕的关系，而在选举之时又以巨额资金资助李承晚竞选。两者对于李承晚政府有很强的依赖性，因而李承晚对这两种势力有较强的谈判能力。

暴力机构的重要功能在于打击反对派和体制外的反体制运动，它们往往掌握在李承晚的亲信手中。比如，在1952年，李承晚任命首任总理、自由党副党首李范奭为内务部长以掌握警察力量，而此人早年是蒋介石情报机关蓝衣社的特务人员，并曾在中国西安为美国军事谍报机关服务，其手中掌握着"族青系"等暴力团体和组织网络。在社会抗议中，警察、特务组织和暴力团体是镇压运动的主要力量，他们用强制的暴力手段来平息运动或防止规模的扩大。例如，为加强对学生的控制，李承晚在全国各级学校建立了"学徒护国团"组织来监视学生状况，并对其进行思想教育和军事训练，以保证学生对政府的服从。警察和特务组织常常被用于镇压社会抗议，比如在1960年2月韩国马山的游行中，警察对此进行镇压，并向游行队伍射击，致使数十人死亡，70多人负伤。同时，还被用于威胁国会和其他国家机关，使其秉承李承晚的意志行事，在"拔萃改选案"中，即是出动警察把国会议员强行拖回国会投票，并出动武装警察和宪兵包围国会，迫使议员通过该宪法修正案；在1958年的进步党审判中，汉城法院裁判长柳秉震主持的法庭一审判定曹奉岩和其他进步党成员全部无罪，李承晚政府则指使暴力团体"反共青年团"闯入法院闹事，使法院屈服，在二审中判定进步党的曹奉岩、梁明山等人有罪。除此之外，在选举时，暴力机关则可以破坏在野党的竞选活动，并胁迫普通选民按其指示投票。在1960年的总统选举中，由于自由党相比于民主党并不占优势，警察和暴力团体便四处出动，在全国范围破坏民主党的竞选和宣传活动，殴打和逮捕民主党人。鉴于暴力机关对于政权的重要性，李承晚对其也大力保护。1949年1月，警察局调查科长指使职业杀手刺杀国会反民族行为特别调查委员会委员长等15名官员一事败露，多名警察被抓，李承晚当即向国会施压要求释放这些警察，在遭国会拒绝后，警察则袭击了国会的反特委，并抓捕多名与反特委有关的人员。可见，警察、特务和暴力团体等组织与李承晚政权是相互依赖的关系，前者需要李承晚给予各种资源以维持其运转和发展，并且由于这些组织

第四章 韩国：从威权到民主

在镇压行动中所欠下的"债务"使其声名狼藉，若无李承晚庇护，其自身难保；而李承晚政权要维持独裁统治，则必须仰赖忠于他的暴力机构以打击各种反对势力。

在应对威胁其总统宝座的主要竞争对手时，"暗杀"或使其"突然消失"是李承晚常用的手段。李承晚在1956年和1960年的总统大选中，相对于民主党所推举出的总统候选人并不占有优势，1956年，民主党所推选的总统候选人为申翼熙，但他在巡回竞选途中，因心脏病"突然死亡"；如出一辙的是，1960年，民主党的总统候选人赵炳玉赴美治病过程中也"突然死亡"。明确被暗杀的是曾任韩国临时人民政府主席的金九，金九反对南韩成立独立政府，与李承晚意见相左；而又由于他在民间威望很高，无法以违反国家保安法的名义加以逮捕，刺杀是唯一选择。1949年6月26日，现役军人炮兵少尉安斗熙暗杀金九，安斗熙虽被判无期徒刑，但很快被李承晚特赦，恢复军内职务，后晋升中校。① 当警察等暴力机构难以镇压大规模的社会运动时，军队则是李承晚政府的最后支撑。在1960年的"四月革命"中，李承晚便任命韩国军中将、陆军参谋总长宋尧赞担任在汉城市进行戒严的司令，宋当即便出动坦克部队进行镇压，并调步兵15师团进驻汉城抓捕学生和市民。因军队是最强力的暴力机构，若无军队的支持，政权将难以维持，李承晚用多种方式来掌控军队。在资源分配上向军队倾斜，朝鲜战争后韩国的军费开支仍占到国家预算的一半以上；李承晚也吸收军队出身的人员担任政府的重要官员，在1948年至1960年期间，其政府阁僚中，军界人员比例从8%上升到17%②；在军队内部，李承晚采用培植宗派的方式来形成军队高层的彼此牵制和制衡，以实现对军队的控制。

暴力机构的供养和竞选活动的耗费都需要大量的经济资源来支撑，李承晚政府的经济支持主要来自各大财阀和企业集团，这些企业在崛起和发展过程中受到政府的权力庇护，其利益获取很大程度上来自于政府

---

① 曹中屏、张琏瑰等编：《当代韩国史（1945—2000）》，南开大学出版社2006年版，第80页。
② [韩]李汉彬：《社会变动与行政》，汉城博英社1983年版，第149页。转引自《当代韩国史（1945—2000）》，第171页。

的扶助和政策倾斜，在发展壮大后又回报于政府以维持其统治，进而获得更多的权力庇护。

"二战"以后，李承晚政府着力恢复经济，通过处理"归属财产"和向企业发放经营进出口许可证，来逐步控制企业的经济活动。而战后经济恢复期间，美国和联合国等外来经济援助主要投向政府，由政府来设定资源的配置和运营，使政府成为经济运行中的主导力量。私人企业为了能够更多地获得国家分配的资源，也倾向于和政府形成紧密的联系，并接受其对经济活动的介入。韩国第一批现代企业和财阀，出现和形成于李承晚统治时期。在处理"归属财产"时，官方的审定交割和实际售价之间存在很大的缺口，这使得与政府有亲密联系的个人和组织能够以很低的价格得到"归属财产"，成为一夜暴富的企业家（表4.1）。

表4.1 李承晚时期部分"归属财产"的官方价格和实际售价

归属企业名称	官方审定价格（千元）	实际售价（千元）	比率（%）
朝鲜纺织大邱厂	700000	360000	51
朝鲜纺织釜山厂	350000	220000	63
东洋制丝密阳厂	23000	9000	38
东洋纺纱厂	2500000	1720000	69
月城制丝厂	135000	70000	52
龙山制造所造纸厂	40000	22000	55
北三化学工厂	550000	360000	65
长均化学公社	550000	360000	65

资料来源：柳寅鹤：《韩国财团解剖》，汉城绿草社1991年版，第47页，转引自《当代韩国史（1945—2000）》，第151页。

官方对归属财产的定价本就大大低于市场价，例如朝鲜纺纱大邱厂在1947年价值30亿元，官方审定价格为7亿元，而实际售价比官方价更低，仅为3.6亿元，并且，购买"归属财产"的款项可以在15年内分期付款，在高通货膨胀率的情况下，得到归属财产的代价很低，能够购买这些企业的人也大都与政府有密切关系，而三星、乐喜、金星、东洋等财阀和家族集团也正是通过这一方式起家。① 并且,李承晚政府在金融信贷上对这些企业也多有"照顾",他们能够以低于市场行情的贷款利率获取大额贷款,而难以得到资助的中小企业,则在竞争中处于不利地位,纷纷破产,财阀集团在不断兼并中日益巩固其地位。李承晚通过分配政治租金的方式在商人阶层中培育了大量的支持者②,作为回报,商人和财阀集团大力支持李承晚的统治,并积极提供资金,以帮助其竞选获胜。在1956年总统大选时,银行向企业提供贷款,而企业则把从银行得到的贷款的一部分(17%—100%)作为选举资金交纳给自由党,在1960年总统选举中,向政府提供资金超过2000万的企业就有20多家。③

2. 对反对力量和社会精英的控制和吸纳

在现代政治中,政党是政权的重要支撑组织和力量,但是在李承晚统治初期,他并没有一个能够受其掌控并统合各种支持力量的执政党。在第一共和国建立之时,李承晚与当时力量最强的韩国民主党("韩民党")联合而获取了总统的职位。但是,李承晚在掌握政府后,并未回报其政治盟友,在政府的阁员中,韩国民主党的高层领导人除张泽相一人外,其余皆未进入内阁。同时,韩民党主张内阁责任制,李承晚则是总统中心制,二者因政府形式上的分歧和韩民党得到的政治回报远低于预期,最终分道扬镳。④ 为扩大反对党在国会中的影响,1949年,韩国民主党与申翼熙为首的党派合并,更名为民主国民党("民国党"),在国会中占有69个席位,是国会中第一大在野党。在1950年1月,民主国民党提出了以内阁责任制为主要内容的宪法修正案,虽遭否决,但其席位增加至79席,成为国会中第一大党,对李承晚的执政派系造成威胁。为应对民主国民党的挑战,李承晚的支持者们成立了大韩国民党,但这个政党

---

① 曹中屏、张琏瑰等编:《当代韩国史(1945—2000)》,南开大学出版社2006年版,第151页。
② Kyong-Dong, "Political Factors in the Formation of the Enterpreneurial Elite in South Korea", *Asian Survey*, Vol. 16, No. 5, 1976, pp. 465–477.
③ Ibid, p. 156.
④ 董向荣:《韩国政党政治的发展与演变》,载《当代韩国》,2006年夏季号。

没有得到李承晚的认可。由于李承晚没有政党基础，在国会中处处受制，1950年6月19日的国会议长团选举中，李承晚提名的人选被淘汰，民国党的申翼熙当选。民国党掌握国会后，追查政府在朝鲜战争中的错杀良民责任，李承晚被迫撤换国防部、内务部等重要部门的长官。在1951年，副总统李始荣辞职，民国党的候选人金性洙又战胜了李承晚所提出的候选人，民国党实力大增，并开始谋划改总统制为内阁制，以架空李承晚。① 连续的危机使李承晚的权力遭到重大威胁，迫使其改变"政党无用论"的观点，开始组建政党。在1951年，李承晚才决定成立自由党，② 当年的12月23日，韩国政党史上第一个执政党韩国自由党正式成立，③ 李承晚和李范奭分任党首和副党首。随后，自由党内部，李范奭的"族青系"占有优势地位，随着其地位和权力的上升，开始对李承晚造成威胁。在1952年的总统选举中，李承晚表示不支持李范奭成为副总统候选人，在李范奭落选后，李承晚撤掉了李范奭的职位，并大力清洗"族青系"在自由党内和政府中的势力。此后，自由党主要对国会内的其他党派和无党派身份的议员进行拉拢，以获得国会中的优势地位。虽然在1953年的国会选举中，自由党相对于民国党占有绝对优势，但因对"族青系"的清除，其地方组织被弱化，执政党对精英的吸纳主要面向国会和政府中的议员和政客，而对体制外的精英，则缺少相应的吸纳方式和手段。

在国会中，李承晚政权最大的反对派是韩国民主党一系的势力，该派别经过多次调整，整合各种力量，先后组建了民国党和民主党，并主要以议会选举为手段来获取相应的政治权力和利益。李承晚与这一派别也历经了多次分合，在50年代初期，两者联合对付在韩国最具有组织性而且拥有平民支持的共产党。④ 在第一届总统选举中，李承晚依靠韩民党

---

① 郑继永：《韩国政党体系变迁动因与模式研究》，复旦大学博士学位论文，2007年。
② 董向荣：《韩国政党政治的发展与演变》，载《当代韩国》，2006年夏季号。
③ [韩] 金国熙：《韩国政党政治改革与发展问题研究》，吉林大学博士学位论文，2007年。
④ Quee-Young Kim, *The Fall of Syngman Rhee*, Berkeley: Institute for East Asian Studies, 1983, pp. 11 – 15.

第四章　韩国：从威权到民主

的力量当选为总统，但他并未给予盟友足够的政治回报，两者出现内阁制和总统制的分歧。当民国党成为院内第一大在野党之际，金若水为首的少壮派在整合了成仁会、同仁会、青丘会等势力后，成为第二届国会中的第三股力量。面对共同的竞争对手金九和少壮派国会议员，李承晚一系和民国党又再次联手，发动了"六月攻势"，打击了少壮派的势力，袭击国会的反特委，并暗杀了金九。因民主党总统候选人的"突然死亡"，1956年的总统大选由进步党候选人曹奉岩和李承晚展开角逐，虽然曹奉岩最后败于李承晚，但他在多个选区中的得票超过李承晚，并且，进步党势力迅速发展，在全国多个地区都建立了党组织，对民主党和自由党分享政治权力的局面形成了冲击。① 1956年9月28日，李起鹏派杀手企图暗杀民主党领导人、副总统张勉，暗杀未果后，李承晚开始用协商的方式来缓和矛盾并从内部分化民主党，自由党和民主党通过协商达成合作协议，以不动用警察干预竞选为代价换取民主党的妥协。② 对于独立党，则动用特务队进行镇压，1958年1月12—15日，陆军特务队以北朝鲜间谍罪逮捕了进步党委员长曹奉岩、副委员长朴己出、干事长尹吉重等进步党的主要成员，摧毁了其下属团体"和平统一研究会"，汉城法院在李承晚的重重施压下，判处曹奉岩和梁明山死刑，朴己出和尹吉重2—3年徒刑。③ 处死曹奉岩不仅使进步党消失于韩国政治舞台，并让支持社会主义的势力在韩国几乎绝迹。

民主党一系也屡遭李承晚打压，比如其总统候选人申翼熙、赵炳玉的突然死亡，张勉遭遇暗杀（未遂），也就是说，即使存在国会选举的制度安排，当在野党对李承晚统治地位造成威胁时，他便会破坏规则采用强制手段来对付反对党。但民主党总是能够在国会中获得第一大在野党的地位，得到较多议席和取得一些政府职位，并且该派别的领导人金性洙和张勉也曾担任李承晚政府的副总统职位，所以这一派别会时常和李

---

① 郑继永：《韩国政党体系变迁动因与模式研究》，复旦大学博士学位论文，2007年。
② 曹中屏、张琏瑰等编：《当代韩国史（1945—2000）》，南开大学出版社2006年版，第158—159页。
③ 同上，第159—161页。

承晚合作打击第三势力,而因议会选举上得到的利益,他们并无太多意愿进行体制外斗争。李承晚与该派别联手对第三势力精英派别的打压则会导致在国会中难以吸纳新的精英,一旦这些精英威胁到前两者的地位,就会在合力打击中退出议会,转为体制外斗争。

行政机构上,李承晚政府延续了殖民地的行政结构,并保留了大多数的公职人员,以保证一定的行政能力来应对新兴独立国家的经济建设和国家建设任务,但政府机构中的高度权力集中和强制性权威等传统也被保留下来。[①] 政府人员一般听命于总统,受总统支配,而不必回应总统以外的政治力量,同时,政府的政策制定和执行往往集中在高层行政官员手中,普通的行政人员听其指令行事。[②] 李承晚通过安插其亲信和主要的支持者担任高官以控制政府,表4.2列出了李承晚统治时期其阁僚的出身背景和变化情况。

表4.2 李承晚时期政府阁僚的出身背景(%)

	1948—1953	1953—1958	1959—1960
公务员	6	21	25
司法界	9	15	8
银行	6	5	25
警察	2	3	—
教育	21	10	—
医师	6	8	17
政客	34	21	—
实业界	8	7	8
军界	8	10	17
合计	100	100	100

资料来源:[韩]李汉彬:《社会变动与行政》,第146页,转引自《当代韩国史(1945—2000)》,第162页。

---

① [韩]金荣枰等:《韩国的公务员制度(上)》,载《北京行政学院学报》,2002年第1期。
② [韩]金荣枰等:《韩国的公务员制度(下)》,载《北京行政学院学报》,2002年第2期。

第四章 韩国：从威权到民主

银行和军界出身的阁僚有明显的增加，实业界出身的阁僚在政府高层中维持较稳定的比例，在1959—1960年期间，这三种出身的阁僚占到了50%。教育出身的比例有明显的减少，从21%下降到10%，直到1959—1960年的0%。而在政府高层中，没有农民、工人出身的人员。阁僚的出身背景变化反映了李承晚对政府的掌控企图，非其支持势力难以进入政府高层，因此，行政机关对于体制外精英的吸纳能力较低。

3. 支持与反对体制的精英派别力量变化

总体来看，在李承晚时期，其体制性吸纳中的阻止反向吸纳能力较强。因为暴力团体和财阀集团对政权的依赖性很强，李承晚政府对其具有优势的谈判能力，而反体制力量和民主体制无法给予更有吸引力的权力和利益。立法机关提供了反对派获取利益的渠道，虽然每当这一派别的精英对李承晚造成较大威胁时，会遭到其暴力打压，但因国民党一系总能够获得一定的国会议席和副总统职位，他们并未在体制外开展大规模的抗议运动来冲击体制。由于自由党和民主党对国会中第三力量的排斥，国会对体制外精英的吸纳能力并不强。在执政党内部，由于李承晚和"族青系"的内斗，自由党成为李承晚执政的御用工具而失去了对体制外精英的吸纳功能，并且，政府高层主要由李承晚的亲信所把持，体制外精英也难以通过进入行政机关的方式来获取权力和利益。因此，该体制对于阻止反向吸纳的能力较强，而对体制外精英的吸纳能力较弱。（表4.3）

表4.3　李承晚时期的体制性吸纳能力

	体制性吸纳的渠道和形式	体制性吸纳能力
正向吸纳		较弱，国会是主要的吸纳渠道，但对李承晚造成威胁的在野党采用暗杀等暴力手段，并排斥左翼派别进入国会
政党	前期无政党组织，后期陷入内斗，组织体系薄弱	
立法机关	主要的吸纳方式，但排斥左翼派别，并用暴力打击民主党一系势力	
政府	被亲信把持，政府高层中非其派系成员急剧减少	
阻止反向吸纳	资源分配上严重倾向于其亲信、财阀、警察和军队等支持力量	较强，支持力量依赖于体制所赋予的权力和利益

当体制外精英被排斥在体制外而无法获得利益时,他们往往会选择组织、发动和参与社会运动来冲击现体制。1958年被驱除出国会的进步党是左翼政党,其主张为民主社会主义与民族统一,该党在韩国地方有多处分支组织,并在学生中有较大影响,学生组织如"新进会"、"新潮会"和"协助会"等大都接受社会主义思想。① 而张勉政府时期的以"民族统一"为诉求的大规模学生运动由李承晚政府时期被排挤的左翼势力如旧进步党、民主革新党等所组成的革新系所领导和发起,这表明,被排斥在李承晚独裁体制外的左翼派别有能力组织学生抗议,其或多或少影响了导致李承晚政府下台的"四月革命"。在1960年4月19日,大规模的学生抗议运动爆发,李承晚出动警察和军队镇压,造成多人死伤。25日,200多名教授于汉城大学集会并在《时局宣言》上签名,要求释放被捕学生,集会后,教授团走出校园游行,中途加入游行队伍的市民和学生多达万人,由知识分子所发起的抗议扩大了社会运动的规模,并直接导致李承晚辞职,与之相对应的是,从1948年到1960年,政府高层教育界出身的阁僚从21%降为0。

二、朴正熙时期的体制性吸纳和精英派别力量变化

1. 短暂民主试验中的精英派别

李承晚政府下台后,以张勉为首的民主党掌管了政府,通过修改宪法将体制改为内阁制的民主政体。支持前李承晚政权派别的利益在张勉政府时期大都受到了损害。为审判选举舞弊与屠杀无辜群众的罪行,张勉政府对警察系统进行了清查和大规模撤换,而这也造成其在面对大规模抗议运动时难以维持基本的社会秩序。另外,张勉政府还调查和处理非法敛财问题,要对涉嫌非法敛财的实业家处以巨额罚款,他们大多是当时韩国各大企业的企业主②,调查和罚款招致财阀集团的不满,他们认

---

① 曹中屏、张琏瑰等编:《当代韩国史(1945—2000)》,南开大学出版社2006年版,第172页。

② 郭定平:《韩国政治转型研究》,中国社会科学出版社2000年版,第52页。

第四章 韩国：从威权到民主

为该行为会威胁资本主义企业体制。

同时，在民主党内部矛盾激烈，争斗在以张勉、郭尚勋等为首的新派和以尹潽善、金度演等为代表的旧派之间围绕党内领导权和政府权力展开。旧派是源自于韩国过去的民族独立斗争的势力，新派则是由反对李承晚独裁的"兴士团"、没有民族斗争经历的人员以及原自由党成员构成。① 新派在最关键的总理人选上获得了胜利，张勉成为了内阁总理。虽然他口头上宣称不倾向于任何一派，将构建新旧两派和无党派人士均衡的内阁，但实际上，在内阁人员的安排上，除了 2 名无党派人士外，其余全部为新派人员。② 张勉的这一举动加速了民主党的分裂。1960 年 8 月 31 日，旧派议员组成以柳珍山为总务、金泳三和李敏雨为副总务的民主党旧派同志会。9 月 23 日，新派 93 名议员以民主党的名义成立另一个院内党，由此，民主党内新旧两派分别单独成立院内党团，标志其分裂已成定局。③ 11 月 8 日，旧派人士召开新党筹备会，1961 年 2 月 20 日，新民党成立，民主党彻底分裂为两个政党。④ 这影响了支持民主体制派别力量的整合与统一。

由于推翻李承晚政权的社会运动并不是民主党所发起和领导，甚至在四月革命中，民主党议员还对学生游行进行劝阻，因而，民主党政府难以对社会运动进行控制。在野势力中，革新系政党出现，这是第二共和国时期政党体系中的一个重要特征。⑤ 革新系大都出身于曾被李承晚自由党政府镇压的旧进步党、民主革新党、勤劳农民党和社会党，他们主张推进民主化和南北统一。因革新系中各派别冲突严重，彼此间的联合难以实现，先后出现的社会大众党、韩国社会党、统一社会党等均未在

---

① 曹中屏、张琏瑰等编：《当代韩国史（1945—2000）》，南开大学出版社 2006 年版，第 187 页。
② 宋国华：《韩国政治转型中的政党政治研究》，山东大学博士学位论文，2009 年。
③ 曹中屏、张琏瑰等编：《当代韩国史（1945—2000）》，南开大学出版社 2006 年版，第 195 页。
④ Andrew C. Nahm, Korea: Tradition and Transformation, A History of the Korean People, New Jersey: Hollym International Crop., 1988, pp. 438-439.
⑤ Ibid.

其后的国会选举中获得较多的议席,对民主党没有太大的威胁。革新联盟在国会选举中遭遇失利,社会革新党领袖高贞勋被逮捕,该派别在体制外组建了"民族自主统一中央协议会",并在大学中建立了"民族统一联盟"等组织,通过发起以学生为主的"民族统一"运动向张勉政府进行抗议。社会抗议主要集中于"反对美国干预"和"要求南北统一"两个议题上。1961 年 2 月 8 日,美韩签订《韩美经济技术援助协定》,在野政党,尤其是新民党和社会党都对此猛烈抨击;3 月 1 日,汉城两万多学生游行反对美国对韩国内政的干涉。另外,左翼势力还要求产业国有化,并实现广泛的社会保险项目。① 在第二共和国期间,大学生共发动了 500 多次重大的示威活动,工会则发动了 45 次。② 政府内部的分裂和社会秩序的混乱给军事政变提供了机会。在李承晚时期,朴正熙、金钟泌所领导的以陆军士官学校第八期毕业生为核心的少壮派军官就曾密谋政变,后因四月革命而流产,但他们谋划在军内发动"整军运动",要求军方的高级将领,中将以上的军官对"3·15 选举舞弊"负责,全部退役,以谋求对军队的控制权。而张勉政府在 1960 年 8 月 25 日的韩美会谈中提出要在 1961 年分两批裁军 10 万人,这引起了军内少壮派的不满。朴正熙从 1960 年 11 月起开始为政变筹划,虽然中间历经了多次波折和情报泄露,但面对内部分裂、软弱无力的张勉政府,军事政变仍得以发动并成功夺取了政权。

2. 军政府体制支持力量的构成和整合

朴正熙政权的支持力量与李承晚时期相似,暴力机构、政党组织和财阀集团是主要的支持势力;但与李承晚政权不同的是,在朴正熙的统治下,其支持力量对政府的依赖性更强,他们与朴正熙的军政府的关系更为紧密。在军事政变后,朴正熙依靠暴力机构:军队、情报机关、警察和其他安全部门镇压了社会抗议,迅速恢复了秩序。朴正熙在政变不

---

① Sung-Ju Han, *Failure of Democracy in South Korea*, Berkeley: University of California Press, 1974, pp. 11 – 15.

② David I. Steinberg, *The Republic of Korea: Economic Transformation and Social Change*, Boulder, Colo.: Westview Press, 1989, p. 55.

第四章 韩国：从威权到民主

久后就解除了张都瑛的最高会议议长、内阁首脑、国防部长官、参谋总长等职务，由朴本人接任最高会议议长，由听命于他的宋尧赞和金钟五担任政府首脑、国防部长官和陆军参谋长，并将张都瑛一系的"警备士五期生"西北派清除出军政府的领导机构，基本实现了对军队的完全控制。为快速掌控政府，朴正熙对各级政府进行了改造，让大批军人进入政府部门，各级政府部门的领导基本都为军人，中央政府各职能部门有83%以上都是军人。① 这样，军人，特别是高级官员在朴正熙统治下，能够出任政府高层，获得比此前更多的权力和利益，他们会更强烈地拥护这一体制，而军政府也主要因军队的支持才得以建立和维持。在维新体制实行后，两者的相互依赖关系得到进一步加强，朴正熙再次大批量地将军人安排进政府任职以提高对政府的控制力，让忠于自己的退役军官担任共和党、国家机关、国营企业和公共团体中的要害职位，这也是一种对军队的奖惩措施，"忠诚"的军官可以得到去实权部门任职的机会。例如，1971年的国会议员选举中，朴正熙提名的88名选区议员候选人中就有41名是军人出身，而违背其意志的军人不仅难以获得这种机会，反而会受到严厉打击。退役将军李世圭因披露"实尾岛事件"，遭到严刑拷问，1971年10月，共和党发生第二次"抗命波动"，中央情报部长官李厚洛将这些执政党议员抓捕和拘留。

朴正熙政府以经济发展为首要目标，正如其所言，"5·16军事革命"的核心在于民族的产业革命化，虽然革命并不是不包括政治革命、社会革命、文化革命等，但重点必须放在经济革命上，如果经济部门没有希望，其他部门的改革和正常发展便无从谈起。② 通过国家对经济的推动，不仅取得了经济的高速增长和政权的合法性，而且在国家介入经济的过程中，企业集团与政府的联系更为紧密。在执政初期，朴正熙试图用威胁起诉财阀、并且没收其财产来赢得学生和中产阶级的支持，③ 不久之

---

① [韩] 权瑅：《韩国政治民主化转型的力学》，吉林人民出版社2004年版，第108页。
② 《朴正熙经济论著选》，延边大学出版社1993年版，第179页。
③ Mark Clifford, *Troubled Tiger: Businessmen, Bureaucrats, and Generals in South Korea*, New York: M. E. Sharpe, 1994, pp. 36 – 40.

后,他便与涉嫌非法敛财的企业家达成妥协,政府不对非法敛财的企业家进行法律上的处罚,但要求他们参与国家经济建设,这样,政府向他们提供资金,各大企业按照政府的计划进行产业建设,① 形成了更为密切的企业界和政府的合作关系:一损俱损,一荣俱荣。② 在进口替代和工业化的发展战略下,政府运用各种资源和政策优惠扶持企业发展,逐渐将它们从寻租者转变成世界一流的制造商。③ 例如,三星进入了电子产业,现代参与汽车行业,鲜京、晓星与高纶发展合成纤维,原先生产化妆品的乐喜、金星也开始发展半导体产业和电子产业。④ 财富向财阀集团的集中,导致了这些集团对国民经济的垄断,韩国的主导产业均为财阀集团把持。1980 年,韩国前 30 家大企业集团生产的工矿业产品占全国总额的 1/3 以上;在 1973 年,韩国十大财阀集团附加价值生产额仅占国内总产值的 5.1%,但在 1983 年就上升到 13%,⑤ 它们成为朴正熙军政府体制的重要支柱。

朴正熙还利用个人关系来建构支持自己的社会力量,例如同乡、同学、同宗等关系,他将具有这些关系的个人安排进各层级政府机关,形成了以朴正熙为中心,依照与其个人关系的疏密所构成的关系网络,并通过这一网络来实现对韩国政治的掌控,产生出以其为首的政治宗派势力——TK 军团(大邱军团)。他利用"座谈会"等组织培育大邱系政治势力,并将向其靠拢的政客拉进这一统治圈,重要的权力和利益分配大都在这一关系圈中进行。在朴正熙时期,60% 以上的军官、大部分政府高级官员、大部分中央情报部官员与执政党干部,半数以上的大企业家

---

① 郭定平:《韩国政治转型研究》,中国社会科学出版社 2000 年版,第 52 页。
② Jung-En Woo, *Race to the Swift: State and Finance in Korean Indastrialization*, New York: Columbia University Press, 1991, p. 84.
③ Kyong-Dong, "Political Factors in the Formation of the South Korean Entrepreneurial Elite", *Asian Survey*, Vol. 16, No. 5, 1976, pp. 465 – 477.
④ 曹中屏、张琏瑰等编:《当代韩国史(1945—2000)》,南开大学出版社 2006 年版,第 276 页。
⑤ 郭定平:《韩国政治转型研究》,中国社会科学出版社 2000 年版,第 52 页。

第四章　韩国：从威权到民主

都出身于庆尚道。① 在 TK 军团中，又分为核心和旁系，其主要区别为是否出身于大邱高等普通学校。另外，在军队内部，还存在一个拥护朴正熙的组织"一心会"，其领导人全斗焕、卢泰愚曾担任过朴正熙的书记官。在朴的扶持下，全斗焕、卢泰愚等岭南出身的陆军士官学校第 11 期青年军官组成了"五星会"。此后，该组织专门发展陆军士官学校毕业的青年军官入会，更名为"一心会"，其含义是为了太阳（总统）和祖国团结一心，并在每期军校毕业的学生中挑选精英加入组织，是朴正熙控制军队和培养人才的重要组织。

3. 对反对力量和社会精英的控制和吸纳

在政党政治上，朴正熙素来持以负面的看法，他认为，政党是追逐权力的官僚政客与财阀的政治联盟，政党政治是韩国党同伐异、政治腐败的根源，这种制度会将韩国引上了错误的道路，并导致韩国发生历史上前所未有的最大民族危机。② 共和党内也存在各派系间的激烈争斗，例如主体力量派和反主体派、金钟泌一系和倒金派等，虽经朴正熙强力干预而平息内乱，执政党内的分裂和矛盾使朴正熙加强了对党内权力的控制和集中，共和党的组织结构逐渐独裁化。③ 在维新体制后，共和党的政治功能进一步退化，不再有对总统、国会议员、地方议会议员和地方自治团体长等候选人的提名权利，表明其失去了政治录用的政党功能，成为了名不符实的在朝党，只是朴正熙军政府统治下的权力寄生物，不但不能参与统治，还被排斥在重要的政治过程外，沦为处于政府边缘的"大使型政党"。④ 由于其组织结构和功能的退化，执政党党员是否能够获得政治利益主要由朴正熙来决定，这取决于两者的个人关系，而执政党本身并不能为党员提供畅通的获取利益的渠道，就导致其难以吸引体制

---

① 曹中屏、张琏瑰等编：《当代韩国史（1945—2000）》，南开大学出版社 2006 年版，第 257 页。
② [韩] 朴正熙：《我们国家的道路》，陈琦伟译，华夏出版社 1988 年版，第 12—14 页。
③ 宋国华：《韩国政治转型中的政党政治研究》，山东大学博士学位论文，2009 年。
④ [意] 萨托利：《政党与政治制度》，雷飞龙译，台北韦伯文化事业出版社 2000 年版，第 19 页。

内外（潜在）反对派精英的加入，执政党的吸纳能力较弱。

为推进国家经济发展和产业计划，朴正熙将各界人士招募入政府内阁，以获取社会信任，而14名内阁成员中，共和党党员只有6名，是一个由技术精英和军人组成的高效率机构。朴还对政府机构进行了革新，设立了经济企划院，其长官由领导经济部门的副总理兼任，成员有530人，主要由技术官僚组成，由他们来进行经济政策的策划和推行，并确保其不受国会和政治竞争的影响。但为了确保行政机构的效率和朴的个人意志的实现，重要的政府部门大都由朴正熙的关系网络和军人团体把持，并垄断主要的权力利益分配，因而在行政机构中，虽然吸收了技术精英的加入，但仍然未对其他领域，特别是对反对派的政治精英开放。

1963年1月，军政府宣布恢复政治活动，在野势力可以通过选举竞争获取议员和总统职位。由于在维新体制前，军政府所主持的选举活动大体上能保持相对的公平，所以在这一时期，在野政党大都通过体制内的竞选来争夺政治利益。同一时期的体制外运动则由学生主导，以出于民族主义诉求的反对"韩日会谈"为运动目标。在1967年和1971年的两届总统选举中，在野势力对朴正熙总统宝座的威胁越来越大。1967年，新民党候选人尹潽善得票37.7%；1971年，该党候选人金大中得票上升为43.6%。① 面对这一状况，朴正熙采取了实施"维新体制"的举措，暂时关闭议会，并禁止政党和政治家的活动，通过修改宪法，采用统一主体国民会议来选出总统，将国会1/3的议席划为由总统推荐，并对主要威胁人物金大中进行了绑架和迫害。在野党在国会中获得的议席大幅度减少，1971年的国会选举，新民党得到89个席位；1973年第九届国会中，新民党仅得到52个议席；加之朴正熙对总统的独占，反体制精英逐渐从选举竞争中退出并开始发动体制外反对运动，从1973年起，反对军事独裁的民主运动不断发生，与此前的社会运动相区别的是，后者的目标直接指向修改宪法和恢复民主。

---

① C. I. Eugene Kim, "The Meaning of the 1971 Korean Elections: A Pattern of Political Development", *Asian Survey*, Vol. 12, No. 3, 1972, pp. 213 – 224.

第四章 韩国：从威权到民主

在对反体制力量的吸纳上，维新体制之前，国会和竞选能够将大部分的反对派别纳入体制，通过这一方式，反对势力能够得到较多的利益；而当反对派势力成为军政府统治重大威胁时，朴正熙则采用了驱逐、排斥和打压的方式，将反对派别赶出国会，他们只能通过体制外运动来获取利益。对于军政府来讲，因主要的职位由朴正熙的亲信和军人出身的官员所把持，执政党逐渐边缘化。除议会外，朴正熙难以提出更优良的方式来吸收反对势力，当反动势力的力量增大到能够挑战总统职位时，朴只能用强制手段来对付反对派精英。因此，朴正熙时期，对体制内的支持力量的阻止反向吸纳能力较强，但对反对派力量的体制性吸纳能力从较强变为较弱（表4.4）。当反对派精英转为体制外活动后，他们可以与此前遭到镇压的学生运动相结合以增强对现体制的冲击。

表4.4 朴正熙时期的体制性吸纳能力

	体制性吸纳的渠道和形式	体制性吸纳能力
正向吸纳		
政党	执政党共和党只是御用工具，沦为"大使型政党"	较弱，国会是主要的吸纳渠道，但维新体制后，对反对党的打击和总统拥有1/3的议员任命权使国会吸纳能力减弱
立法机关	主要的吸纳方式，维新体制前，能够使反对党派在体制内活动，在维新体制后，总统拥有1/3的议员任命权，吸纳能力大幅度下降	
政府	虽然吸收了部分技术专家，但其亲信和军人则是政府中的主要成员	
阻止反向吸纳	资源分配上严重倾向于TK军团、一心会、财阀、警察和军队等支持力量	较强，支持力量依赖于体制所赋予的权力和利益

4. 支持与反对体制的精英派别力量变化

在朴正熙上台初期，对体制外的社会运动进行了大规模的镇压，使反体制力量受到削弱。当政治活动恢复正常后，反对派精英主要以议会活动和竞选来争取利益，为应对1963年的总统选举，在野势力进行了大规模的力量重组。民主党的新派与旧派的矛盾仍然难以调和。在军政府宣布恢复政治活动后,原韩民党人士尹潽善等人试图组建统一的泛在野势力政党,但新派认为如成立统一政党,因张勉受《净化法》影响无法参选,尹潽善则可能任总统候选人,新派利益会受损而反对成立统一的在野党。此后,朴顺天等人另组民主党,尹潽善等则建立民政党。民政党为进一步统合在野势力,与新政党、民友党整合为国民的党,但因总统候选人问题上的严重分歧,国民的党也陷入分裂,国民的党推许政为候选人,民政党系则另推尹潽善为候选人。因其自身的分裂和凝聚力的缺乏,虽然在1963年的选举中,反对势力得到了53%的总统选票和66%的议会选票,他们在这两场竞选中都遭遇失败。

总统选举和国会选举的失利让在野势力进行了再一次的重组和调整,民主党、自由民主党和国民的党建立"三民会"形成三党联合的院内交涉团体,以推进三党的合作。后由于三党间的分歧和矛盾,自由民主党加入了民政党,国民的党则并入民主党,在野势力分为民政党和民主党两个主要政党。1965年,两党为反对韩日协定,合并建立了民众党,使得在野势力实现了整合,实力得到增强。但民众党内,强硬派和稳健派之间的矛盾难以调和,尹潽善退出民众党后,强硬派也随之退出民众党,建立新韩党,以尹潽善为党的领袖,并被推为第六届总统候选人。民众党提名俞镇午为候选人,在野势力在总统选举上再次分裂对抗。在意识到分裂对双方的竞选都不利的情况下,总统选举前夕,1967年初,民众党和新韩党开始重新磋商合并一事,2月7日,两党合并为新民党,尹潽善成为总统候选人,金大中当选为宣传部长。虽然在野势力在1967年的总统选举和国会选举中表现仍然不佳,但还是在1971年的选举中对朴正熙的统治地位构成了严重威胁。总统选举中,朴正熙得票为53%,金大中为43.6%,国会选举则是共和党得到113席,新民党则从1967年的45席猛增到89席。

另一方面,学生、学术圈知识分子和媒体的表达反对的空间都得到了扩展,学生运动也开始复苏。1963年,因"金钟泌—大平正芳备忘录"内容泄露,韩国学生发起多次抗议运动,在此过程中,知识分子和媒体都参与进来,要求朴正熙下台。随后,朴正熙对抗议运动进行了

第四章 韩国：从威权到民主

镇压，通过了校园保护法案和言论伦理委员会法案，限制学生和知识分子参与政治活动并加强对新闻媒体的控制。虽然这些运动都被平息，不过，这为反对派精英在其后的动员平民来反对朴的军政府体制创造了潜力①。

维新体制后，新民党党首柳珍山的妥协行为招致了金弘壹的不满，在退出新民党后金弘壹建立了民主统一党。柳珍山在压力之下转变了原有的温和路线，变得更为强硬。1974年，因柳珍山患病，金泳三被推举为党总裁，他试图整合在野势力并与民主统一党合并，建立一个大在野党。此主张遭到党内派别的强烈反对，其统合在野力量的企图则难以实现。尽管如此，在1978年12月的第10届国会议员选举中，新民党得票率为32.8%，超过了共和党。由于总统的1/3国会议员任命权和受朴正熙控制的统一主体国民会议选举产生，在野党通过选举所能获得的权力和利益减少，其斗争路线也逐渐由妥协走向强硬，从体制内竞争发展到体制外运动。反对派政治精英开始与其他社会力量结合来进行反体制的抗议运动。

在1971年总统选举前后，朴正熙就将金大中列为主要打击对象。在1971年的国会选举时，金大中于参加竞选的路上，其乘坐的车队遭一辆卡车撞击，造成3人死亡，金大中本人重伤。维新体制后，金大中逃亡日本避难，在1973年8月，他在东京的一家旅馆被韩国中央情报部特务绑架，押回汉城。1973年10月，韩国多所大学的学生均行了游行示威，要求查明金大中事件、并恢复自由民主体制；到11月，参加示威的学生达到数十万人。诗人金芝河、作家李浩哲、历史学家千宽宇、宗教人士咸熙宪等15名民主人士发表了《争取恢复民主的时局宣言》，加入到这场运动中。12月，民主统一党发起了百万人参加的修改宪法署名运动。尔后，朴正熙逮捕了该运动领导者共36人，交由军法会议审判。1974年4月，学生力量进行了整合，各大学生领袖就组建"全国民主青年学生联盟"达成协议，全国民主青年学生总联盟发表了《民众、民族、民主宣

---

① [美]戴维·瓦尔德纳：《国家构建与后发展》，刘娟凤、包刚升译，吉林出版集团有限责任公司2011年版，第155页。

言》,朴正熙政府因此逮捕了上千人。11月,由71名在野党人士、学者、文人和宗教界人士所发起、泛民主阵营的反现体制组织"民主恢复国民会议"成立。在1976年的"明洞圣堂事件"中,朴正熙又逮捕了尹潽善、金大中等20名民主人士,由大法院判处徒刑。随后,由反对派政治精英所领导并包括工人、农民、学生和神职人员在内的上层精英组织——"民主统一国民会议"建立。1978年,约有400名各界人士参加的"民主主义国民联合"也宣告成立,1979年3月该组织扩大为"民主主义与民族统一国民联合"。1979年9月,新民党总裁宣布开展打倒朴正熙政权的斗争,到10月,新民党和民主统一党的71名议员向国会议长提出辞呈,统一退出国会。可见,因军政府对反对派别的体制性吸纳能力减弱,反对派别的政治精英退出体制而在体制外发起社会运动,在现体制外,支持民主体制的力量逐步实现联合,并建立了上层的领导组织,所发起的反体制运动规模不断扩大,维护现体制的成本也随之增加。1979年10月,在反体制组织的领导下,韩国第二大城市釜山爆发了大规模的反体制游行和集会,并迅速在马山、昌原、镇海等地区扩展,数万人参与了抗议运动,现体制维持成本急剧上升。

在支持体制的力量上,朴正熙军政权内部存在着多个派别的分裂和争斗,朴通过建立个人关系网络,支持秘密组织"一心会"和分享政治利益等方式基本控制了政府和军队,在其扶持下,财阀势力也大幅度增强。不过,执政党共和党的力量被削弱,沦为了"大使型政党"。组织网络的薄弱和政治录用功能的丧失使共和党难以进行对政治精英的录用和吸纳,而执政党在竞选中越来越难以战胜在野党,这促使朴正熙施行了"维新体制",其后果是无法再采用议会对反对派精英进行吸纳。反对派政治精英所发起的体制外运动造成了体制维护成本的急剧上升,同时也导致了统治集团内部的分歧。"釜马事件"的处置上,朴正熙和总统警护室长车智澈认为该事件是由新民党挑起,应通过加大镇压力度来防止事态扩展,朴正熙甚至指示不管死多少人也必须把这场运动镇压下去。[①] 中

---

① 曹中屏、张琏瑰等编:《当代韩国史(1945—2000)》,南开大学出版社2006年版,第328页。

央情报部长官金载圭担心镇压会引起更大规模的反抗而导致体制难以维持，金载圭在劝阻未果后，刺杀了朴正熙，使朴正熙的统治终结。刺杀事件仅是二人冲突后金载圭的个人行为，在支持集团内部并未出现分裂势力和派别。

表 4.5　朴正熙时期的体制性吸纳能力与精英派别力量变化

	反体制派别	支持派别
正向吸纳较弱	反对派别在国会中的席位大幅度减少，1971 年新民党为 89 席，维新体制后，1973 年为 52 席。1979 年，71 名反对党议员集体退出国会 体制外，建立反体制组织民主恢复国民会议、全国青年学生同盟、民主统一国民会议、民主主义国民联合。大规模反体制社会运动：金大中事件后的数十万人游行、百万人签名运动、"明洞圣堂事件"、"釜马事件"	
阻止反向吸纳较强		"TK 军团"、"一心会"以控制军队 大批军人进入政府占据重要职位 财阀支持 御用政党共和党、政友会占据国会多数席位

三、全斗焕时期的体制性吸纳和精英派别力量变化

1. 新军部体制支持力量的构成和整合

朴正熙被刺杀后，其主要的支持力量并未遭到重大的削弱和瓦解，这为全斗焕的"新军部"统治奠定了基础；并且，全斗焕是朴正熙的亲信和嫡系，而且也是少壮派军官组织"一心会"的领导人，又担任陆军保安司令官、兼任戒严司令部联合搜查本部长，因而能够较为轻易地接

手朴正熙留下来的势力,并获得其认可,具有获取最高国家权力的实力。在当时情形下,由文人政府接管朴正熙之后的政权的主张在军队中也有一部分人支持,但因朴正熙的关系网络得到丰厚政治利益和地位的军官、政府官员和财阀集团的利益就会受到致命的打击。为了避免这一情况的出现,他们会选择一个新的强力的军方领袖来维系他们的地位和利益,而全斗焕正是最好的选择。全斗焕在除掉掌握实权的郑升和将军后,掌控了军部,在各种势力的支持下,顺利地发动政变,接管了政权。

与朴正熙政权的支持力量类似,全斗焕利用了暴力组织和情报机关以镇压社会反抗运动,并以拘禁的方式限制反对派政治精英的活动。在血腥镇压"光州起义"后,全斗焕解散了国会和所有政党并停止一切政治活动,大力清洗对其统治带来威胁的"三金势力"(金大中、金泳三和金钟泌)[①],全斗焕对金泳三实行软禁,逮捕了金钟泌,并将金大中关进军事监狱,进行拷问。通过一系列强制措施,全斗焕的地位得到了巩固。他利用和发展了朴正熙留下的政治遗产,扩大利用传统的亲情意识,以血缘、地缘、学缘关系所构筑的人际关系组织大邱军团("TK军团")的力量,并以此建立受其控制的新的个人关系网络。全斗焕用这一关系组织向重要机构安插亲信,以实现掌控政府的目的。他将国家的重要职务、有影响的政党和社团组织的领导职务安排给自己的直系亲属和姻亲,用"一心会"为核心的军队高级军官控制军队,让退役军官进入政府,并在政府和社会中的各个重要部门起用大邱、庆北出身的人员。比如,掌握军部实权的第24—27任陆军参谋总长,都由"一心会"成员出任,内阁实权也主要掌握在大邱—庆北地区出身的官员手中。1986年1月,国务副总理金满堤、外务部长官李源京、统一院长官朴东镇、文教部长孙制锡、商工部长官琴震镐、体育部长官朴世直和报勋处长官金瑾洙都属于"TK军团"出身。[②] 另外,全斗焕还加强了与财阀间的权力和金钱的交易关系,总统亲属就担任

---

① Chong-Sik Lee, "South Korea in 1980: The Emergence of A New Authoritarian Order", *Asian Survey*, Vol. 21, No. 1, 1981, pp. 123 – 143.

② 曹中屏、张琏瑰等编:《当代韩国史(1945—2000)》,南开大学出版社2006年版,第363—365页。

第四章　韩国：从威权到民主

着大会社的名誉会长、社长等职务，他们接受企业的委托，为其游说，疏通关系，增加高级官僚与企业的交流和联系。并且，在金钱和权力间逐渐形成潜规则上的制度化，权力特惠的程度与企业缴纳的礼金直接挂钩，企业预先已经知道要得到想要的"照顾"，需要献出多少数额的金钱。

2. 对反对力量和社会精英的控制和吸纳

全斗焕对付反对派精英的主要方式是用强制手段进行打压和限制。军事政变后成立的"国家保卫立法会议"发布了《政治风气刷新法》的特别措施法，停止了567名有影响力的政治精英的政治活动，在野势力的核心人物几乎都被剥夺了参与政治的权利。在反对派别的领袖人物处于被囚禁或软禁的状态下，全斗焕进行了执政党的建设。1981年1月，民主正义党成立，并且在全国77个地区完成分支党组织的创建，因具备广泛的政治资源和新军部的支持，加之此前的政党均被解散，反对派的领袖精英也被限制活动，在野势力极度分散，民政党拥有强大的阵容和一党独大的地位。全斗焕还通过提供政治资金的方法，培育在野友党，新军部修改了政党资金法，资助对象和金额分配由新军部确认。全斗焕明确反对两党制，推行多党制，以使在野力量分散化而减小其威胁，在国会选举前，在野势力便先后成立十多个政党。其中有影响的民主韩国党和韩国民主党均先后表示对总统别无他想，成为了实质上的在野友党。①在新军部的帮助下，民权党、社会党、民主社会党、新政党等小卫星政党成立，这些政党大都依附执政党而获取政治利益，是在朝党民正党的第一中队和第二中队政党。② 全斗焕政府通过财政支持的方式培育亲附执政党的在野友党，以抑制有竞争力的新政党出现，这些友党对政府财政的依赖性越大，自主性就会减少，并逐渐丧失其竞争力，③ 这有助于民正党维持霸权地位。

因内外部的压力，全斗焕政府不得不分三次解除"限制政治活动措施"，此前被限制的在野势力政治精英如金大中、金泳三等人恢复了政治

---

① [韩] 姜万吉:《韩国现代史》，社会科学文献出版社1997年版，第226页。
② 郑继永:《韩国政党体系变迁动因与模式研究》，复旦大学博士学位论文，2007年。
③ Peter Mair, *Party System Change*, Oxford: Clarendon Press, 1997, pp. 106 – 108.

活动的自由和权利。为应对在野势力的威胁，军政府加大了企业捐款的额度，以提高对在野友党民韩党和国民党的财政支持力度，试图通过扶持卫星政党对抗在野势力，这两个政党在 1984 年得到的份额比 1983 年分别增加了 54% 和 24%。① 但反体制的精英派别经过多年的发展已具备强大的力量和深厚的社会基础，新韩民主党在 1985 年 1 月刚一建立，便在 2 月的国会选举中得到 67 个议席，成为第一大在野党，其得票率为 29.2%，执政党民正党仅为 35.3%②，而民韩党和国民党的得票率更是一路走低，以卫星政党来拱卫的民正党霸权体制遭受到反对派别的强力挑战。

表 4.6　全斗焕时期的体制性吸纳能力

	体制性吸纳的渠道和形式	体制性吸纳能力
正向吸纳		
政党	执政党民主正义党在主要反对政党被解散的情况下获得国会中的霸权地位，主要吸收支持现体制的政客	较弱，国会是主要的吸纳渠道，在反对派别已经具有较强实力的情况下，体制支持者对其谈判能力降低
立法机关	通过提供政治资金的方式培育在野友党，总统拥有 2/9 议席的任命权	
政府	政府要职被"一心会"和"TK 军团"中的人员所把持	
阻止反向吸纳	资源分配上严重倾向于其亲信、"一心会"、"TK 军团"、财阀、警察和军队等支持力量	较强，支持力量依赖于体制所赋予的权力和利益

随着体制外力量的增长，反对派精英不仅在新军部开放的国会中活动，更主要的是通过在体制外发动社会运动来冲击现体制。早在全斗焕统治初期，1980 年 5 月 22 日，新军部所发布的调查报告宣称，金大中是"光州事件"的策划者，虽然金大中在"光州事件"前就已被捕，但全斗焕军事政变后，作为反对派别的领袖之一，金大中也在为发动反对全斗

---

① 郑继永：《韩国政党体系变迁动因与模式研究》，复旦大学博士学位论文，2007 年。
② B. C. Koh, "The 1985 Parliamentary Election in South Korea", *Asian Survey*, Vol. 25, No. 9, 1985, pp. 888–889.

焕政府的游击战做准备。① 这表明，对于反对派别而言，从体制外进行以推翻军政府体制为目标的行动已成为了更优选择。在反对派别的成本收益结构中，因在朴正熙统治时期体制外活动所积累的社会基础，发起大规模运动的成本减小，民众支持的增加会导致其在新的民主体制中所获得的期望收益增大，使在现体制内参与受限制的国会和总统选举所得到的总收益小于推翻现体制的总收益。即使全斗焕迫于压力在新宪法中规定总统不能连任，并且国会选举中多数党能分配的全国区议席占总议席的2/9，少于朴正熙时期的1/3，而反对派别已经不甘于长期沦为第一大在野党，他们不满足于体制支持者所给予的权力和利益，现体制支持派别对他们的谈判能力减弱，因而，现体制对体制外反对派别的体制性吸纳能力较弱。

3. 支持与反对体制的精英派别力量变化

崔圭夏接替总统职位后，在野势力为争取民主化的目标，再度活跃起来。1979年11月13日，"解职教授协议会"、"民主青年协议会"等5团体发表声明要求实行民主化；24日，"民主主义与民族统一国民联合"和"解职教授协议会"等团体的1000余名反对派人士举行集会，要求制定民主宪法，阻止统一主体国民会议推选临时总统。基层的工人组织和学生组织也开展了罢工和学生示威等抗议活动。这表明，体制外的反对势力已经形成组织化和联合，已具备强大的力量。但作为反对势力领袖的金大中和金泳三之间为争夺总统候选人资格，出现了分裂。金泳三坚持金大中及其所属势力加入新民党，在党内推选单一的总统候选人；而金大中则放弃加入新民党，通过"国民联合"、"韩国政治文化研究所"等在野组织扩大其在社会上层与大学生中的影响，以筹备建立新党。在金大中的领导下，汉城爆发了大规模的学生示威运动，1980年5月14日，参加游行的学生人数达到7万余人；到15日，规模进一步扩大，有10万大学生走出校门，在全国各地也有26所大学进行了示威游行，当日，参加学生运动的群众也达到30万之多。② 5月17日，崔圭夏接受军

---

① Kim Dae Jung, *Building Peace & Democracy: Kim Dae Jung Philosophy & Dialogues*, New York: Korean Independent Monitor, 1987, p. 75.

② 曹中屏、张琏瑰等编：《当代韩国史（1945—2000）》，南开大学出版社2006年版，第339页。

部提议，扩大戒严；5月18日，新军部出动数万名军人在全国范围进行戒严，并逮捕多名反对派人士，在光州，学生与戒严军发生冲突；21日，光州十余万市民的示威队伍与戒严军形成对峙，戒严军队向市民开枪射击，市民冲入临近城镇的派出所和武器库，组织起千余人的"市民军"；22日，光州的戒严军兵力增到2万，出动坦克、装甲运输车包围了光州；26日，运动的领导组织"光州第五次民主守护泛市民动员大会"要求公开审判全斗焕，并建立真正的民主政府；27日，戒严军用坦克、机枪和直升飞机镇压了此次运动。新军部虽然通过强力手段镇压了这些反体制运动，但其合法性遭到重大质疑，不仅付出了巨大的维持体制成本，也使得新军部政权与反体制派别的关系更为紧张、难以调和。

迫于压力，全斗焕释放了因"金大中内乱阴谋事件"被捕的47人，并逐步解除了对其政治活动的限制，以缓和与反对派别的关系。但在1983年5月，金泳三便开始了"无限期"绝食抗议。被解除了限制的反对派精英在1984年5月成立了"民主化推进协议议会"（"民推协"）坚持反体制斗争。"民推协"统合了金大中和金泳三的势力，并在此基础上成立了新韩民主党，在野势力再次得以整合。反对派别的主要目标是修改宪法以进行总统的直接选举并实现权力转移。1986年2月，在野党发起了1000万人的修宪案署名运动；① 4月，全斗焕同意修改宪法；7月，"国会宪法修正特别委员会"成立。1987年1月，大学生朴钟哲被拷打致死，金大中、金泳三领导的"民推协"进行了48小时的静坐示威，学生、市民也参与其中。在协议改宪的过程中，新民党总裁李敏雨主张责任内阁制，而金泳三和金大中均赞成实行总统直选，3月12日，新民党的90名国会议员中的70名签署了支持金泳三和金大中的决议；4月8日，金泳三和金大中宣布脱离新民党。全斗焕以在野党的分裂为借口于1987年4月13日宣布将压制改宪讨论；同年5月，在民统联和由金大中势力所组建的统一民主党的发起下，包含政治精英、在野势力、宗教团体、文教界、工人、农民等各界2200多名反体制人士组成"反对护宪、

---

① C. I. Eugene Kim, "South Korea in 1986: Preparing for A Power Transition", *Asian Survey*, Vol. 27, No. 1, 1987, pp. 64 – 74.

第四章 韩国：从威权到民主

争取民主宪法国民运动本部"（简称"国民运动本部"），正式开展要求直选改宪的反体制斗争。该组织是自1961年朴正熙政变以来韩国最大规模的反对派运动组织，这也意味着最大规模的反对运动的展开。① 6月10日，"国民运动本部"在全国20多个城市举行了数十万人参加的集会，汉城、釜山、马山、光州、全州等地爆发了大规模的示威游行；18日，"国民运动本部"于全国16个城市再次发起示威，参与人数达到150多万；26日，"国民运动本部"发起"和平大行进"运动，全国上百万民众响应。民主正义党代表委员卢泰愚在6月29日发表宣言，同意修改宪法，进行直接选举总统。

因反对派势力的重新整合以及不断爆发的大规模反体制运动，拥护现体制的精英派别中出现了离心化趋势。为应对新民党在国会中的攻势，全斗焕政府提高了财阀集团的捐献额度，即提高了财阀集团为获得现体制中的优势地位所付出的成本。而财阀集团在长期发展后已经占有了庞大的经济资源，他们对威权政府支持的依赖性相对减少，如果在民主体制中财阀集团的利益损失小于为维持新军部政权所付出的日益增高的成本，他们就可能选择支持民主化。正是由于这一策略性考虑，财阀集团在民主化的进程中，认为民主化会减少军政府对他们的"政治租税"，会有利于财阀的利益，所以在政府镇压民主化势力时采取了消极沉默的态度。② 在政权内部，关于是否发展民主也出现了争论，少壮派议员认为应该逐步实行民主、改变体制，提高执政党的威信和能力，而强硬派则坚持维持现有的格局和体制。③ 在1986后，反体制运动的不断爆发和规模的增大，致使维护体制的成本大幅度上升。据不完全统计，在6月10日至26日期间，韩国各地爆发2145次示威，参加人数达830多万，警方逮捕示威群众17244人，施放催泪弹35万发，有6000多名警察和示威者受伤，近300个警察机构被捣毁，164辆汽车被炸毁。④ 面对这一状况，新军部内部的第一和

---

① 郭定平：《韩国政治转型研究》，中国社会科学出版社2000年版，第116页。
② ［韩］权瓃：《韩国政治民主化转型的力学》，吉林人民出版社2004年版，第115—116页。
③ ［韩］李敬南：《卢泰愚传》，千麟基译，新华出版社1991年版，第135页。
④ 车哲九：《南朝鲜四十年》，中国展望出版社1990年版，第249页。

第二号人物全斗焕与卢泰愚之间出现了分歧。全斗焕代表着军方强硬派势力,他仍主张进行镇压,而持续的民主化运动使警察部门难以支撑,全斗焕也试图调集军队进入汉城和其他城市,① 遭到军队将领的拒绝;受少壮派支持的卢泰愚选择向反对派让步。在镇压成本过高甚至无法镇压的情况下,全斗焕只好同意卢泰愚提出的八点民主化方案。② "6·29宣言"的发布也意味着新军部威权主义统治的结束和韩国民主政治的开端。

表4.7 全斗焕时期的体制性吸纳能力与精英派别力量变化

	反体制派别	支持派别
正向吸纳较弱	主要的反对政党被解散,在政治活动限制解除后,新韩民主党在1985年2月的国会选举中得到29.2%的选票和67个议席 体制外,建立反体制组织"民主化推进协议议会"和自1961年规模最大的反体制运动组织"国民运动本部" 大规模反体制社会运动:"光州起义"、"朴钟哲事件"中大规模抗议、"和平大行进"运动、1987年6月以来全国范围内的数千次示威游行	
阻止反向吸纳较强		"TK军团"、"一心会"以控制军队 亲信占据政府重要职位 财阀支持 民主正义党和在野友党占据国会多数席位

---

① Manwoo Lee, *The Odyssey of Korean Democracy: Korean Politics, 1987–1990*, New York: Praeger, 1990, p.40.
② 卓南生:《汉城20年风云录》,上海三联书店1993年版,第93页。

第四章　韩国：从威权到民主

第三节　体制性吸纳与韩国政治转型

一、体制性吸纳与威权主义政体的维持和崩溃

在近四十年的韩国威权主义体制中，历经了李承晚、朴正熙和全斗焕三任政权，其统治类型也分为个人独裁和军人统治，但在体制性吸纳上三者较为相似：都是在阻止反向吸纳上较强，而在正向吸纳上较弱。所不同的是，朴正熙和全斗焕的军人统治是建立在直接控制军部的基础上，并在对其支持势力如私人关系网络和财阀集团上有更强的谈判能力，他们比李承晚时期有更强的阻止反向吸纳能力；李承晚时期大体上维持了议会政治的形式，而朴正熙和全斗焕都曾关闭议会和限制反对派政治精英活动，在正向吸纳上较之李承晚时期更弱。

体制性吸纳共有四种类型，韩国威权主义政体的体制性吸纳属于第四种类型，即正向吸纳弱，而阻止反向吸纳强。在这一类型中，精英的力量变化会使反对派精英力量不断增强，与支持现体制的精英派别形成壁垒分明的两个阵营。韩国在威权主义时期的精英派别力量变化也证明了这一点。在李承晚时期，立法机关只是吸纳了民主党一系的右翼反对派别，但对左翼如金九和金若水为首的少壮派势力以及曹奉岩的进步党势力采取了强制的方式进行排斥和镇压。左翼势力无法从现体制中获取政治利益，他们又在平民和学生中具有一定的影响力，所以他们会通过体制外以学生为先导的社会运动进行反击。同时，李承晚政府对知识分子的吸纳逐年减弱，内阁中教育出身的阁僚人数大幅度降低，这也会引起知识界精英对现体制的不满。正是因为对体制外精英的吸纳能力上的不足，在1960年4月，韩国爆发了以教授、学生为主导的大规模抗议运动，这直接导致了李承晚政府的下台。

由于支持民主的右翼精英派别在李承晚政权中能够获得在野第一大党和副总统职位等较为重要的政治利益，他们主要以国会和总统选举为获取利益的方式和场域，并未在体制外大力发展社会力量和基础。"四月

革命"虽然促使李承晚辞职,但支持威权政治的精英力量并未遭到重大损失,朴正熙顺利地通过军事政变重新恢复了威权统治。在朴统治前期,国会和总统选举相对公平,反对力量可以通过这些方式来获得利益;但在维新体制后,总统权力增大,反对派别在国会中的席位大幅度减少,加之朴正熙对反对派领袖金大中等人的迫害,促使反体制力量转为体制外活动,并开始着力培育发动反体制运动的组织基础和社会联系。反对派别加强了与学生、知识分子、宗教界的联系,并由反对党民主统一党联合各界力量发起了百万人签名的要求民主的反现体制的全民运动。1974年11月,包含在野党人士、学者、文人和宗教界的反现体制组织"民主恢复国民会议"成立。1976年和1978年由反对派政治精英所领导的体制外组织"民主统一国民会议"和"民主主义国民联合"宣告成立,后者在1979年扩大为"民主主义与民族统一国民联合"。1979年9月,新民党总裁宣布开展打倒朴正熙政权的斗争,随后,反对党的议员统一退出国会,这表明反对派精英在统合了其他反体制力量,具备体制外的领导组织,力量增强后,放弃了体制内活动的方式,主要以发起反现政权的社会运动来实现民主化。与此相应的是,反体制运动的规模进一步增大,并且其范围扩展到全国多个城市和地区,正是由于此起彼伏的社会运动,朴正熙与其亲信金载圭在应对是否镇压反抗运动上出现了争执,并导致朴正熙被刺杀。

因朴正熙的下台是被刺杀,其重要支持力量军部势力并未受到削弱,维新体制的残余力量能够有效阻止民主转型,[1] 通过一段时间的力量重新集合,全斗焕也采用军事政变取得了政权。但因反对派已具有较大力量,他出动了军队和重型武器,付出了高昂的成本才镇压了"光州起义"。随后他又解散了所有政党,并禁锢了主要的政治精英的活动自由,使威权体制的正向吸纳能力进一步减弱,反对派别所具备的力量不仅使全斗焕政权为维持国会中的优势而提高财阀集团的"政治租税",并且反体制运动的扩展,也使其维护体制的成本增加到无法承受的地步。反对派精英在1984年

---

[1] Sung-Joo Han, "South Korea: Politics in Transition", in Sang-Yong Choi, eds., *Democracy in Korea*, Seoul Press, 1997, pp. 40 – 41.

第四章 韩国：从威权到民主

5月建立了推动反体制斗争的组织"民主化推进协议议会"。1986年，该组织与在野党推动了1000万人的修宪案署名运动。1987年1月，因大学生朴钟哲被拷打致死，"民推协"发起了静坐示威；1987年5月，"反对护宪、争取民主宪法国民运动本部"成立；6月10—29日，"国民运动本部"在全国组织了多起大规模的游行示威和集会，使新军部统治难以持续。

由于体制的正向吸纳能力不足，韩国的反体制力量不断成长，并最终威胁到威权体制的存续。反体制派别的壮大经过了数十年的历程，在李承晚时期，支持民主体制的主要派别并不具备反体制运动的组织和社会基础，他们在李承晚下台后也难以对社会运动进行控制；朴正熙时期，反体制派别开始在体制外展开活动，并扩大与其他社会力量的联系，建立了体制外的组织，并发起了多次大规模的反对运动；全斗焕时期，反对派别的力量进一步增加，体制外组织"国民运动本部"囊括了各界反体制精英，并能够在全国范围内动员声势浩大、全民参与的反体制运动，致使威权体制的维持成本增加到其无法承受的地步。

另一方面，威权体制在阻碍反向吸纳上的能力较强。在现体制下，体制的支持派别能够得到更多的利益，例如个人关系网络中的人员、军人和财阀集团，一旦实行民主体制，他们的收益会大幅度降低。由于这些精英派别的支持，韩国的威权体制持续了较长时间，李承晚被社会抗议运动赶下台后，朴正熙依靠军部的支持又建立起军人统治，并维持了18年之久，但是在体制外力量的冲击下，朴与其亲信出现分裂；全斗焕虽也依靠军队建立了新军部政权，而反体制运动的持续爆发，使得军队对体制的支持降低，全斗焕调集军队进行镇压的要求被拒绝，财阀集团也因政治捐款的增加选择了沉默，体制内部也出现了改革派和强硬派的分歧。虽然这些支持派别并未倒向反对阵营，也没有明确表示支持民主化，但他们的消极沉默也表明，支持现体制的力量已被不断削弱。因而，在韩国威权统治持续的过程中，由于体制性吸纳的特点，支持威权体制和支持民主体制的精英派别力量的差距被拉近，支持民主体制的精英派别力量得以壮大，支持威权体制的力量则被逐步消耗，两者此消彼长。当威权体制的当权者无法再压制反对派的民主化要求时，就不得不同意进行民主转型，韩国的威权体制也随之崩溃。

二、体制性吸纳与韩国的转型模式

韩国的民主转型被认为是移转模式,① 这种模式是指民主转型由政府中的改革派和政府外的反对派采取的联合行动而产生,亦即笔者所划分的三种转型模式中的交易模式。

韩国的统治者和反对派别间有沟通、对话和谈判的渠道与方式,在转型前,威权政府的掌权者便与反对派精英有过多次接触。1986 年,受全斗焕委托,卢泰愚就改宪问题与在野党进行谈判。1987 年 6 月 24 日,全斗焕与金泳三举行会谈,金泳三提出,撤销"4·13 谈话";总统选举方式由国民投票表决;赦免金大中,释放政治犯等要求,全斗焕除同意撤回"4·13 谈话"外,拒绝了其他要求,会谈破裂。1987 年 6 月 29 日,卢泰愚发表了八点民主化宣言,其内容包括:(1) 通过与在野党协议,实行直接选举总统,于 1988 年实现政权和平交替;(2) 修改总统选举法,保障自由和公正的选举;(3) 释放金大中和其他政治犯;(4) 在新宪法中增加国民的基本权利;(5) 修改现行法律,以实现言论自由,允许记者自由采访,废除记者证制度;(6) 实施地方自治,保障教育的自治;(7) 保障正当的正常活动;(8) 实施社会净化,消除流言蜚语,建立互信的共同体。② "6·29 宣言"发表之后,朝野双方开始联合共同协商建立新的民主体制。在谈判中,双方都进行了让步和妥协,卢泰愚放弃了对民主运动的强制镇压,金泳三也不开展大规模的抗议运动来施加压力。从 1987 年 7 月 31 日到 8 月 31 日,民主正义党和统一民主党在修宪上问题上进行谈判,双方在总统选举、任期、选举年龄、宪法前言等主要问题上达成一致,而将分歧较大的军队的中立问题、工人的权利问题等搁置再议。③ 10 月 12 日,新宪法修正案在国

---

① [美] 塞缪尔·P. 亨廷顿:《变化社会中的政治秩序》,王冠华等译,上海世纪出版集团 2010 年版,第 181 页。

② 《东亚年鉴(1988 年)》,第 46 页。转引自《韩国政治民主化转型的力学》,第 131—132 页。

③ Hyug Baeg Im, "Politics of Democratic Transition from Authoritarian Rule in South Korea", in Sang-Yong Choi, eds., *Democracy in Korea: Its Ideals and Realities*, Seoul: Korean Political Science Association, p. 87.

第四章 韩国：从威权到民主

会通过，10月27日，新宪法修正案经过了国民表决，获得了93%的赞成票。1987年12月16日，举行了韩国第13届总统选举，参加竞选的主要是卢泰愚、金大中、金泳三、金钟泌等"三金一卢"四位候选人。最终，卢泰愚以36.6%的得票率战胜了金泳三（28.1%）、金大中（27.1）和金钟泌（8.1%），成为了1971年以来首任由公民直接选举的总统。此后，韩国的政治竞争和权力分配都主要在民主体制的框架中进行，各大精英派别和政治势力按照民主制度的游戏规则进行权力争夺，并在2002年完成了民主巩固。

在韩国交易型的民主转型中，精英策略和精英行为被认为是重要影响因素。[①] 卢泰愚在1985年被任命为民正党代表委员后，为争取更多的支持，推行对话政治，提出民正党要进行第二次建党，不把在野党看成是反对党，而要在国会内的政治场合进行灵活对话，通过妥协和对话，尽最大努力管理好政局。[②] 卢泰愚的策略使他树立起新的政治形象，并获得了威权统治集团内部的改革派和少壮派的支持。1987年6月10日，卢泰愚被推选为民正党的总统候选人，由于他与全斗焕的密切关系，如果他支持高压政策，其政治形象会受到重大影响，不利于其政治前途，于是在6月24日，全斗焕与金泳三等人谈判破裂后，卢泰愚通过发布"6·29宣言"来显示其与全斗焕的差别，此举也使他获得美国的支持。[③] 因此，在反对派处于金大中和金泳三争夺总统候选人而力量分散的情况下，卢泰愚对于通过竞选获得总统职位有更多的砝码。另一方面，反对派别的领袖金大中与金泳三都有意参加总统竞选，在金泳三宣布参加总统竞选后不久，统一民主党顾问金大中也宣布参加竞选，并单独另建和平民主党，两人互不让步。在这一情况下，金泳三也希望通过协商和谈判尽快建立民主体制，使自己成为民主化的受益者，而金大中还需要一

---

① James Cotton, "From Authoritatianism to Democracy in South Korea", *Political Studies*, 1989, Vol. 37, No. 2, pp. 244–259.

② ［韩］李敬南：《卢泰愚传》，千麟基、高浩荣译，新华出版社1991年版，第129页。

③ Han Sung-Joo, "South Korea in 1987: The Politics of Democratization", *Asian Survey*, 1988, Vol. 28, No. 1, pp. 52–61.

段时间来为自己进行政治宣传活动。① 由此，反对派和威权派根据所处环境、约束条件以及利益最大化策略，都选择谈判妥协来进行民主化，并建立起新的民主体制。但在根本上，韩国交易转型模式的形成在于体制性吸纳能力所导致的精英派别力量的变化。在 1986 年，全斗焕之所以同意就修宪问题与反对派会谈，是由于反对派别发起的声势浩大的一千万人签名运动；当金大中、金泳三与新民党总裁李敏雨出现分歧而退出新民党后，全斗焕随即发表"4·13 谈话"，欲搁置修宪。因 1987 年 6 月 10 日以来的一系列民主化运动，全斗焕又被迫与金泳三会谈，并取消"4·13 谈话"，而在 6 月 26 日，反对派别领导的有上百万人参与的"和平大行进"运动则促使卢泰愚发表了"6·29 宣言"。正是因为韩国威权政体在正向吸纳能力上的不足，反对威权的精英派别经过多年的发展，其力量成长到可以和支持威权的精英派别相对抗的地步，不仅在议会中能够威胁到执政党的地位，并且所发动的民主化运动致使威权体制的维持成本增高，威权体制的支持者不得不接受与反对派别精英以协商交易的方式进行民主化。为了进一步明了其中的因果关系，我们可以将 1987 年的民主化与 1960 年李承晚下台和 1979 年朴正熙被刺杀这两次威权政体的中断相比较。在这两个威权政权下台后，支持民主的派别都有进行民主化的可能性，但都被军部以强力的方式中止并恢复了威权统治。当反对威权派别的力量不足以和支持威权派别相抗衡时，军方并未就体制的选择问题和反对派别协议，他们依靠单方面的力量就足以实现其政治目标。唯有当维持体制成本不断升高，威权政体的支持力量减弱，以及反对派别力量可以与威权派别力量相抗衡时，反对派别才会在交易的转型模式中登场。当然，反对派别的力量还未成长到可以完全压过威权派别的程度，从卢泰愚在总统选举中能够战胜"三金"可以看到威权派别仍持有较强的支持力量；而且两个派别间有持续的沟通渠道，经由两派以协商方式推进民主化的转型才得以发生。

---

① 郭定平：《韩国政治转型研究》，中国社会科学出版社 2000 年版，第 118—122 页。

第四章 韩国：从威权到民主

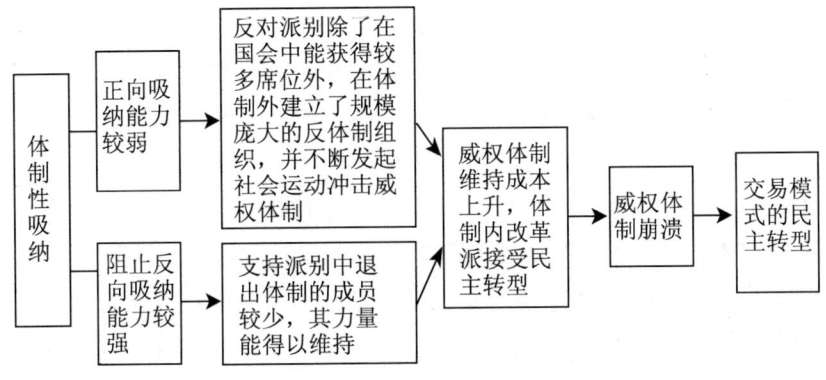

图 4.1　体制性吸纳与韩国从威权到民主的转型

三、体制性吸纳与韩国民主的巩固

韩国的民主巩固也同体制性吸纳和精英派别的力量相关。在卢泰愚任期中，他逮捕了全斗焕的胞弟，追查其贪污行为，通过"五共清算"清除全斗焕及其派系在执政党中的影响力。金泳三任总统期间，对民主体制中残留的威权主义因素进行了清除，清理政府中的军方人员，加强对军队的控制以减少军队干政的可能性；他将全斗焕和卢泰愚送上法庭进行审判，严格法律对政治行为的规定，惩治腐败和选举中的贿赂行为；着手打击韩国的财阀势力；对全斗焕和卢泰愚的军事叛变和贪污罪行进行了审判，并出台《选举法》和《政治资金法》规范政治资金的筹措和使用，打击政商勾结。金泳三还对军队进行改革和调整，对军队进行了多次大规模的人事变动，加强文人政府对军队的控制，将高级将领的任免改为由总统和国防部长官决定，军队的职能被限定于捍卫国家主权和防范外来入侵。① 金大中政府进一步推动民主化改革，改善韩国的人权状况，保护和提高公民的基本政治权利，并推行经济上的市场化改革，以建立公正、开放、民主的市场经济体制为目标，打破财阀对经济的垄断格局，培育中小企业。这些举措都有助于清理威权政体的参与，减小支

---

① 崔志鹰、徐漪：《试论韩国社会转型时期的政治变革》，载《上海社会科学院学术季刊》，1996 年第 3 期，第 20—26 页。

持威权体制的力量。

另一方面,在民主选举中,并未形成某一派别能够占据压倒性优势并长期赢得选举的情况。1992年的总统选举中,金泳三仅获得41.4%的选票,反对党民主党候选人金大中也得到33.8%的选票;1997年,国民会议候选人金大中得票40.3%,以微弱优势战胜了大国家党候选人李会昌的38.7%,实现了总统职位的在野党和执政党的轮替;2002年,民主党候选人卢武铉得票率为48.9%,仅高于大国家党候选人李会昌2.2个百分点,这是第二次在野党党候选人当选为韩国总统。由于各党派间在选举中差距不大,通过派别联合与力量整合就有可能赢得下一次选举,并且在国会中也能够得到较多的利益。因此,不管在上次选举中失败与否,未来预期收益都不低,而任一派别都难以具有抗衡其他派别实行威权政体的力量,所以,各派别在民主体制中的总收益G^*总会大于反对民主体制的总收益S^*,这样,服从成为了所有相关政治力量的最优策略,民主制度唤起了主要政治派别的自动服从。①

四、韩国政治转型小结

韩国从威权到民主的政治转型展现了体制性吸纳、精英派别力量和转型过程的相关关系,具体体现为:

由于体制性吸纳的影响,产生了精英派别力量的消长,引发了体制的崩溃和交易的转型模式。在韩国的三任威权政权中,体制性吸纳类型均为正向吸纳能力较弱,而阻止反向吸纳能力较强,这就形成了威权派别和反对派别的对峙局面。威权统治初期,支持民主的派别力量较小,不足以和威权派别对抗,当威权政权遭受打击而中断后,威权派别通过军事政变恢复了统治。由于在威权体制中难以获得政治利益,反对派别逐步在体制外开展抗议运动并发展体制外的组织和力量:一方面,反对派别能够在国会中得到第一大在野党的地位,并迫使军政府多次解散国会;另一方面,随着"民主主义与民族统一国民联合"、"民主化推进协

---

① [美] 亚当·普沃斯基:《民主与市场——东欧与拉丁美洲的政治经济改革》,包雅钧等译,北京大学出版社2005年版,第14—15页。

第四章 韩国：从威权到民主

议议会"和朴正熙政权以来最大的反体制组织"反对护宪、争取民主宪法国民运动本部"等体制外组织的建立，民主化运动在规模、地域上不断扩展，使得反对派别在力量上获得了与威权派别对话的资格。为应对体制外的冲击，威权派别在维护体制上所投入的成本不断增高，支持威权体制派别的力量遭到削弱，总体而言，支持威权政体的派别和反对派别的力量变化表现出支持派别力量逐渐减弱而反对派别逐渐增强的消长状况。在体制性吸纳和精英派别力量的关系上，本研究所提出的第四个命题，即在正向吸纳弱、阻止反向吸纳强的类型中，体制外的反对派精英力量难以进入体制，其力量得到不断增强，体制内的精英派别却得到整合并支持现体制，因而在支持与反对现体制上，形成了体制外反对而体制内支持的、两个壁垒分明的精英派别或阵营得到了验证。

由于威权体制在阻止反向吸纳上能力较强，威权体制的支持派别都能够在体制内获取更多的政治利益，因而对体制有较强的依赖性。在李承晚和朴正熙统治时期，反对派别的力量虽有一定的增长，但不足以对威权体制造成致命的打击，韩国的威权体制维持了近40年才因维持体制成本过高而崩溃。这一事实符合笔者在体制性吸纳和体制崩溃与维持的关系上所提出的第三个命题，即在正向吸纳和阻止反向吸纳非同一方向变化时，即正向吸纳更强，而阻止反向吸纳更弱或相反时，那么现体制的维持则视体制性吸纳对精英力量对比的具体影响而定。反对派精英所发起的不断持续的大规模反体制运动促使威权体制内的强硬派和改革派的分裂加剧。因卢泰愚是全斗焕指定的接班人，而全斗焕已准备让出总统宝座，对卢泰愚而言，坚持高压政策不利于其政治生命；因金大中和金泳三的分裂，卢泰愚在民主体制中也有获得高收益的预期，所以他转为支持民主体制，与反对派通过协商会谈的交易模式推动了韩国的民主转型。因此，韩国的转型过程验证了体制性吸纳和转型模式上的第三个命题，即体制性吸纳造成体制内、外反对派力量唯有联合起来才具有强过支持体制的力量，当存在体制内、外反对派精英沟通的途径时，交易模式就易于发生，这一转型模式主要出现于第四种吸纳类型中。

第五章 新加坡：从民主到威权和威权政治的维持

新加坡，即新加坡共和国（Republic of Singapore），其简称为"星洲"或"星（新）国"，别称为"狮城"，是东南亚的一个岛国和城市国家，新加坡位于马来半岛南部，与马六甲海峡南口相邻，首都为新加坡市。新加坡国土面积为714.3平方公里，由60多个岛屿组成，人口数在2010年为508万。[①] 新加坡是全球第五大国际金融中心，也是全球第三大炼油国和世界电子工业中心之一，亦是亚洲重要的金融、服务和航运中心，为"亚洲四小龙"之一。2011年，新加坡国内生产总值为239.7亿美元，人均国内生产总值为46241美元，[②] 是全球最为富裕的国家之一和新兴的发达国家。

新加坡是多民族的国家，在居民中，华人占74.2%，马来人占13.4%，印度裔占9.2%，其他族群占3.2%。[③] 在文化上也体现出多元性，中华文化是新加坡文化中最主要的组成部分，马来文化和印度文化是其中主要的两种亚文化；受英国殖民统治140年来，西方文化也融入到

---

① World Bank, WDI, 2011.

② World Bank, WDI, 2012.

③ 新加坡统计局：Population Trends 2009, www.singstat.gov.sg.

第五章 新加坡：从民主到威权和威权政治的维持

新加坡的文化中。整体而言，新加坡文化是儒家文化、西方文化、马来文化和印度文化四种文化的集合体，儒家文化是主体，西方文化为形式，马来文化和印度文化则处于较次要的地位。① 儒家文化中的皇权思想、等级观念和道德规范都深刻影响着新加坡的政治过程，例如李光耀就被认为是"开国之父"、"新加坡之父"，其在统治新加坡时期也体现出较强烈的家长制作风。在新加坡，除英语外，华语也是广泛使用的语言，有超过七成的新加坡人能说华语，有一半的新加坡人以华语为母语，年轻一代使用华语的情况十分普遍，新加坡政府也鼓励本国的华人公民多使用华语。

新加坡是马六甲海峡南端的出入口，连接太平洋和印度洋，从欧洲到东亚的最短路线都须经过新加坡。在殖民时期，新加坡的经济主要以贸易为主，西方国家的产品经新加坡输入到东南亚，而东南亚的橡胶、石油等原材料则通过新加坡转运到西方。这一时期的新加坡工业只集中在原材料的加工业和少量的出口制造业上，现代工业并未建立起来。② 人民行动党主政后实施了多项工业发展计划，新加坡逐步摆脱了靠转口贸易维持经济的局面。政府设立了裕廊工业区，大力发展石化、船舶、机械、制造业等工业产业，在东北部的新兴工业区，则重点发展电子、电器和技术密集产业，沿海的西南部为港口和重工业区，轻工业集中在中部地区。除工业外，新加坡还是亚洲最重要的金融和贸易中心之一，并有发达的旅游业。

在对外关系上，自治和独立初期的新加坡受到英国较多影响，议会民主制是英国殖民的"遗产"，人民行动党的上台也因其"反共"立场得到了英国的支持。因种族冲突"被赶出"马来西亚后，新加坡与邻国马来西亚的关系较为敏感，新加坡用各种方式来建立和维持与马来西亚的良好关系，例如鼓励商人投资马来西亚，或购买马来西亚的天然气等。③

---

① 孙景峰：《新加坡人民行动党执政研究》，人民出版社2005年版，第65页。
② W. G. Huff, *The Economic Growth of Singapore: Trade and Development in the Twentieth Century*, Cambridge University Press, 1995, p. 212.
③ 孙景峰：《新加坡人民行动党执政研究》，人民出版社2005年版，第82—83页。

新加坡的另一个近邻是印度尼西亚，由于地理上的关系和种族问题的纠纷，新加坡与两个近邻马来西亚和印尼的关系总被置于最高的政治层面，同二者的微妙关系构成了新加坡政治生活中"永恒的事实"①。在20世纪70年代后，人民行动党所推行的"亚洲式民主"遭到了英美等西方国家的抨击和责难，新加坡的领导人则坚持强调国家和社会先于个人的"亚洲价值观"，因而这些指责并未对新加坡的威权政治体制造成实质性的影响。

1824年，新加坡成为英国殖民地；"二战"中被日本占领，"二战"后，英国重新获得管辖权。新加坡在1959年获得自治，并建立了议会制的民主体制。人民行动党通过议会选举在1959年上台执政，其后开始逐步建立起一党独大的威权体制；1966年社会主义阵线的议员集体退出国会；到1968年，人民行动党包揽了所有58个议席，并获得了迄今为止最高的86.72%的有效得票率，表明其统治地位无可动摇，新加坡也从民主体制转型为威权体制。其后，威权体制在新加坡得以长期持续，因而新加坡的政治转型可分为两个层面，其一是从民主到威权的转型；其二是威权体制的维持。在民主到威权的转型中，精英竞争方式由选举竞争逐步变为强力打压，民主体制难以对违规行为进行处罚，对各派别精英的吸纳能力就逐步减小，执掌政权的精英派别越过民主游戏规则获取更多的利益，失利的精英派别也因无法得到预期的利益而退出议会。威权体制则具有更强的吸纳能力，社会中的精英被纳入到体制中参与利益分配，反对派别因力量弱小而难以对威权统治造成威胁。

第一节 "二战"以来新加坡政治转型的历程

一、殖民时期与民主体制的建立（1946—1959）

"二战"后，新加坡重归英国控制，1946年，成为英国的皇家殖民

---

① Michael Leifer, *Singapore's Foreign Policy: Coping with Vulnerability*, London: Routledge, 2000, p. 39.

第五章　新加坡：从民主到威权和威权政治的维持

地。在"二战"时期所建立的政党和陆续成立的新的政党开始谋求新加坡的独立地位，新加坡的民族解放运动开始活跃起来。1945年12月，马来亚民主联盟在新加坡成立，何亚廉和约翰·埃伯是领导人，其成员大都受过英文教育，为中产阶层，该党的目标是争取马来亚独立。进步党于1948年8月成立，该党主张通过宪法改革建立对立法会议负责的内阁。在民族运动中影响最大的政党是马来亚共产党，该党在1930年成立，以新加坡为主要活动区域，获得下层民众和中产阶级华人的广泛支持，并在工会、教育机构、文化团体中有深厚的根基，是最得人心的政治力量。[①] 但由于受到英国殖民当局的打压，马共只能在地下活动，所采取的也是发动要求独立和民主权利的群众集会和罢工等较温和的斗争方式。在1954年11月21日，人民行动党成立，是开辟新加坡政党政治的新纪元。[②] 人民行动党的领袖李光耀和吴庆瑞等人在新加坡的社会基础较为薄弱，虽然得到某些亲英国的华人支持，但和下层民众的联系不多，也缺乏了解。因而，他们也意识到要实现独立，并从英国人手中接收政治权力，必须要同马来亚共产党联合。两派都具有争取独立的一致目标，人民行动党希望借助马共加强社会联系和获取下层支持，马共可以用人民行动党的合法地位来开展活动，在互利的情形下，两派实现了联合。这样，其党内存在着稳健派和激进派，稳健派以李光耀、吴庆瑞、杜进才等人为首，激进派则是由马来亚共产党员林清祥和方水双等人领导。[③] 人民行动党的宗旨是不使用武力来获得民族独立和民族自由。[④]

在反对殖民统治、要求独立的民族运动压力下，英国殖民当局准备逐步从新加坡撤离。为保证英国在新加坡独立后的利益，英国殖民当局和新加坡的民族运动领导者都同意在新加坡实行议会民主制的政治制度。

[①] 卢正涛：《新加坡威权政治研究》，南京大学出版社2007年版，第26页。
[②] Diane K. Mauzy and R. S. Milne, *Singapore Politics under the People's Action Party*, London: Routledge, 2002, p. 14.
[③] 卢正涛：《新加坡威权政治研究》，南京大学出版社2007年版，第81—82页。
[④] 张永和：《李光耀传》，花城出版社1993年版，第244页。

1947年，英国同意新加坡成立立法会议（Legislative Assemble），进行有限度的自治，立法会议中的部分议员经由选举产生，在22名立法会议议员中，有官吏议员，总督指定议员，英人、华人、印度人的三大商会推举议员和民选议员等种类，其中只有民选议员是通过选民投票产生。在1948年3月的新加坡第一次选举中，选出6名民选议员，而官吏议员和总督指定议员分别为9名和4名，他们都服从于殖民当局，三大商会各选出了1名议员。虽然通过民选产生的议员数量不到总议员数的1/3，但这是新加坡民主选举的开端，也是英国在新加坡移植议会民主制的起点。①在6席直选议员中，新加坡进步党占据3席，另外3位则是无党派人士。1951年，殖民当局扩大了直选议员的名额，从6名增至9名，进步党获得6个议席，工党得到2席，另一个为无党派人士。1953年底，英国派遣伦德尔爵士修订新加坡宪法，1954年，英国政府公布了《伦德尔制宪报告书》，该《报告书》提出，新加坡应逐步成为自治单位，并将权力从殖民当局移交到民选的立法会议，由立法会议产生政府。②《报告书》的主要内容包括：首先，由新加坡人民登记成为选民③，选出一个32议席的立法议会取代原先的立法机构；在32个议席中设置25个由直接选举产生，其余席位中，有3名是担任部长的当然议员，另4位是委派的非官吏议员；由立法会议产生"民选政府"，政务部、司法部和财政部等3个部门的长官由英方指派；设首席部长，由多数党领袖担任，而行政会议改为部长会议，主席由总督担任。④

1955年4月，按照伦德尔的报告，新加坡举行了立法会议选举，劳工阵线获得10个席位，进步党得到4席，民主党2席，华巫联盟3席，人民行动党3席，无党派人士3席。因劳工阵线是获得最多席位的政党，其领导人马绍尔当任自治政府首席部长。但是，民选政府的权力较为有限，国防、外交与政府人事等大权仍掌握在英国总督手中，且马绍尔也

---

① 卢正涛：《新加坡威权政治研究》，南京大学出版社2007年版，第64页。
② 厦门大学东南亚研究所新加坡简史编写组：《新加坡简史》，商务印书馆1978年版，第9页。
③ 陈尤文等主编：《新加坡公共行政》，时事出版社1995年版，第28页。
④ 陈祖洲：《新加坡："权威型"政治下的现代化》，四川人民出版社2001年版，第86页。

第五章 新加坡：从民主到威权和威权政治的维持

不为英方所信赖，迟迟未给他安排办公室。① 大选之后，新加坡的独立运动进一步高涨，新加坡工人举行了反对英国殖民统治的总罢工。1956年3月12日至3月18日，劳工阵线、人民行动党和自由社会党等政党联合发起20多万人参与的"独立周运动"，各政党举行集会和群众签名，要求独立。英政府被迫同意与新加坡代表谈判，因谈判未取得预期成果，马绍尔辞职，劳工阵线的林有福接任其职位并继续与英国谈判。1957年3月，新加坡代表与英国举行了第二次谈判，英政府同意新加坡实行自治，在由新加坡和英方代表组成的内部治安委员会上，新加坡代表具有同等的权力。1958年5月，双方举行了第三次谈判，在新加坡自治宪法问题上达成协议，同年12月，英国颁布了《新加坡自治宪法》。《自治宪法》规定，立法会议设51名议员，均由选民选举产生；政府设总理，领导各部工作；外交和国防部长由英国政府任命，英国有权派遣高级官员监督自治政府的活动，英军有权使用新加坡的军事设施。② 1959年，按照《自治宪法》，新加坡举行了自治后第一次大选，人民行动党获得了选举的胜利，组建了第一届自治政府。至此，竞争性的民主体制在新加坡建立起来，该体制是作为殖民遗产被英国移植到新加坡，"二战"后，英国殖民者在民族运动的压力下逐步放权，扩大民选议员的名额，增加民选政府的权力，最终承认新加坡的独立并形成了多党竞争的政治格局。

二、从民主到威权的政治转型（1959—1968）

在人民行动党建立一党独大的威权体制前，民主体制在新加坡仍维持了较长的一段时间。按照柯受田的观点，从1959年5月到1966年9月是多党竞争的民主体制，而在1966年10月，社会主义阵线的议员抵制国会，新加坡的体制转变为事实上的一党优势制；1968年4月，社会主义阵线放弃议会斗争道路，退出大选，人民行动党赢得了所有58个议席，

---

① C. M. Turnbull, *A History of Singapore 1819 – 1988*, Singapore: Oxford University Press, 1989, p. 253.
② 厦门大学东南亚研究所新加坡简史编写组：《新加坡简史》，商务印书馆1978年版，第12页。

在法理上也形成了一党优势制。① 如果放宽标准，将1955年通过民主选举选出政府视为民主政治开始形成，到1968年人民行动党赢得了议会所有58个议席，那么民主体制在新加坡存在了13年的时间。

以李光耀为首的人民行动党从1959年开始上台执政，为巩固其权力地位，便运用各种手段来打击反对党和党内的反对派。虽然劳工阵线在1955年的大选获胜并分别由马绍尔和林有福先后组建了民选政府，但是在林有福主政期间，为讨好英国政府，对左翼势力进行了镇压；同时，人民行动党大力揭露和攻击其政府的贪腐行为，即使林有福任内新加坡实现了自治，劳工阵线却丧失了大量的选民支持，致使其在1959年的大选中竟一个席位也未获得。对李光耀派别威胁最大的并非是反对党，而是人民行动党内的右翼势力。因人民行动党的建立是统合了原马共的势力，所以在党内一直存有激进派和温和派的党派之争。在1956年7月人民行动党内部的中央执委选举中，左翼派别领袖林清祥得票1537，李光耀得到1488票，表明左翼势力在党内占据了一定的优势。当李光耀派别借助左翼力量逐步扩大在社会中的影响，通过发动民族运动获得民众支持，并顺利赢得了1959年大选之后，便难以再容忍党内存在其难以掌控的力量，开始逐步将左翼势力排斥出人民行动党。

在1961年，李光耀派别和左翼势力就是否与马来亚联邦合并产生了争执，李光耀试图加入马来亚联邦，借用右翼势力执政的马来亚政府打压左翼派别，而林清祥等人则明确反对加入马来亚联邦。由于两派意见难以统一，李光耀便提出在议会中对其政府进行信任投票，李光耀政府获得27票超半数席位支持而留任。7月26日，因不满这一结果，林清祥率其所辖派别的13名议员退出人民行动党，成立了新的政党——社会主义阵线。由此，李光耀派别逼迫左翼势力退出了人民行动党，对其威胁最大的力量已不在党内，而以反对党的形式出现。1962年，新加坡就合并入马来亚联邦的三种方案进行了投票，这三种方案分别是：第一种，给予新加坡劳动和教育上的自治权；第二种，新加坡作为与其他11个州

---

① [澳] 约翰·芬斯顿主编：《东南亚政府与政治》，张锡镇等译，北京大学出版社2007年版，第275、290页。

第五章　新加坡：从民主到威权和威权政治的维持

相同的州并入马来亚；第三种，享受与婆罗洲地区相同的待遇。① 投票结果为，71% 的人赞成第一种方案，选民认可了合并提议。与马来亚合并后，人民行动党借助马来亚和英国的力量，三方组成了内部安全委员会，于 1963 年大选前逮捕了社会主义阵线的领导人。在 9 月 21 日的大选上，人民行动党获得了 37 个议席，社会主义阵线也得到 13 个议席，另外一个议席由统一人民党获得。② 为进一步打击社会主义阵线，大选后，人民行动党政府又逮捕了包括三名议员在内的社会主义阵线的主要领导人，运用非民主手段对反对党力量进行打压，这表明一党独大的威权体制开始形成。③

并入马来亚联邦后，人民行动党大力扩张其在联邦中的势力，分别在槟城、马六甲、吉隆坡和森美兰等重要地区建立党支部，以争取当地华人的支持。④ 在马来亚，马来人享有更多的特权和更高的地位，人民行动党的各种族平等主张引起马来民族统一机构的不满，而如果人民行动党的候选人获胜，将会引起马来亚的社会革命，其领导人表示，要求人民行动党不要向马来人挑衅，否则马来人会用拳头来教训他们。⑤ 而新加坡的马来人也要求赋予其特权地位，在遭到新加坡州政府反对后，马来人与华人发生了两次冲突，造成 34 人死亡。⑥ 1965 年 8 月 9 日，马来西亚联邦政府将新加坡赶出联邦，新加坡获得了独立。同年 12 月，《新加坡共和国独立法》通过，新加坡共和国成立，《独立法》与 1955 年《新加坡州宪法》组成新加坡共和国宪法。1979 年，国会把两个法

---

① [新加坡] 冯清莲：《新加坡人民行动党：它的历史、组织和领导》，苏婉蓉译，上海人民出版社 1975 年版，第 32 页。
② 卢正涛：《新加坡威权政治研究》，南京大学出版社 2007 年版，第 92 页。
③ S. T. Quah, Chan Heng Chee, Seah Chee Meow eds., *Government and Politics of Singapore*, Singapore: Oxford University Press, 1985, p. 9.
④ 李路曲：《新加坡现代化之路：进程、模式与文化选择》，新华出版社 1996 年版，第 243 页。
⑤ [英] 亚历克斯·乔西：《李光耀》，安徽大学外语系、上海人民出版社编译室译，上海人民出版社 1976 年版，第 194—195 页。
⑥ Richard Clutterbuck, *Conflict and Violence in Singapore and Malaysia, 1945–1983*, Graham Brash Ltd., 1985, p. 35.

律合并为一个宪法法典,即《新加坡共和国宪法》①。《宪法》规定,新加坡实行一院制,原立法会议改为国会,国会议员任期为5年,总统是国家元首,由国会选举产生,是虚位元首,不掌握实权,国会中的多数党领袖经总统任命为总理,由总理提名产生各部部长和次长,组成内阁,对国会负责。② 新加坡承袭了英国威斯敏斯特模式的议会民主制,并按当地情况进行了一定改动。③ 新加坡与英国的议会制主要有三点不同:首先,新加坡是成文宪法,英国是非成文宪法;第二,新加坡实行一院制议会而非英国的两院制;第三,新加坡不是君主制国家,其国家元首是总统。④

新加坡独立后,社会主义阵线为抗议人民行动党的非民主行为,其议员于1966年1月和10月分两次退出了国会,在1968年的大选中,社会主义阵线继续杯葛选举,致使人民行动党几乎未遭遇任何有力的竞争便独霸所有58个议席,其有效得票率为迄今为止最高的86.7%。这表明,人民行动党已形成法理上的一党独大的威权主义政治体制,新加坡也由多党竞争的议会民主制转型为一党独大的威权体制。

三、威权体制的维持和变化(1968—)

人民行动党自1959年上台执政后,从未在大选中失利,一直牢固地把持着政府权力,其对新加坡的统治已达55年之久;若从1968年的大选包揽所有议席开始计算,到当前,新加坡的威权体制已经持续了46年。

在1968年包揽了所有国会议席后,此后的三届选举,1972年大选、1976年大选和1980年大选,人民行动党也都获得了全部的席位,连续的四届国会中已无反对党的身影出现,人民行动党的地位几乎无可动摇。在

---

① 杨联华:《新加坡法初探》,载《现代法学》,1993年第3期。
② 卢正涛:《新加坡威权政治研究》,南京大学出版社2007年版,第98页。
③ S. T. Quah, "Controlled Democracy, Political Stability and PAP Predominance: Government in Singapore", in John W. Langford and K. Lorne Brownsey eds., *The Changing Shape of Government in the Asia-Pacific Region*, South Halifaz: Institute for Research on Public Policy, 1988, p. 127.
④ [澳]约翰·芬斯顿主编:《东南亚政府与政治》,张锡镇等译,北京大学出版社2007年版,第270页。

第五章 新加坡：从民主到威权和威权政治的维持

表5.1 人民行动党历届大选情况（1959—2011）

大选年份	总席位数	人民行动党席位	得票率	反对党席位
1959	51	43	54.08%	8
1963	51	37	46.93%	14
1968	58	58	86.72%	0
1972	65	65	70.43%	0
1976	69	69	74.09%	0
1980	75	75	77.66%	0
1984	79	77	64.83%	2
1988	81	80	63.17%	1
1991	81	77	60.97%	4
1997	83	81	64.98%	2
2001	84	82	75.29%	2
2006	84	82	66.6%	2
2011	87	81	60.14%	6

资料来源：1959—1997年数据来自于 Singapore: Ministry of Information and the Arts, 1998, p.338。2001—2011年数据由笔者收集自网络。表中的得票率是有效得票率，反对党席位包括独立人士所获席位。

新加坡，除了人民行动党外，注册的政党还有20多个，但并非所有政党都会参加大选。1968年，工人党参选，1972、1976、1980年的大选中则有5—8个反对党试图挑战人民行动党，但其得票率从1972年的29.44%降到了1980年的22.34%。1981年，工人党的惹耶勒南在安顺选取的补选中获胜，成为1968年以来第一位进入国会的反对党人士。在1984年的大选中，有8个反对党参加，人民行动党得到77席，反对党虽然只获得2席，但得票率为34.06%，比1980年增加了近12个百分点，而人民行动党下降了约12.8个百分点。面对反对党的迅猛发展势头，人民行动党开始更变选举制度，经常性地调整选区，并新设对人民行动党有利的选举制度。

1984年，由人民行动党各支部和基层组织的反馈信息来看，选民希望议会中出现更多的反对派，为此，李光耀政府设立了非选区议员制度，使在各选区得票最多并超过总票数的15%的三个反对党候选人可以在议会中拥有议席,但是非选区议员不能对修宪提案、预算案和政府不信任案等议案进行投票。另外,在1984年的大选中,选民要求更多的协商和参与,人民行动党政府在1985年3月成立了反馈机构,于1987年2月启动国家方案,议会中的特别委员会也用来获取公众对立法提议的反应,政府发生了明显转变,由1959年到1984年间的家长式政府变为1984年后的协商型政府。① 1990年,新加坡政府还推出了官委议员制度,官委议员最多可提名6人,由国会特别遴选委员会提名,交总统任命产生,官委议员不能参加任何政党,其权限也受到和非选区议员相同的限制。② 为遏制反对党,人民行动党推出了集选区制度,在每一个集选区,参选政党需要推选出由3人组成的一组候选人来参加竞选,这3位候选人中必须包含一位少数民族人士。集选区制度加大了反对党获胜的难度,某一可能获胜的单选区被改为集选区后,反对党的候选人就可能落选,而且,在范围更大的选区中竞争,需要更多的人力和财力支持。人民行动党政府还可以根据不同选区的势力对比来调整集选区的构成,以确保选举获胜。

1990年11月28日,李光耀辞去总理职位,由吴作栋接任。1991年,新加坡国会通过修宪案和《总统选举法》,将总统由国会间接选举改为由选民直接选举产生,任期6年,并具有一定实权,有权否决预算和公职任命,有权检查政府在实施《内部安全法》、维护宗教和谐的法律以及腐败案件调查中的执法行为。③ 吴作栋任总理后,提议将1993年举行的国会选举提前至1991年进行。1991年1月,国会通过选举法修正案,将集选区议员从3名增加到4名。1991年的大选中,人民行动党的得票率降

---

① [澳]约翰·芬斯顿主编:《东南亚政府与政治》,张锡镇等译,北京大学出版社2007年版,第287—288页。
② Patrick Austin, *Goh Keng Swee and Southeast Asian Governance*, Eastern University Press, 2004, p. 144.
③ [澳]约翰·芬斯顿主编:《东南亚政府与政治》,张锡镇等译,北京大学出版社2007年版,第271页。

第五章 新加坡：从民主到威权和威权政治的维持

至 60.97%，为历史新低，国会席位也被反对党夺走 4 席。为谋求下届选举的优势，国会通过新的选举法修正案，取消集选区议员人数不得超过全部国会议员 3/4 的限制，集选区议员从 6 名增加到 9 名。在 1997 年的大选中，人民行动党的得票率上升至 64.98%，反对党仅获得 2 个议席。2001 年的国会大选中，有 5 个反对党参与，共推出 113 位候选人，并在全国一半以上的选区与人民行动党展开竞争，但是人民行动党在这次大选中得票率为 75.29%，是 1984 年以来最高的得票率，并得到 82 个席位，而反对党获得 2 个席位。

2004 年 8 月，李光耀之子李显龙接替吴作栋，出任政府总理，这是人民行动党内部的第二次权力交接，新加坡的威权体制实现了政府权力的再一次和平与有序过渡。在 2006 和 2011 年的两届大选中，人民行动党得票率逐步下降，从 2001 年的 75.29% 跌为 2006 年的 66.6%，再跌为 2011 年的 60.14%，为 1968 年以来的新低；反对党所获得的席位也从 2001 年和 2006 年的 2 席上升为 2011 年的 6 席。然而，人民行动党在国会中仍占据绝对多数席位并掌控着政府，反对党的力量虽然有所增强，但在人才资源、政治资源和物力资源等方面，还难以对人民行动党的执政地位构成实质性威胁。得票率的下降促使人民行动党改变策略，更多地对选民意见进行回应，加强与选民的沟通，更为关注民众的利益诉求，例如李显龙在选举后进行道歉并承诺要"纠正错误"，人民行动党及其政府将更包容不同意见，更多为大众提供参与机会。人民行动党及其领袖所采取的这种低姿态，在李光耀时代是不可想象的。[①] 在大选后，李光耀和吴作栋分别辞去内阁资政和国务资政的职务，老一代领导人的影响逐步减小，这也意味着新加坡政治可能出现新的变化，此前对反对党的限制和监控将可能减弱，抓捕反对党成员，关闭其媒体的情况可能不再发生，而国会选举会更为公平。当然，在反对党力量尚未成长到能够在竞选中战胜人民行动党之前，新加坡的一党独大制仍将继续维持。

[①] 黄卫平、陈文：《2011 年新加坡大选的观察与思考》，载《中共四川省委省级机关党校学报》，2012 年第 2 期。

第二节　体制性吸纳与从民主到威权的政治转型

一、民主体制下各派力量的变化

1. 人民行动党在民主体制下的力量增长

20世纪40年代末到50年代初，迫于民族运动的压力，英国殖民者开始放开新加坡的选举，增加立法会议议员的直选名额，扩大自治政府的权力，试图将英国的议会民主制移植到新加坡。新加坡各主要政党和政治派别除将力量投入到要求民族独立和自治的运动中外，还参与到立法会议的选举中。1948年的新加坡第一次选举中，与马共联系紧密的马来亚民主同盟认为民选议员没有什么权力，大选只是形式无实质意义，因而抵制这次选举，参加该次大选的只有进步党。在1951年的选举中，工党加入进来，与进步党一起参与了竞选。1955年，英国政府将民选议员的数量增加到25位，并且通过选举来组建民选政府，参加竞选的政党增加到6个，分别是劳工阵线、进步党、民主党、华巫联盟、人民行动党和新加坡劳工党。1959年举行了新加坡自治后第一次大选，参加这次大选的政党扩大到10个。参与民主选举的政党数目的增加，表明新加坡的主要政治力量逐渐熟悉和适应民主体制的游戏规则，并在此规则下投入各种资源以获得所欲求的政治权力和利益。

在新加坡民主体制建立和形成时期，涌现出多个政党，各个政党在选举中的表现反映了不同政治势力在民主体制下的力量消长，在这一时期，新加坡人民行动党逐渐崛起，其力量得到了迅猛的增长。1950年，李光耀在英国加入了以争取马来亚独立为目标，由旅居当地的东南亚人所组成的马来亚论坛，他在论坛上发表讲演，认为留学生在争取独立的运动中要发挥领导作用。[①] 同年8月，李光耀回到新加坡后，积极开展了筹建政党的活动。1954年11月，李光耀同从英国归来的华人以及左派的

---

① [英] 亚历克斯·乔西：《李光耀》，安徽大学外语系、上海人民出版社编译室译，上海人民出版社1976年版，第49页。

第五章 新加坡：从民主到威权和威权政治的维持

学生与工人领袖一起成立了人民行动党。从成立时起，人民行动党内部就因出身、意识形态、目标等方面的差异而划分为稳健派和激进派。稳健派以李光耀为首，统合了留英的学生和亲英的华人与非华人，主张以谈判等温和的手段来实现独立，代表在英国教育制度下成长起来的中产阶级和职业阶层，奉行社会民主主义。而激进派以林清祥为领袖，林清祥本人是新加坡工人运动的领袖，组织过多次罢工和工会运动，这一派别以1948年被定为非法组织的马共为基础，主张通过发起群众运动来赶走英国殖民者，代表工人、学生和下层民众，有较强的社会主义色彩。党内的两派都以民族独立为目标，在这一共同目标下，暂时性地联合起来。当时，留英归来的李光耀在新加坡还未具有广泛的社会联系和基础，稳健派在新加坡民众中的影响力还较为有限。而在这一时期，新加坡最有活力的政治力量是由群众——学生和工人组成，[①] 这一力量掌握在激进派的共产党统一战线手中，李光耀若想要扩大人民行动党的力量并增加在民众中的影响，就需要与左翼派别合作，依靠左翼派别的社会组织深入到新加坡的民众与社会内部，建立起人民行动党的基层，以此形成较强的动员能力。就在社会民众中的影响而言，李光耀还无法与林清祥相比，林清祥一直在新加坡的中文学校中读书，在基层有很强的影响能力，特别是他的在大型政治集会中的演说才能和对基层民众的动员与组织能力。正是通过林清祥，李光耀的稳健派才逐步与新加坡的绝大多数普通华人发生联系，并使人民行动党成为了一个群众性政党。

1955年4月，人民行动党提名了4位候选人参与立法会议选举，得到3个席位，李光耀、林清祥和吴秋泉成为议员，其有效得票率仅为8.7%，但对于刚刚成立才5个月的人民行动党，这一成绩并不糟糕，而李光耀得到6000多张选票，是该次选举中得票最多的候选人。[②] 劳工阵线成为这次选举的赢家，虽未获得多数席位，但得到了最多议席，与其他少数党议员组建了首届民选政府。在这一时期，劳工阵线是力量最强

[①] [新西兰] 尼古拉斯·塔林主编：《剑桥东南亚史》第2卷，王士录等译，云南人民出版社2003年版，第356页。

[②] 张永和：《李光耀传》，花城出版社1993年版，第249页。

大的政党，但其领导人马绍尔不受英方所欣赏，劳工阵线政府中腐败严重，马绍尔和林有福执政期间，新加坡经济发展缓慢，对于新加坡的就业、教育和住房制度中的问题也无法解决和改善，其政绩乏善可陈。在最主要的独立问题上，马绍尔屡次要求通过全民投票来实现新加坡的自治，但都被英国政府一一回绝，1955年底，他率各党派成员组成的代表团与英国政府进行了长达6个月的谈判，但未取得重大进展，在反对党的攻击和英国政府的拖延下，马绍尔只好无奈辞职。林有福当政后，虽然在他任职期间，新加坡取得了自治，但为争取英国的支持，对左翼激进势力和民众运动进行了打压，加之其个人作风问题，劳工阵线的民众支持却跌到了谷底。另一方面，人民行动党通过党内的激进派大力发动民族独立运动，进一步加大了其在民众中的威望和影响。1957年，英国政府设立了新加坡市议会，所有的32名议员都通过选举产生，市议会受立法议会和民选政府领导。人民行动党在林清祥被林有福政府抓捕关押的情况下仍然在市议会中得到了13个席位，所推出的王永元被选为新加坡市长。1959年的大选上，人民行动党的优势地位得以确立，在立法会议中得到了43个席位，得票率为54.1%，反对党只拿到7席，其中，人民联盟获4席，华巫联盟3席，两党的总得票率为26.6%，另一席则是无党派人士，此前的执政党新加坡人民联盟（1958年成立的劳工阵线为主体的政党）竟未获得一个席位，得票率也只有0.73%，可谓一败涂地。至此，新加坡的政治力量格局成为了人民行动党占优势下的多党竞争。

2. 体制性吸纳与各派别力量的变化和行为选择

总体而言，在新加坡的议会民主制的政治体制下，除了马来亚共产党被视为非法组织，其公开活动被取缔外，其他势力都可以通过选举竞争来获取政治利益，而亲共的左翼派别也可以用加入人民行动党的方式得到合法的身份和地位，因而，新加坡的民主体制有较广泛的公开性，其正向吸纳的能力较强。正是由于这一点，在民主制度建立时期和自治初期，新加坡涌现出20多个政党，并且参加选举的政党数量逐年增长。但是，民主体制是一种通过公开的竞选来获得政治权力的制度安排，在

第五章　新加坡：从民主到威权和威权政治的维持

竞争中会产生赢家和输家，并导致不同派别的力量出现消长。如前所述，在新加坡获得自治时，原先占优势地位的劳工阵线因执政表现欠佳，其所获得的民众支持大幅度下降，而人民行动党则不断扩大在社会中的影响，成为新加坡力量最强大的政党，使得其他政党在大选中的席位寥寥，几乎难以对其统治地位造成威胁。人民行动党内的两个派别，稳健派和激进派都不是坚定的拥护民主体制的派别，稳健派的领袖李光耀试图完全掌控人民行动党并控制新加坡政权，左翼的激进派更倾向于通过发起民众运动来实现其目标，在其他政党力量较弱的情况下，新加坡的民主体制缺少强有力的支持者。

人民行动党内的稳健派和激进派因统一的民族独立目标而暂时性地联合，当遭遇党内领导权问题时，两个派别都不会让步，展开争夺。1955年6月，人民党进行了第一届党员大会，并选出党的最高权力机构——中央执行委员会，委员会由12名成员组成，其中有9名成员是稳健派，林清祥对此结果提出抗议，认为执行委员会成员的候选人不应是由委员会决定而应是由党支部提名。1956年的第二届党员大会上，激进派在中央执行委员会中得到了4个席位，林清祥的得票数第一次多于李光耀，左翼提出"用刀和剑把殖民主义者赶走"，其主张得到了工会的支持，他们在工会中的影响超过了稳健派。在1957年第三届党员大会上，稳健派无法与激进派抗衡，激进派成功修改了党章，允许党支部推荐中央执行委员会的人选；在此次的委员会中，两派各得6个席位，稳健派首次丧失对人民行动党的控制权，在稳健派委员拒绝就职、李光耀辞去人民行动党秘书长职务的情况下，林清祥成为事实上的党的领导者。这次大会后不久，林有福政府对亲共的左翼势力进行了打击，以工人暴动和纵火事件为由，逮捕了人民行动党中央执行委员会中的5名激进派委员，林清祥本人也被关进监狱。① 稳健派这才得以重新获得人民行动党的控制权。李光耀重任秘书长后，修改了中央执行委员会的选举规则，将党员分为预备党员、普通党员、预备干部党员和干部党员，并设定只有

---

① ［新加坡］冯清莲：《新加坡人民行动党：它的历史、组织和领导》，苏婉蓉译，上海人民出版社1975年版，第7页。

干部党员才能参加中央执行委员会的选举。① 由此,人民行动党转变为干部党,权力被高度集中于中央执行委员会,稳健派的成员分任中央执行委员会秘书长、党的主席、副主席和政治局主席等要害职位,掌控了党内大权。② 这一事件给了稳健派与激进派争夺党内领导权的新手段,在实力不占优势的情况下,稳健派可以通过抓捕所谓违背《内部安全法》人员的违反民主游戏规则的方式来夺取人民行动党内部和新加坡政府的政治权力。

《内部安全法》由英国殖民者在1948年制定,该法案授予殖民政府特别权力,不经司法程序就可逮捕和拘押被界定为左翼激进分子的人,这一方案的打击对象是马来亚共产党和在新加坡的亲共人士。当英国殖民者撤出新加坡、将政治权力移交给自治政府时,就提出三项条件,议会民主制、《内部安全法》和市场经济体制,人民行动党在1959年上台执政后接受了这些条件。③ 这样,《内部安全法》作为英国殖民遗产被保留下来,并成为人民行动党内部的稳健派用以打压反对派别的强力手段。

对李光耀来讲,其最大威胁是党内的激进派。为争夺新加坡工会的最高权力机构——职工联合会的领导权,激进派和稳健派的矛盾激化,林清祥要求行动党撤销内部安全委员会,并立即释放被关押的全部政治犯。由于在党内,稳健派所得到的支持不如激进派,李光耀便谋求与马来亚合并,以借助马来亚的右翼执政党巫统来对付激进派。激进派强烈反对合并的提议,李光耀不敢由党员大会投票来进行表决(从人民行动党的51个支部委员会中有35个支部因该事件全体辞职就可看出在党内林清祥的支持者更多),便于1961年7月20日召开内阁会议围绕新马合并问题对李光耀政府进行信任投票,李光耀以27票的微弱多数涉险过关。在此次投票后,激进派(包括13名议员)退出了人民行动

---

① [新加坡]冯清莲:《新加坡人民行动党:它的历史、组织和领导》,苏婉蓉译,上海人民出版社1975年版,第13页。
② 卢正涛:《新加坡威权政治研究》,南京大学出版社2007年版,第83—84页。
③ 同上,第69—70页。

第五章 新加坡:从民主到威权和威权政治的维持

党,另行组建了社会主义阵线,由林清祥任秘书长。激进派的退出虽让人民行动党实力大减,但稳健派获得了行动党的控制权,并且,在与激进派的联合中,人民行动党也建立起来渗透入社会的基层组织,扩大了社会影响,稳健派通过左翼亲共势力来进入新加坡基层社会的目的已经达到。

新马合并后,李光耀同马来亚和英国商讨,以采取打击左翼势力的行动。1963 年 2 月,英国、马来亚和新加坡联合发起了名为"冷藏行动"的大逮捕,以颠覆政府为名将 100 多名社会主义阵线的领导和骨干成员抓进监狱,林清祥和方水双等主要领导人无一漏网。即便如此,在七个月后的新加坡大选上,社会主义阵线仍然得到了 33.3% 的选票,取得 13 个议席。人民行动党得到 37 个议席,虽然赢得了选举,但其得票率为 46.9%,仅高出社会主义阵线 13 个百分点,如果其领导和干将未被抓捕,人民行动党和社会主义阵线两党间的竞选,"鹿死谁手"犹未可知。当出现威胁人民行动党地位的势力时,该党便可以《内部安全法》为借口,通过暴力手段对竞争对手进行打击,而在新加坡,却缺少能够制止人民行动党的违背民主规则行为的制度设置和力量。在这一情况下,人民行动党若遵守民主体制,只以竞选来获取政治权力,其成本就明显高于用暴力手段来压制反对派别;换言之,获得了执政地位的人民行动党采用暴力手段的总收益会大于遵守民主制度的总收益,其行为选择就会更倾向于用强力手段来维持其政治利益。另一方面,在人民行动党采取了明显违背民主体制的行动后,却并未受到任何惩罚,民主体制本身就会遭到怀疑,如果无法再用民主选举的方式来获得预期的政治利益,那么反对派别也可能会退出民主体制。所以,新加坡的民主体制虽然具有较强的正向吸纳能力,但缺少能够惩治当权者违反民主制度行为的措施和能力,在阻止当权者用强力来建立威权体制与反对派退出民主体制等"反向吸纳"上的能力较弱,一旦经由民主选举产生的当权派试图用暴力和强制手段来巩固其执政地位时,民主体制往往会逐步走向崩溃。

表 5.2 新加坡民主体制下的体制性吸纳能力与精英派别力量变化

	体制性吸纳的渠道和形式	体制性吸纳能力与精英派别力量变化
正向吸纳	立法机关吸纳：参加选举的政党从初期的 1 个增加到 1959 年的 10 个	较强，主要的政治精英派别组建和加入政党并参与国会竞选，人民行动党因在选举中获胜而上台执政
	政党吸纳：主要的精英派别通过组建和加入政党参与竞选	
阻止反向吸纳	殖民遗产《内部安全法》，其他派别难以阻止人民行动党对社会主义阵线的暴力打击	较弱，人民行动党利用《内部安全法》打击主要的在野政党社会主义阵线，使其实力大损，行动党则趁机壮大自身实力

二、体制性吸纳与政治转型

1. 体制性吸纳与民主体制的崩溃

新加坡和马来亚的合并事件给新加坡的政治结构造成重大影响，在占据支配地位的人民行动党内部，左翼的激进派遭到削弱，产生了一个较有内聚力和得到巩固的政治组织，由受过英文教育的党内稳健派单独控制。① 在新、马的合并经历中，人民行动党违反民主的游戏规则，动用暴力来抓捕反对党成员，使民主体制开始崩溃。由于主要的领导人被关押，社会主义阵线的实力大损，特别是在扩展与社会基层的联系和组织发展上，并未涌现出新的精英填补人力上的空缺，李光耀就曾密切关注过社阵是否派人填补空缺，却看到"他们不愿或无法让更多的干部出面搞统战工作"②。趁着这一契机，人民行动党通过新建立的全国职工总会和人民协会等组织，扩大行动党对社会的控制，加强与工人以及社会底层的联系。在新加坡独立后，社会主义阵线在实力上与人民行动党逐渐拉开差距，难以在议会政治中与其抗衡，在党主席李绍祖的领导下，便

---

① [新西兰] 尼古拉斯·塔林主编：《剑桥东南亚史》第 2 卷，王士录等译，云南人民出版社 2003 年版，第 356 页。

② 李光耀：《风雨独立路——李光耀回忆录》，外文出版社 1998 年版，第 343 页。

第五章　新加坡：从民主到威权和威权政治的维持

改用此前的暴力革命和街头抗议的策略，从体制外来反对人民行动党的威权统治，放弃了合法的议会道路。1966年1月和10月，社会主义阵线的议员分两批退出议会，人民行动党在议会中"一党独大"。

新加坡议会民主制的体制吸纳特性，即正向吸纳较强，阻止反向吸纳能力较弱，使得人民行动党可以轻易地采用强力手段来打击反对派，这也导致了人民行动党的力量增加，反对党社会主义阵线力量减弱。由于在议会政治中难以获得足够的政治利益，还要面临人民行动强制镇压的危险，社会主义阵线退出民主体制，两个在新加坡力量最强大的政治势力的行为促使民主体制崩溃。除人民行动党和社会主义阵线外，其他派别的力量弱小，虽然也能够参与选举竞争，但无法阻止这两个派别所作出的违背体制的行为，从而导致民主体制难以持续。

2. 体制性吸纳与从民主到威权转型模式

新加坡的民主体制崩溃和威权体制建立几乎是同步发生的，因为人民行动党通过强制手段来打击党内反对派别及反对党，形成其对政治权力的垄断，这本身既引起了民主体制的崩溃同时也是威权体制逐步建立的过程。有学者认为，新加坡从民主到威权的转型主要是由于社会主义阵线领导人在策略选择上的失误，[①] 因为在1963年的大选中，社会主义阵线获得了超过30%的选票，是议会中最大的反对党，此时的新加坡已经处于"两党制的门槛[②]"；而在1966年，社会主义阵线作出了退出议会政治的错误策略，将议会拱手让给行动党，前社会主义阵线的领导人之一方水双也认为，"那一次影响极深远的政治决策，难免令人觉得是很不明智的"[③]。实际上，如果缺乏制止人民行动党采取违反民主制度行为的手段和力量支持，当任一反对势力有可能威胁到行动党地位时，该党都会采取强制措施来打击反对派，即使社会主义阵线在1963年能够获得较大比例的选票，在行动党不间断的打击下，社会主义阵线也难以形成稳定而有效的领导层或持续得到较高的支持率。两党的力量对比在"冷藏

---

① 孙景峰：《新加坡人民行动党执政研究》，人民出版社2005年，第41—42页。
② 张锡镇：《当代东南亚政治》，广西人民出版社1994年版，第269页。
③ [新加坡] 拉惹勒南：《拉惹勒南回忆录》，新加坡新明日报有限公司1991年版，第255页。

行动"后不断拉大,人民行动党借助激进派的渠道建立了自己的社会组织。1960年,"人民协会"成立,管辖100多个社区中心,并直接与市民家庭相联系,在社会主义阵线分裂出人民行动党后,凡列出的议员都被取消了领导社区中心的资格。1963年,人民行动党又创建了公民协商委员会。1961年7月,解散新加坡职工总会,新成立全国职工总会。在1965年,人民行动党支持的全国职工总会已经从左翼激进势力的新加坡工会联盟手中取得了对工会组织的控制权。① 主要领导人被关押,却又无法及时填充有生力量,社会主义阵线在社会基层的影响力逐步减弱,也就是说,即使他们不退出议会政治,在实力衰退的情况下,也无法阻止人民行动党对政局的操控。换言之,决定着新加坡由民主向威权转型的因素并非是社会主义阵线领导人的策略,而是民主体制的体制吸纳能力和人民行动党的力量增长。

1966年,社会主义阵线退出议会后,随即发动支持者上街游行,打出了"新加坡国会民主已经死亡"的标语,② 此举立刻招致了人民行动党政府的镇压。左翼势力的主要领导人、其媒体和工会等社会组织的领导人物被定期拘捕,政府的强力打击有效地阻止了社阵的复兴。③ 人民行动党通过对反对党暴力压制,巩固了其执政地位,在1968年及其后三届的大选中,垄断了所有议席,用强制的方式建立起"一党独大"的威权体制。从根本上讲,人民行动党在获得执政地位后,拥有了占优势的政治权力资源,而民主体制本身又难以阻止其通过暴力方式来打压反对党,在压制过程中,行动党的力量不断壮大,用"强加"的模式完成了从民主到威权的转型。

---

① [新西兰]尼古拉斯·塔林主编:《剑桥东南亚史》第2卷,王士录等译,云南人民出版社2003年版,第357页。
② 孙景峰:《新加坡人民行动党执政研究》,人民出版社2005年版,第42页。
③ Chan Heng Chee, *The Dynamics of One Party Dominance: The PAP at the Grass-Roots*, Singapore University Press, 1978, p. 198.

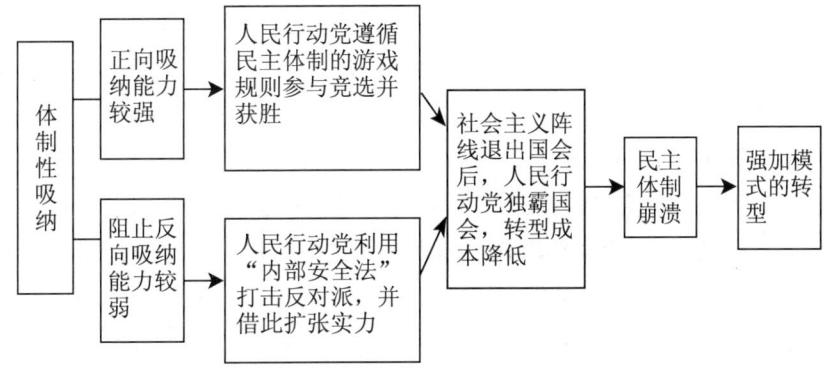

图 5.1 体制性吸纳与新加坡从民主到威权的转型

第三节 体制性吸纳与威权体制的维持

一、威权体制支持力量的构成和整合

新加坡威权体制的维持主要依靠人民行动党这一政党组织,以及受其支配和控制的其他附属组织。新加坡的威权体制具有民主的外壳,人民行动党政府并不禁止反对党的存在与活动,其他政党也可以通过选举来获取议席,成为国会议员。按照新加坡宪法,在国会选举中获得多数议席的政党推选出总统,由总统任命多数党领袖为总理,并由其组建政府,司法机关的大法官由总理提名,并经总统认可。因此,在国会议员选举中获胜的政党能够实现对立法、行政和司法等重要政治权力的掌控。总统是新加坡名义上的最高元首,并不掌握实权,自 1993 年开始总统由选举直接选举产生,1991 年通过的《民选总统法令》还规定了总统具有监督、制衡政府的重要职权;并且还规定,总统必须由无党派人士担任,即使此前隶属于某一政党,而一旦成为总统候选人则不再具有政党身份。通过这些法律和制度总统的权力虽有所增加,其对政府的制约主要体现在有权阻止政府动用非其任内的储备资金,[①] 以防止政府随意消费而难以

---

① [新加坡]《联合早报》编:《李光耀 40 年政论选》,现代出版社 1996 年版,第 198 页。

应对未来可能出现的困境等方面；在法律上，总统还具有否决政府的预算和监督政府执行《内部安全法》等权力。① 但因总统候选人的资格限制，当选的总统都曾属于人民行动党，因而并不会否决政府的预算案和反对内阁提出的官员人选，总理若不使用往届政府的外汇储备和中央公积金，总统也就无法制约总理。② 因此，赢得国会选举是掌握政权的关键，人民行动党自1959年以来，还未在大选中失利，并且从1968年形成威权统治后，反对党在国会中的席位还未超过6席，根本无法对人民行动党造成威胁。长期以来人民行动党垄断了重要政治权力的分配，使得所谓的民主选举丧失了不确定性的意义，形成了"一党独大"③的政治格局。

由于长期保持政权，立法、行政、司法等政府机关为人民行动党完全掌控，成为其下属机构，这一现象被学者称为"党高府低"。人民行动党的地位在事实上远高于政府，该党成为国家的权力中心，④ 人民行动党决定着新加坡的国家利益，新加坡的生存就等同于党的生存,⑤ 正如李光耀所言，"人民行动党就是政府，而政府就是新加坡"⑥。在立法机关上，人民行动党的议员占据了绝大多数的国会议席，其政党的意志得以轻易地成为国家法律。新加坡现行宪法是1965年所通过的《新加坡宪法》，宪法修正案只有在国会的二读和三读中都得到议员总数的2/3以上的赞成票才能通过，这样，就只有人民行动党所提出的宪法修正案才有通过的可能。在立法程序上，政府和议员都有提案权，但国会议员个人很少提出议案，从1965年后，只有两项议员个人提出过法案，且都未获得国

---

① Garry Rodan, eds., *Singapore Changes Guard: Social, Political and Economical Directions in the 1990s*, New York: St. Martin's Press, 1993, p. 8.
② 卢正涛：《新加坡威权政治研究》，南京大学出版社2007年版，第242页。
③ Chan Heng Chee, *The Dynamics of One Party Dominance: The PAP at the Grass-Roots*, Singapore University Press, 1976.
④ 卢正涛：《新加坡威权政治研究》，南京大学出版社2007年版，第119页。
⑤ [日]田村庆子：《超管理国家——新加坡》，吴昆鸿译，台北东初国际股份有限公司1993年版，第56页。
⑥ [新加坡]《联合早报》编：《李光耀40年政论选》，现代出版社1996年版，第466页。

第五章 新加坡：从民主到威权和威权政治的维持

会通过。① 向国会提交法案最主要的来源是政府，政府向国会所提交的法案，先要在内阁获得认可，并由部长向国会提出，国会中经过三读和委员会审议才能通过，而国会有否决政府提案的权力。但因法案的提出者是人民行动党政府，其在国会中又占绝对多数，并且该党对所属议员有严格的政党纪律要求，因此在实际中，政府所提出的法案还尚未遭遇在国会无法通过的情形。②

新加坡的司法体系是由最高法院和下级法院组成，依据宪法，司法机关独立于立法和行政机关，它通过对法律的违宪审查来发挥宪法的守护职能，法官在履行职责时不受干涉，实行常任制，其任期和薪金都有法律保障。③ 但实际上，新加坡独立以后的大法官都是由人民行动党秘书长李光耀委任，法官的任命权被人民行动党所掌握，④ 这样，人民行动党就可以将中意人选安排到司法机关，而把"不听话"的法官撤换。通过对人事权的掌握，行动党不仅可以干预和影响司法，还能利用诉讼手段、《内部安全法》和内部安全局，以司法手段来打击反对派人士和维护其统治。

人民行动党政府在1959年取消了新加坡市议会，地方政府一级的建制至今尚未恢复，在新加坡就只有中央政府的单级政府结构。因国会议员选举上的持续获胜，行动党则掌控了内阁，内阁是新加坡最高的行政机构，由总理、副总理和各部部长以及次长组成，其组成成员基本由人民行动党进行安排，并且党内最高一级的权力机构与内阁这一最高行政决策机构重合度很高。一般情况下，均由党的秘书长担任政府总理，党的中央执行委员会委员又和内阁部长高度重叠，新加坡政府就变成了人民行动党政府。⑤ 在政府中，国家公务员还被要求忠诚于政府，对其所制

---

① 王瑞贺：《新加坡国会》，华夏出版社2002年版，第108页。
② 孙景峰：《新加坡人民行动党执政研究》，人民出版社2005年版，第159页。
③ [澳] 约翰·芬斯顿主编：《东南亚政府与政治》，张锡镇等译，北京大学出版社2007年版，第280页。
④ 陈祖洲：《新加坡："权威型"政治下的现代化》，四川人民出版社2001年版，第135页。
⑤ 孙景峰：《新加坡人民行动党执政研究》，人民出版社2005年版，第169页。

定的政策无条件执行,接受媒体采访须经常务秘书批准,且不得作出攻击政府的言论。人民行动党还积极维持与公务员的密切关系,鼓励其提出有创见性的政策建议,政府对此给予物质奖励,这促使公务员在对政府和人民行动党的认同上趋向融合,导致党等同于国家。① 另一方面,内阁成员等政务官员的任期与国会相同,因人民行动党在国会选举中的绝对优势,政务官的任期往往要比公务员更长,这使政务官更容易控制下属公务员,使其完全听命于上级长官,执政党国会议员也对行政官僚颐指气使,予取予求②,文官失去了中立地位,成为执政党实现意志的工具。

值得一提的是,在新加坡,军队对于政治的影响较小,政府对军队拥有无可争议的支配地位,③ 因军队从属于政治领导,它在政治中的作用并不明显。④ 即便如此,人民行动党对军队的控制并未放松,不仅通过政府来掌控军队,并加强对军队的思想教育。新加坡独立后的第三位总理李显龙即具备军人背景,他在1971年加入新加坡武装部队,1978年赴美国进修陆军指挥和参谋的课程,1979年回国后任新加坡武装部队参谋长兼联合行动与策划司长,1984年6月升准将,同年9月辞去军职,在12月被选为国会议员。在1989年,李显龙是唯一具有军人背景的内阁成员,而在1992年和1997年,陆军将军杨荣文和海军少将张志贤也分别进入了内阁。⑤ 人民行动党通过这一方式来强化与军队的联系,以保障其对军队的影响和控制。

在人民行动党内部,权力也高度集中于上层干部。早在1957年,李光耀借党内激进派被当时执政的林有福政府逮捕之机,重任秘书长,并对人民行动党作出了重大改革,将党员划分为预备党员、普通党员、预

---

① 陈祖洲:《新加坡:"权威型"政治下的现代化》,四川人民出版社2001年版,第132页。
② 洪镰德:《新加坡学》,台北扬智文化实业股份有限公司1994年版,第61页。
③ Chan Heng Chee, "Singapore", in Zakaria Haji Ahmad and Harold Crouch eds., *Military-Civlian Relations in South Asia*, Singapore: Oxford University Press, 1985, p. 136.
④ [澳]约翰·芬斯顿主编:《东南亚政府与政治》,张锡镇等译,北京大学出版社2007年版,第279页。
⑤ 同上,第280页。

第五章　新加坡：从民主到威权和威权政治的维持

备干部党员和正式干部，其中只有对党作出贡献的党员才能成为正式干部，并有资格参与中央执行委员会的选举，[①] 而普通党员就失去了选举领导的权力。李光耀通过这一举措将行动党的权力集中到中央执行委员会手中，使其成为了干部党。在 1982 年，修改后的党章将党员划分简化为普通党员和干部党员，普通党员要成为干部党员须经过严格的考察和挑选，在一定期限后，经多次考察才由中央执行委会批准成为干部党员。在党内，由中执委来任命干部，中执委成员则由干部选出，这样，党内的权力就由少数精英所掌控。执掌党内最高权力的中央执行委员会的成员一般为十多人，其上是党主席和秘书长，秘书长也是政府的内阁总理，干部党员则有数百名，约占党员总数的 1%。[②] 这样，人民行动党依靠层级分明的政党组织，由中执委和干部党员控制行动党，并出任政府各部门要职，将政党和政府的权力牢固掌握在少数精英手中。正如李光耀在 1971 年的一次研讨会上讲到，"决策和执行的重担，主要在约 300 名主要分子的肩上，他们包括人民行动党要员、国会议员和干部党员"[③]。

人民行动党能够把持国家权力主要还是依靠在国会选举中的获胜，而要维持这一优势地位，行动党还通过党的基层组织和其他社会组织来掌控社会、加强与民众的双向沟通，并防止反对党的实力增强。人民行动党在每个选区都设立了党的支部，即党务委员会，由该党议员任主席，下设支部秘书和委员，其工作主要是向民众解释传达人民行动党和政府的政策，使政策得以贯彻执行，协助议员接见民众，搜集民意和各种信息以反馈回政党和政府，并通过组织与开展各项社会活动来笼络民众情感，[④] 以保持和增加选民对行动党的支持。

在新加坡还设有人民协会、公民咨询委员会、居民委员会等半官方

[①] [新加坡] 冯清莲：《新加坡人民行动党：它的历史、组织和领导》，苏婉蓉译，上海人民出版社 1975 年版，第 13 页。

[②] 孙景峰：《新加坡人民行动党执政研究》，人民出版社 2005 年版，第 171 页。

[③] [新加坡]《联合早报》编：《李光耀 40 年政论选》，现代出版社 1996 年版，第 137 页。

[④] 孙景峰、李社亮：《基层组织与新加坡人民行动党执政地位的延续》，载《河南师范大学学报》，2011 年第 1 期，第 76—82 页。

性质的社会组织,虽然这些组织在名义上不具备政党和政府性质,也不隶属于某一政党或政府,但在实际运行中,这些组织的人事任命和运作资金受人民行动党所支配,不仅与该党的分部联系紧密,而且许多分部的委员就是这些组织的领导,① 因而这些组织成为了事实上的政党的分支组织,为行动党所领导和控制。人民协会由人民行动党在 1960 年成立,在其下设有 130 个社区中心,直接与居民相联系。人民协会的目的从李光耀的阐释中便可知其端倪,他认为,"一般新加坡人,总不愿公开和任何政党发生关系,与其说是政治冷漠,毋宁说是他们害怕",通过人民协会,"人民就不必和人民行动党那样的政党,或社会福利厅那样的政府部门公开发生关系,但他们可以和半独立的半官方的法定机构打成一片"②。人民协会的主席由政府总理兼任,董事会是其常设机构,包括总理在内的 15 名董事中,有 10 名董事是总理任命,另 4 人由协会的附属团体选举产生,董事多由政治人物,如国会议员和部长等担任。③ 人民行动党严格防止其他政党对人民协会的影响,总理和内阁来决定协会的政策,反对党无法插手,④ 在 1961 年激进派退出行动党时,其议员也都被排斥出人民协会。人民协会下设的社区中心具体处理社区工作,其主要活动方式是通过开办各种文娱活动、解决民众切身利益相关的问题来吸引和组织民众,以提高人民行动党的影响力,例如开展篮球、乒乓球等活动吸引居民参加,开办收费较低的幼儿园,减少较低收入家庭的负担等。

公民咨询委员会是由人民行动党在 1965 年所成立的基层组织,它按选区进行设置,到 1981 年,所有选区都有一个公民咨询委员会,该组织

---

① Seah Chee Meow, *Community Centers in Singapore: Their Political Involvement*, Singapore University Press, 1973, p. 110.
② Jackis Swee, *The First Twenty Years of the People's Association*, Singapore: People's Association, 1980, p. 23, 转引自孙景峰:《新加坡人民行动党执政研究》,人民出版社 2005 年版,第 176 页。
③ 李路曲:《新加坡现代化之路:进程、模式与文化选择》,新华出版社 1996 年版,第 270 页。
④ S. T. Quah, Chan Heng Chee, Seah Chee Meow eds., *Government and Politics of Singapore*, Singapore: Oxford University Press, 1985, p. 177.

第五章 新加坡：从民主到威权和威权政治的维持

直接由总理公署领导，其功能是加强民众与行动党政府之间的联系和沟通，使政府政策能够快速按照社会变化进行调整。居民委员会则是更为贴近基层的组织，它于1978年建立，到1990年数量增已加至300多个，由建屋发展局所领导，[①] 该组织用于协调邻里关系，保障和谐的基层社会关系，并提供普通居民与政府间的联系渠道。

除上述组织外，人民行动党还加强了对工会组织的控制，并减少其在政治中的作用。在早期的民主政治中，工会发挥了重要的作用，人民行动党正是借助工会的支持才获得了选举的胜利。1961年，激进派从人民行动党的分裂也导致在工人中出现了两个工会组织，一个是偏向温和派的全国职工总会，另一个是拥护激进派的新加坡职工联合会。由于人民行动党掌握了政权，对反对党社会主义阵线领导下的职工联合会进行了打压和限制，联合会向政府申请注册遭到拒绝，失去了合法身份，下属的许多工会组织也被政府撤销，这样，原来属于这些组织的成员纷纷加入职工总会，使得职工总会成为新加坡唯一合法的工人联合组织。因担心反对党利用工会以威胁其执政地位，人民行动党逐步削弱了工会的政治功能，而使其成为政府控制工人的有效工具。行动党政府首先将全国几乎所有基层工会组织纳入到全国职工总会，而职工总会的运行经费主要由政府支持，其领导人来自人民行动党。例如，1982年任职工总会秘书长的就是行动党主席王鼎昌，并且，许多行动党党员也被派到工会任职，以确保行动党对其领导。在1980年，行动党还成立了协调工会和人民行动党关系的联络委员会，由双方各派4名代表参加，以使政府政策在工会中得以推行。在人民行动党的主导下，工人的罢工运动基本在新加坡消失，从1986年以来，工会就没有再组织过罢工，[②] 劳资双方主要通过协商来解决矛盾和纠纷，几乎所有的劳工问题都是在谈判桌上加以解决，这就减少了反对党通过工人运动来扩展其力量的机会。相较于民主体制，工会的功能已经发生了根本的转变，其主要功能变为强化劳

[①] 卢正涛：《新加坡威权政治研究》，南京大学出版社2007年版，第128页。
[②] 孙景峰：《新加坡人民行动党执政研究》，人民出版社2005年版，第190页。

动纪律,抑制工资增加,推动行动党政府的政策执行,[①] 成为了政府的工会。[②]

由此,人民行动党通过其政党组织赢得选举,掌控新加坡政府权力,支配政治权力和利益的分配,而工会、人民协会等社会组织则被用以监控社会,建立政府与社会基层间的沟通桥梁,并减少反对党在社会基层发展力量的空间。人民行动党的政党组织和受其领导的社会组织是新加坡"一党独大"威权体制维系的主要支柱。

二、对反对力量和社会精英的控制和吸纳

在人民行动党执政初期,其对反对党,主要是社会主义阵线进行了严厉的打击,利用英国殖民者留下的法宝《内部安全法》,动用暴力机关逮捕和拘禁了社会主义阵线的主要领导人,并定期"扫荡"其所领导的媒体和基层组织,在各级组织和机构领导人被关押的情况下,社会主义阵线原有的势力范围被人民行动党逐一侵占。退出人民行动党的国会议员也被取消了在人民协会中的职务,而由社会主义阵线所领导的工会组织职工联合会也沦为非法组织。在李光耀时代,成为反对派是一件"危险"的事情,李光耀把那些将会破坏现存政治结构的反对势力消灭在萌芽状态中,"他的做法被比作空手道的一劈——干净、明确、爽快,当然还见效"[③]。

在威权政治形成、人民行动党控制了政局后,它就利用各种手段来减小反对党在选举中所赢得的席位数,并限制其力量壮大。因主宰政府,人民行动党掌握了大量的资源,在选举时,它便用这些资源利诱和威胁选民向该党投票,以减少选民对反对党的支持。例如,在 2001 年的大选

---

① Diane K. Mauzy, R. S. Milne, *Singapore Politics under the People's Action Party*, London: Routledge, 2002, p. 164.

② 骆沙舟、吴崇伯:《当代各国政治体制——东南亚诸国》,兰州大学出版社 1998 年版,第 181 页。

③ Nicholas Tarling, eds., *The Cambridge History of Southeast Asia*, II, Cambridge University Press, 1992, p. 453.

第五章 新加坡：从民主到威权和威权政治的维持

前，国家发展部部长马宝山就明确表示，"行动党议员所在的选区，其所有租赁组屋会优先进行翻新"，其理由是，"支持行动党就等于支持行动党的政策和计划，而为人民谋福利的财政盈余正是由于这些政策的推行所创造，如果没有行动党的选区，也就没有行动党政府、没有财政盈余，也就没有翻新计划"①。时任人民行动党秘书长的吴作栋更是宣称，在巴西区和后港区（反对党有可能取得选民多数支持的选区），如果人民行动党候选人能够获胜，那政府就会先为得票率最高的投票区内的街区进行翻新。② 此前的1991年大选，吴作栋在回应被反对党夺得4个席位时也谈到，"面对我的选民，会听取他们的意见，做对他们有好处的事，但对于反对我的作风的选区，我可以不太理会他们的意见。"③ 行动党以这种方式来引导选民的投票方向，支持反对党的代价就是有可能得不到政府资源的倾斜，这就加大了投票给反对党候选人的成本。规定有利于自己的选举程序也是人民行动党常用的手段，它往往会选择对其有利的时间来开始大选，并严格限制反对党宣传竞选纲领的时间，使反对党没有足够的时间去开展宣传与争取选民的工作。对此，工人党秘书长惹耶勒南就认为，行动党政府倾向于在出其不意的时点进行大选，让反对党措手不及，竞选时间也很短，选民没有充足的时间去考量各政党的纲领，并作出合理选择。④ 在选举期间，反对党在媒体上的宣传时间也被严格限制，人民行动党政府还设定了罚没按柜金制度，如果候选人的得票率低于12.5%，其按柜金就要被没收，在2001年，候选人的按柜金从500元增加到1.3万元，⑤ 这一举措增加了反对党参与竞选的成本。自1972起，在大选中实行了选票编码制，每张选票都进行了编码，这就可以通过票根查出选民投票对象，使得选民可能会因恐惧而将票投给原本不支持的

---

① 《联合早报》，2001年10月23日。
② 孙景峰：《新加坡人民行动党执政研究》，人民出版社2005年版，第153页。
③ 《联合早报》，1991年9月2日。
④ 《联合早报》，2000年11月5日。
⑤ 陈元中、蔡泉水：《从执政权力运行机制刊新加坡人民行动党的长期执政》，载《当代世界与社会主义》，2007年第2期。

行动党候选人。① 行动党还经常调整选区来限制反对党所获议席,例如,1991年,集选区的数量从13个上升到15个;在1997年的大选中,集选区的数量仍为15个,但每个集选区的议员从3个调整为4到6个,单选区的数量则从1988年实施集选区制度时的40个降到了9个;② 而工人党在1997年大选时在静山集选区得到了45.2%的选票,很有希望在下一次大选中获胜,可在2001年的大选中,这一选区在重新调整后被取消。③

表5.3　历届大选中人民行动党与反对党得票比例和所得议席(1959—2011)

大选年份	人民行动党得票率和席位	反对党得票率和席位
1959	54.08%;43/51	45.02%; 7/51
1963	46.93%;37/51	53.07%;14/51
1968	86.72%;58/58	13.28%; 0/58
1972	70.43%;65/65	29.57%; 0/65
1976	74.09%;69/69	25.01%; 0/69
1980	77.66%;75/75	22.34%; 0/75
1984	64.83%;77/79	35.17%; 2/79
1988	63.17%;80/81	36.83%; 1/81
1991	60.97%;77/81	39.03%; 4/81
1997	64.98%;81/83	35.02%; 2/83
2001	75.29%;82/84	24.71%; 2/84
2006	66.6%;82/84	33.4%; 2/84
2011	60.14%;81/87	39.86%; 6/87

在国会议员选举中,人民行动党所实施的最有效和强力的打压反对党的手段是采用对自己有利的选举制度。首先,行动党政府在选举中坚持简单多数当选制,即在每一选区中取得最多选票的候选人获胜,而无

---

① 李路曲:《新加坡现代化之路:进程、模式与文化选择》,新华出版社1996年版,第417页。
② [澳]约翰·芬斯顿主编:《东南亚政府与政治》,张锡镇等译,北京大学出版社2007年版,第274页。
③ 孙景峰:《新加坡人民行动党执政研究》,人民出版社2005年版,第156页。

第五章 新加坡：从民主到威权和威权政治的维持

论其得票数是否过半。这一制度无疑对大党有利，而小党即使在选举中能够得到较高比例的选票，但有可能却一个席位也无法获取。针对这一选举制度，反对党也多次要求人民行动党政府采用比例代表制，因为比例选举制更为适合新加坡的多党制。按照各党派所得到的选票比例来分配席位，① 只要一个政党能够得到一定比例的选票就可能在议会中获得席位，但这一要求明显对人民行动党的独霸政权不利，其主宰下的政府当然就不会通过这一提议。在这一选举制度下，虽然反对党能够获得不低的得票率，其所得席位却寥寥无几，在1988年的大选中，人民行动党得到了所有81个议席中的80个，得票率仅为63.17%；反对党虽然拿到36.83%的赞成票，却只能获得一个议席（表5.3）。很明显，相对于行动党，反对党要获得一个议席，需要得到比其多得多的票数。在1968—1980年的4次行动党囊括所有议席的国会选举中，反对党的得票率同样不低，甚至在1972年的得票率接近30%，可却一席难求。据统计，在1988年，人民行动党只要得到12290张选票就可以获得一个议席，而反对党却要得到494406张选票才能得到一个席位，② 两者的差距达到惊人的40倍。

在1981年的补选中，反对党自1968年以来首次得到了国会议席，而在1984年大选时，支持反对党的选民又比1980年大选增加了12.8%，对此，人民行动党提出了集选区制度，并于1987年11月30日在国会通过。集选区制度进一步排除了反对党通过选举上台执政的可能性，本来就缺少力量的反对党，或许有可能在单选区下谋得个别席位，而在集选区中，必须推出一组候选人来参加竞选，其中还须包括一个少数种族候选人，反对党也就更难以在选举中获胜，而某些小党甚至可能因无法找出必要人数的候选人而放弃集选区选举。同时，采用集选区制，人民行动党就可以把某一民望较高的候选人和其他较普通的候选人相结合来赢得该集选区的议席。因为在集选区中，选民是对一组候选人投票，支持这一有高民望的候选人，实际上也就支持了这一组候选人，行动党就可

---

① 胡盛仪等：《中外选举制度比较》，商务印书馆2001年版，第261页。
② 陈祖洲：《新加坡："权威型"政治下的现代化》，四川人民出版社2001年版，第126页。

以通过候选人的各种组合，使获胜可能不大的候选人也得到议席，使该党始终都能够在国会中占据绝大多数的席位。这一制度在出台后，招致了强烈的反对，集选区制被认为是通过使反对党无法入局来确保人民行动党继续掌权的另一种途径，其目的就是阻碍反对党参与竞选。① 而吴作栋在接任李光耀后，作为新的国家领导人，为巩固其地位，更是增加了集选区的数量和每一集选区的议席数，以减少反对党获得议席的可能。

另外，人民行动党还通过司法手段来打击反对党。行动党常常将攻击该党的反对党成员送上法庭，在李光耀时期，以反对党为起诉对象的诉讼案就有近30起，并都获得胜诉。1998年，惹耶勒南因选举所引起的诽谤案，被法院判处赔款23.5万新元，因无力偿还该巨额赔偿金而破产，随后便失去非选区议员席位，同时也失去了参加大选的资格。工人党候选人邓亮洪也因为诽谤总理而被判赔偿260万新元，致使其不得不逃离新加坡。② 2001年大选时，民主党候选人徐顺全因行动党宣称要控诉其诽谤，再三公开道歉，并在报纸上刊出整版道歉声明。通过法律程序使某些批评者破产，进而让他们退出政坛，是行动党的惯用手段，相比于不经审问的逮捕拘禁，利用受行动党控制的法庭来惩治竞争对手而言，这种变化表明了行动党强制手段的调整，③ 即由公开转为隐蔽，在招致更少批评的同时也达到了打压对手的目的。正如民主党候选人黄汉照所言，每次大选后，都有一个反对党候选人消失，先有萧添寿，后是邓亮洪、惹耶勒南、徐顺全也因没钱赔偿而跑掉。④ 反对党在选举中赢得支持的重要方式之一就是批评执政党，但在这种情况下，批评很可能会招致巨额赔款，反对党就会因成本太高而不愿攻击执政党，使其在选举中的境地越发不利。另外，行动党还严格限制反对党在社会基层的发展，因为如

---

① S. T. Quah, "Singapore in 1987: Political Reforms, Control, and Economic Recovery", *Southeast Asian Affairs*, 1988, pp. 233 – 252.
② 李路曲：《新加坡人民行动党政府的社会控制方式》，载《东南亚研究》，2006年第4期。
③ Cherian George, "Consolidating Authoritarian Rule: Calibrated Coercion in Singapore", *The Pacific Review*, 2007, Vol. 20, No. 2, pp. 127 – 145.
④ 《联合早报》，2001年11月3日。

第五章 新加坡:从民主到威权和威权政治的维持

果反对党能够渗透入社会,扩展与社会组织的联系,那就能增强其对民众的组织和动员能力,也意味着在选举中得到更多的选票。1961年,从人民行动党分裂出去的议员立即就被中止了在社区中心的领导职务,而反对党议员当选后,也不能担任该选区基层组织的领导,而是由人民行动党指派其党员担任。比如,惹耶勒南在1981年当选为议员后,并未按照通行做法任该选区基层组织的负责人,① 而1984年当选的反对党议员詹时中也经历了相同的遭遇。由此,人民行动党切断反对党与社会基层的联系,防止其在民众中扩大影响,② 在反对党难以建立相应的社会支持系统的情况下,也就无法通过选举来撼动行动党的统治地位。

在新加坡,国会选举是获得政治权力的最主要方式,人民行动党对反对党的限制也是围绕着选举来进行。另一方面,由于行动党并未取缔其他政党,也允许其参与竞选来获得席位,分享政治权力,所以国会这一立法机关发挥着吸纳反对派的功能。当然,在对行动党有利的选举制度下,加上反对党彼此分散了选票,能当选的反对党议员在国会中也只是零星点缀,国会的吸纳能力还比较有限。对此,人民行动党政府设置了官委议员和非选区议员来增强议会的吸纳能力。非选区议员制度设立于1984年,这一制度使反对党能够在议会中拥有更多的议席,即使人民行动党赢得了全部选区,反对党也可以在国会中得到至少3个席位。官委议员制度于1989年被引入,其目的也是使反对党能够在国会中得到更多议席,如吴作栋所言,官委议员制度可以提供更多的政治参与机会,并使人听到不同观点和不同意见。当然,这两种议员在权利上都受到了限制,例如他们不能对修宪、政府预算以及政府不信任案等议案进行投票。官委议员在1990年被国会通过后,在1991年的第8届国会中就产生了6名官委议员,1997年,其数目增加到9名;非选区议员在推出时,被认为是二等国会议员,工人党在起初不承认这一制度,其候选人奈尔在1984年的大选后未接受这一任命,但苦于通过正式选举难以获胜,非

---

① [日]田村庆子:《超管理国家——新加坡》,吴昆鸿译,台北东初国际股份有限公司1993年版,第88页。

② 卢正涛:《新加坡威权政治研究》,南京大学出版社2007年版,第207页。

选区议员虽在权力上受限，但至少可以进入国会，分享到一定的政治权益，随后工人党改变了态度，在 1997 年大选后，该党候选人惹耶勒南成为了非选区议员。行动党还依据反对党的不同态度和立场，施加以相应的强制或吸纳手段。新加坡的反对党可以分为两类，一类是对立的反对党，以惹耶勒南、邓亮洪和徐顺全为代表，他们对人民行动党的态度较为强硬，并多持批评立场，行动党则对其主要采用打击手段，以司法手段来惩罚这些反对党，迫使其退出新加坡政坛；另一类是建设性的反对党，代表人物是詹时中和刘程强，他们大都赞同行动党的执政地位，且态度较为温和，对这类反对党，人民行动党大加扶持，不仅容许其活动，而且还欢迎其进入国会。①

人民行动党综合运用了打压和吸纳两种手段来对付反对党，通过限制其力量增长来保证行动党选举获胜，另一方面，在能够保持其在国会绝对优势的情况下，也对现行选举制度进行适当的修改，以扩展反对党获取政治权益的途径和通道。同时，除立法机关外，新加坡威权体制的吸纳能力更多地体现在人民行动党对其他社会精英的吸收上。由于行动党建立有能够深入到社会最基层的支部组织，并控制着人民协会、公民咨询委员会、居民委员会和工会等社会组织，在吸收社会精英进入政党上具有多重渠道与方式，谋求政治权益的社会精英和人才可通过加入人民行动党的方式来实现其目的。而人民行动党也十分重视用基层组织体系来发现和延揽精英人士，每届大选中，人民行动党都会推出一批新人，其中有大部分来自于这些基层组织。在 2001 年大选时，人民行动党推出的 25 名新人中，从基层组织选拔出的议员候选人有 18 名，所占比例达到了 72%。② 发达的组织网络为行动党发现和选拔人才提供了重要的途径。

为吸纳人才，行动党还将过去的使命召唤、主动投身的人才吸引方式转变为广泛招募和专门邀请。广泛招募的方式主要有"讲说会"和"茶会"等方式，讲说会是由 1986 年 9 月成立的党内组织——行动党青

---

① 孙景峰：《试论新加坡一党独大的政治体制》，载《国际问题研究》，2007 年第 5 期。
② 孙景峰、李社亮：《基层组织与新加坡人民行动党执政地位的延续》，载《河南师范大学学报》，2011 年第 1 期。

第五章 新加坡：从民主到威权和威权政治的维持

年团和青年行动小组在党的支部或总部举行，其目的是让有意加入该团体的年轻人有更多机会参与政治讨论和与议员交流，从而吸纳这些人入党；茶会是行动党党员所举行的聚会活动，通过茶会，党员和预招募的人员间增进了解、建立友谊，并发展其入党。专门邀请则是针对重要的社会精英，行动党登门拜访，游说其从政。比如，原本对政治没有兴趣的吴作栋却成为了李光耀之后的行动党秘书长与政府总理，就是行动党专门邀请其入党从政的结果。① 李光耀道出了行动党积极吸纳社会精英的目的："如果我们没有挑选最能干和最肯献身的人才，如果我们只让我们自己喜欢的人或随波逐流的人充满国会，我们一定会失败。我们把最好的人才延揽进来，这样做就能让反对党找不到杰出的人，那些有聪明才智的人就算不同意我们的政策，也一样可以加进来，他们可以说服我们修改政策，为人民做好事。"②

人民行动党所控制的政府机构也对社会精英开放，并用高薪来吸引人才加入，吴作栋在国会的演讲中指出，如果要将治理国家的重任交付给最杰出的人才，那么其收入也应该与其才能匹配。在新加坡，优秀的人才更愿意在企业工作，政府部门存在供大于求的状况，在1985年，法院中有一个大法官、一个总检察长和两个法官职位的空缺，新加坡的律师中有12位有资格任法官，在邀请其任法官时，所得到的答复却是要等几年赚够钱后再说。③ 据此，新加坡政府提高了公务员的薪酬，与企业界的薪资挂钩，以银行家、会计师等六个专业的平均收入来作为公务员薪金的标准。另外，在新加坡还有马来人和印度人等少数族群，李光耀发现，在1980年和1984年的大选中，选民更愿意把选票投给那些说方言和汉语的候选人，这使马来候选人越来越难以当选，而马来人从1972年开

---

① 吕元礼、黄卫平：《新加坡，一党独大的人才保证》，载《人才资源开发》，2009年第10期。
② [新加坡]《联合早报》编：《李光耀40年政论选》，现代出版社1996年版，第153页。
③ 吕元礼：《新加坡一党长期执政的领导方式分析》，载《当代中国政治研究报告》II, 2003年。

始就没能在国会中获得充分的代表权。① 集选区制度则是人民行动党政府所提出的解决这一问题的措施,该制度规定了多名候选人所组成的小组中必须包含一名少数种族成员,因此,这一制度在促进少数种族在国会中继续拥有代表权的同时,也为少数种族的精英提供了进入体制获取政治权力的途径。

人民行动党为防止所属议员脱离其行动党身份,在新加坡《议会条例》中规定,所有当选议员者,若改变自己的党员身份,就必须离开议会。② 依照这一规定,行动党所培养出的国会议员在退出现有体制而加入反对党的成本就会非常高,因为人民行动党几乎控制了所有重要的政治权力和利益,一旦改换门庭,他将不仅失去此前所得到的几乎所有政治权力和利益,而且在未来的政治竞争中也可能得不到多少利益。除此之外,人民行动党在其政党内部和政府中都设置了严格的晋升制度,党员和政府官员通过个人努力做出功绩就会得到升迁,这能够有效防止反向吸纳。体制内的受益者所能够得到的政治利益可以通过个人努力去获取,并且所做出的业绩越多,未来的预期收益也会越多,就更不会作出反对现体制的行为选择。在1971年,李光耀谈及新加坡成功要素时,就认为,新加坡奉行的是人才主义政策,高级公务员都是靠自己的资质、刻苦工作和高度表现升上来的。③ 在接班人的代际更替上,行动党也实现了制度化,要被初步定为接班的候选人需经过七道程序:第一道程序是候选人与党的秘书长进行谈话;第二道程序是由一个委员会对候选人进行面试,淘汰掉55%的人;第三道程序,再由另一个委员会进行挑选,留下21%的人选;第四道程序是党的领导人与候选人对话,阐述行动党的未来发展计划,以及行动党的继任者要扮演的角色;第五道程序是由党的职业活动家和内阁部长等组成的专门选拔小组与候选人进行对话,以判断候

---

① S. T. Quah, "Singapore in 1987: Political Reforms, Control, and Economic Recovery", *Southeast Asian Affairs*, 1988, pp. 233 – 252.
② 贺圣达等:《战后东南亚历史发展(1945—1994)》,广西人民出版社2003年版,第43页。
③ [新加坡]《联合早报》编:《李光耀40年政论选》,现代出版社1996年版,第137—138页。

选人的素质；第六道程序是考试，确认候选人中谁更合适担任国家部长或更高的职务；第七道程序是由总理等最高领导人所组成的第二选拔小组进行面试，依据候选人对实际政策方面问题的回答作出最后决定。① 对接班人的严格筛选，不仅保证继任者具有高超的才干，另一方面，也给予了每一个候选人大体公平的上升机会。

表5.4 新加坡威权体制的体制性吸纳能力

	体制性吸纳的渠道和形式	体制性吸纳能力
正向吸纳		较强，社会精英可通过多种途径进入体制内。且人民行动党长期控制政府掌握了政治权力与利益的分配，具有较强的谈判能力
政党	拥有健全的组织体系，积极广泛招募社会精英	
立法机关	允许反对党通过竞选获得议席	
政府	主动积极招揽社会精英进入政府	
社会组织	通过人民行动党控制下的人民协会、公民协商会、居民委员会和工会等社会组织吸收社会精英	
阻止反向吸纳	通过增加背叛行为的成本来严格限制体制内成员退出，在政党内部和政府中具有考核、升迁和接班的制度化规范	较强，体制内成员退出成本较高，并可通过才能与功绩得到升迁

总体来看，新加坡的威权体制有较强的正向吸纳和阻止反向吸纳的能力，立法机关能够吸纳少量的反对党议员，而官委议员和非选区议员制度增加了国会中反对党议员的数量。在数量众多且深入社会基层的组织体系下，精英进入体制的渠道和方式多种多样，人民行动党还主动积极地邀请和游说社会精英加入。由于退出体制的成本较高，而且在现体制中，所获得的利益与个人的能力、素质和绩效正相关，通常情况下，体制中的精英会选择拥护现体制。因此，新加坡"一党独大"政体的体

---

① 李路曲：《新加坡现代化之路：进程、模式与文化选择》，新华出版社1996年版，第440—443页。

制性吸纳能力属于第三种类型,即正向吸纳和阻止反向吸纳双强。

三、支持与反对威权体制的精英派别力量变化

由于新加坡实行议会内阁制,政治权力主要以国会选举的结果来进行分配,故而各派精英都会把其主要精力投入到大选中,通过大选结果便可以看出各派力量的变化情况。在1959年大选获胜后,人民行动党便一直保持着在大选中的全胜纪录,其间,社会主义阵线在1963年的大选中夺得14个议席,这是迄今为止反对党所获得的最高议席数,但在1968年,威权体制建立后,反对党连续四届大选一席未得,此后的大选中虽能得到零星席位,但最高数字也只是在2011年的6席。因而,威权体制的支持力量人民行动党对于其他的反对派别具有压倒性的优势。

在20世纪60年代,人民行动党最主要的反对力量是社会主义阵线,由于该党对议会政治的抵制和行动党的强力打压,在主要领导人被捕的情况下,原先所拥有的基层组织纷纷瓦解,社会影响力逐渐减退,在1972、1976和1980年的三次大选中均全军覆没,尔后,于1988年,与工人党合并,结束了在新加坡的政治生命。[1] 社会主义阵线之后的主要反对党是工人党、民主党和民主联盟。工人党于1957年11月成立,在1981年之前的选举中未获得席位,但自1981年该党秘书长、律师惹耶勒南在安顺选区补选中战胜行动党候选人后,便在国会选举中屡有斩获,在2011年大选中更是夺得6个议席,其中包括一个集选区,这是自集选区制度施行以来反对党的首次获胜。工人党是目前最大的反对党,其党组织包括青年团、党的执行会议和地区委员会,另有自己的网站和党刊——《铁锤报》。[2]

民主党创立于1980年7月,在1991年的国会大选获得3个议席,是当时最大的反对党。但在该党创始人詹时中于1993年遭徐顺全排挤被迫退党,徐顺全屡次因诽谤、无准证演讲和集会等控诉而入狱并破产[3]后,

---

[1] 孙景峰:《新加坡人民行动党执政研究》,人民出版社2005年版,第39页。
[2] 参见工人党网站:http://www.wp.sg。
[3] Ian Patrick, *Goh Keng Swee and Southeast Asian Governance*, Eastern University Press, 2004, p. 148.

第五章 新加坡：从民主到威权和威权政治的维持

其实力大受影响，在此后的选举均未能获得议席，而在2006年大选中竟只得到4%的支持率，比2001年的20.36%减少了4倍。民主联盟是由人民党、国民团结党、马来民族组织和正义党等四个反对党所组成的联盟，于2001年7月创立，由人民党的詹时中出任秘书长。詹时中在2001年和2006年的两次大选中都击败行动党候选人，夺得议席。但在2007年1月，联盟内部出现分裂，国民团结党退出民主联盟，詹时中也年事日高（1935年3月生人），因2008年的中风，由其妻协助工作，在2011年的大选中，民主联盟一席未得。

从1968年以来的历次大选来看，反对党的实力仍显弱小，根本无法对威权体制的支持力量形成实质性威胁。虽然2011年的大选结果显示出反对党力量的一定增长，但在这次大选中独得6席、一枝独秀的工人党仍无法在选举中与行动党进行全面的对抗，在总共27个选区中，工人党也只参与了8个选区的选举（表5.5）。

表5.5 2011年大选人民行动党和工人党参选情况

政党	单选区	4人集选区	5人集选区	6人集选区	参与选区
人民行动党	12	2	11	2	27
工人党	4	1	3	0	8

资料来源：联合早报网，http：//www.zaobao.com。

在此前的选举中，反对党也取得过类似的成绩，例如在1991年的大选中反对党夺得4席，得票率达到39%，但是人民行动党在其强大实力的基础上，通过一定的政策调整和加强与民众的沟通，使得此后的三届大选中反对党都仅获得2席。而2011年的大选结果也可视为第三任领导人李显龙对社会进一步开放并试图听到更多元化意见[1]等政策调整的一种反应，而在这次选举中显示出的民意，例如8000—10000新元收入的"夹心层"问题和年轻人购房问题，执掌政府的人民行动党比反对党更有

---

[1] 吕元礼：《鱼尾狮智慧——新加坡政治与治理》，经济管理出版社2010年版，第123—173页。

能力去进行回应和加以解决，因而，在未来的大选中，人民行动党继续压制反对党并收复失地的可能性很大。

表 5.6 新加坡威权体制时期的体制性吸纳能力与精英派别力量变化

	反体制派别	支持派别
正向吸纳较强	主要的反对政党力量弱小，在国会选举中所获议席寥寥无几，仅从 0 席增加到 6 席 体制外，没有组织大规模抗议运动的能力，从 1968 年以来，新加坡就几乎没发生过社会运动	
阻止反向吸纳较强		人民行动党控制政府、国会、司法机关和主要的社会组织 长期在国会选举中获胜，占据绝大多数议席

四、体制性吸纳与威权体制的维持

人民行动党在威权统治建立后，仍然维持了民主选举的形式，并以此来决定政府权力的归属，在反对党力量贫弱无力难以在国会大选中获得较多席位的情况下，其一党独大的威权体制则长期存续。正向吸纳和阻止反向吸纳双强的体制性吸纳能力导致了人民行动党和反对党的力量对比格局，人民行动党能够不断地将社会精英吸纳入威权体制，加强支持威权体制派别的力量，相对应的则是反对派别难以吸引精英加入，力量弱小，使国会选举在选举前就丧失了不确定性。

发达的组织网络和多种吸纳渠道使行动党能够从社会中吸纳到大量的精英，不仅使其力量能够得以保持和壮大，同时也使这些被吸收的精英不会被反对派别所用，间接减小了反对派的力量，而退出体制的高成本也让进入到体制的精英不会轻易作出改换阵营的行为选择。柯受田归

第五章 新加坡：从民主到威权和威权政治的维持

纳了新加坡反对党在四个方面的不足①：组织脆弱，不能吸收有足够能力的人才，无法提出可信赖的选举策略，集选区制度的影响。这些都和体制性吸纳能力紧密相关，由于社会精英都涌向人民行动党，反对党难以招募到适合的人才，导致其政党组织脆弱，而更加难以吸引到精英加入；精英和人才的缺乏就使其缺少足够的人力资源来进行政党活动，在大部分时间，大多数反对党都处于"冬眠"状态；而反对党在招募可靠候选人上有困难，就很难组成候选人团队，以应对集选区上的竞争。反对党难以推举出有实力的候选人，使得人民行动党在多个选区不战而胜，在1991年的大选中，反对党未参与竞争的议席数为41个，在1997年为47个。与之相反，人民行动党旗下聚集了新加坡大部分的精英人士，并能够不断推出新的更有竞争力的精英，还顺利地完成了两次领导人的接班，实现了自我更新。

在威权体制下的力量对比也让某些反对党改变了其立场，放弃了上台执政的企图，而是在国会中多获得席位。工人党主席林瑞莲就曾在媒体上讲到，她加入反对党并不表示要与执政党人民行动党对立，"我们不是要推翻政府，他们这几年表现都很不错"，她认为，加入反对党的目的在于使政府听到不同的声音，让政府做得更好。② 由此可见，面对强势的人民行动党，主要的反对党也逐渐倾向于接受现状，在立法机关能够吸纳反对党的情况下，反对党逐步认可现体制能够给予的政治利益，甚至甘于成为威权体制中的监督者，而不再是体制的反对者。这样，当反对党大都接受现体制的游戏规则，并不在体制外组织反体制的社会运动来冲击体制，威权体制维持成本将保持在较低水平，而新加坡的威权体制就会继续维持。

---

① ［澳］约翰·芬斯顿主编：《东南亚政府与政治》，张锡镇等译，北京大学出版社2007年版，第278—279页。
② ［新加坡］《联合晚报》，2002年10月29日，http://woman.zaobao.com/pages2/woman291002.html。

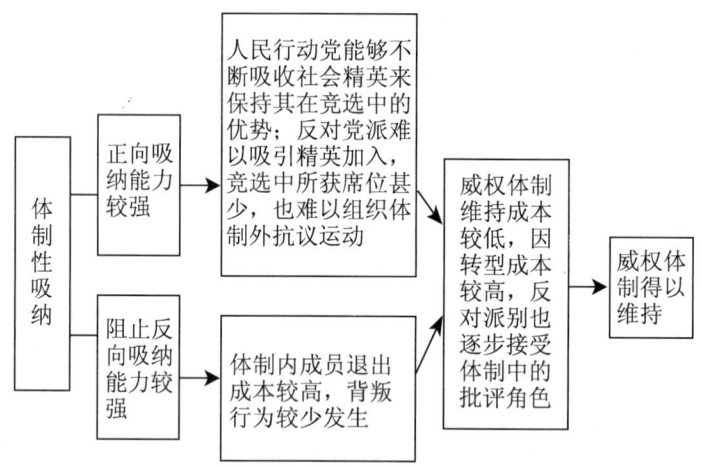

图 5.2 体制性吸纳与新加坡威权体制的维持

五、新加坡政治转型小结

"二战"后新加坡的政治发展过程分为从民主到威权的转型和威权体制的长期持续。在民主到威权的转型中,新加坡主要的政治派别都作出了退出民主体制的行为选择,人民行动党以暴力手段来打击反对派别,社会主义阵线则公开退出了民主体制,转向街头政治。这使人民行动党能够独霸国会,而形成了"一党独大"的威权体制。新加坡的民主体制基本能够吸纳主要的政治派别参与,从 1948 年到 1959 年,参与选举的政党从 1 个增加到 10 个,这表明民主体制有较强的正向吸纳能力;但由于殖民遗产——《内部安全法》的存在,民主体制缺乏规约执政党遵循民主游戏规则的能力,而这也引起了主要的反对党退出国会。因此,新加坡民主体制的吸纳能力与精英派别间力量变化的关系符合关于体制性吸纳与精英力量关系的命题 1,即在正向吸纳强,阻止反向吸纳弱的类型中,体制外的反对派精英力量弱小,但是在体制内的精英中出现支持与反对体制上的分裂和冲突,体制中要求改变政治体制的精英派别力量越来越强大。

正是社会主义阵线的议员退出议会,人民行动党才能够垄断所有议

第五章 新加坡：从民主到威权和威权政治的维持

席，此时的新加坡，力量最强大的政治派别都反对民主体制，在缺少支持力量的情况下，民主体制最终崩溃。这符合关于体制性吸纳与体制的维持和崩溃关系上的命题3，即在正向吸纳和阻止反向吸纳非同一方向变化时，即正向吸纳更强，而阻止反向吸纳更弱，或相反；那么现体制的维持则视体制性吸纳对精英力量对比的具体影响而定。在促使民主体制崩溃的两个主要派别——人民行动党和社会主义阵线中，行动党由于掌握了政权，其力量明显占优，它用"强加"的模式建立起威权政体。而新加坡民主制度的体制性吸纳属于所划分的第四种类型——正向吸纳强，阻止反向吸纳弱，新加坡从民主到威权的转型则符合体制性吸纳与转型模式关系的第二个命题，即体制性吸纳造成体制内反对派力量强过支持体制的力量，强加模式就易于发生，这一转型模式主要出现于第一和第四种吸纳类型中。

在威权体制下，国会作为立法机关可以吸纳一定数量的反对党议员，而体制的支持派别人民行动党以丰富的组织资源为基础积极招募社会精英加入。由于行动党掌握了最主要的政治资源，对于社会精英有较强的谈判能力，也能够对退出体制的行为进行惩罚，同时可以给进入体制的精英提供越来越多的利益，威权体制的体制性吸纳是正向吸纳和阻止反向吸纳双强的类型。因精英的不断涌入，人民行动党可以长期保持在国会选举的优势，反对党则无法招揽到足够的人才而难以在国会选举中对行动党形成有力挑战。这一状况符合体制性吸纳能力与精英力量变化的命题1，即在正向吸纳和阻止反向吸纳双强的类型中，体制外的反对派精英被不断吸收入体制内，体制内的反对派精英也越来越倾向于服从现体制，社会中反对派力量不断减弱，而支持体制的精英派别力量更加强大。在双强的体制性吸纳能力下，人民行动党能够通过吸收精英来保持其对反对派别的绝对优势，而因力量弱小，反对派别也安于现体制所提供的职位与利益，并不愿意、同时也没有能力在体制外进行反体制的社会运动，使新加坡的威权体制从1968年形成后，便一直持续至今。这符合体制性吸纳与体制崩溃和维持关系上的命题1，即体制性吸纳越强，即正向吸纳和阻止反向吸纳都更强，那么现体制更倾向于维持。

· 197 ·

第六章　菲律宾：民主和威权的交替

菲律宾，即菲律宾共和国（Republic of the Philippines），又称"菲国"，首都为马尼拉。其国土面积约30万平方公里，海岸线总长36000千多公里，居世界第五位。菲律宾是东南亚国家联盟的主要成员国，也是亚洲太平洋经济合作组织的成员国。菲律宾是一个多民族的国家，包括马来族的他加禄人、伊洛戈人、邦班牙人、比萨牙人等，还有华人、阿拉伯人、印度人、西班牙人、美国人以及原住民等，其中马来族是人数最多的民族，占到85%以上。英语是菲国的官方语言，国语是以他加禄语为基础的菲律宾语，此外还有70多种语言。在2010年，菲律宾的人口达到9300多万，[1] 加上约1100万居住在海外的菲律宾人，其总人口超过1亿。天主教是菲律宾国民信奉的主要宗教，信徒占人口的84%，另外还有部分国民信仰基督教、伊斯兰教、佛教和原始宗教。[2] 当前，菲律宾实行的政体为总统制民主制，总统是国家元首，国会由参、众两院组成。[3]

由于菲国是多种族的国家，各地有多种不同语言，加之国土由7000多个岛屿组成，不同民族间难以进行广泛而充分的交流；并且，自古以

---

[1] World Bank Data.
[2] 马燕冰、黄莺编：《菲律宾》，社会科学文献出版社2007年版，第42—43页。
[3] 同上，第14页。

第六章 菲律宾：民主和威权的交替

来许多移民都迁入到菲国，东西方文化在此聚集，因而菲律宾并没有形成统一的"菲律宾文化"，也没有官方的国家意识形态。但在19世纪末期成为美属殖民地后，菲国在经济、政治、文化、军事等各方面受到美国的强烈影响，自由民主的价值观逐步深入到菲律宾社会。在1987年的菲律宾宪法中便明确规定，菲律宾是一个民主共和国，主权属于人民，政府权力来自人民。菲律宾的政治领导人和精英阶层大致具备与宪法相一致的价值倾向，并在公民教育中将民主、正义、平等、自由和爱国主义的信仰灌输给菲律宾国民。[1]

菲律宾的经济以农业、工业和服务业为主。农业是主要的经济部门，占到国内生产总值的20%，从业人口则占总劳动力的37%；工业制造业对GDP的贡献为25%左右；服务业占50%。在殖民时期，菲律宾作为主要的原料和经济作物产地和出口国，甘蔗、椰子、蕉麻和烟草等国民经济的四大支柱占出口总值的80%，而工业则受到一定抑制，主要集中于手工业和日用品加工等领域。[2] "二战"后，菲国政府大力发展民族工业，并实施出口替代的战略，工业，特别是制造业，在20世纪50—60年代得到较快发展，因此，其与日本、缅甸同属于亚洲最富有的国家。进入80年代后，由于政局动荡，经济出现衰退，其后的多届政府都力求通过改革来推动经济发展，但成效都不显著。到2011年，菲律宾的人均GDP仅为2370美元，[3] 在全球居于较低水平，属于发展中国家。菲律宾的贫富差距较为严重，在1999年，基尼系数高达46.2，近年来有略微下降，2009年该指数为43，[4] 这一因素和社会的不安定是阻碍菲律宾经济发展的主要原因。

美国是对菲律宾影响较大的国家，曾为美国殖民地的经历，在菲律宾的各个方面都留下的痕迹。菲律宾的政治体制基本模仿美国，采用总

---

[1] [澳] 约翰·芬斯顿主编：《东南亚政府与政治》，张锡镇等译，北京大学出版社2007年版，第252页。
[2] 马燕冰、黄莺编：《菲律宾》，社会科学文献出版社2007年版，第186页。
[3] World Bank, WDI, 2012.
[4] World Bank, WDI, 2010.

统制，设立参、众两院的立法机关，实行立法、行政和司法的三权分立。"二战"后的民主时期，美国支持是总统候选人能够当任总统的重要条件。"二战"后，美国在菲律宾享有经济特权并设有23个军事基地，直到1974年，菲国政府才废除《劳雷尔—兰利协定》，终止美国在菲律宾的经济特权；1991年，菲律宾参议院投票反对美国在菲律宾驻军，到1992年11月，最后一批美军撤离菲律宾，才结束了美国在菲律宾长达93年的驻军历史。但菲律宾仍与美国在军事上保持同盟关系，两国联合进行大规模军事演习，菲向美开放军事设施，美国则为菲提供军事装备和援助。两国在经济上的往来也十分密切，美国是菲律宾最大的贸易伙伴国，2009年，菲美贸易总额为119亿美元，占菲外贸总量的14.63%，其中菲向美出口总额为67.90亿美元，进口总额为51.10亿美元。除美国外，菲律宾与日本的经济联系也较为紧密，日本是菲国的最大援助国、最大进口来源地和主要贸易伙伴。2008年10月，菲参议院审议通过两国于2006年签署的《经济伙伴关系协议》。2009年，菲日贸易总额为116亿美元，占菲外贸总量的14.20%。作为东盟成员国，菲律宾也将发展同东盟国家的关系列为优先考虑的对外政策，参与、推动和促进东盟内部的各项合作及经济一体化进程，并以东盟为依托发挥其在地区和国际事务中的作用。

1565—1898年，菲律宾为西班牙殖民者所统治，美西战争后，菲律宾成为美属殖民地。1935年，菲律宾获得自治，并通过1935年宪法。"二战"以来，菲国历经了民主体制和威权体制的交替。1946年取得独立后，菲国便由民主选举来决定政府权力的归属，虽然在选举中充斥着暴力和金钱交易，但基本上维持了选举的形式，权力的轮替也经由选举而和平进行。1972年，赢得1965年和1969年大选胜利、实现连任的马科斯总统宣布实行军管，动用军队和警察打击反对派，建立起个人独裁的威权政体。1986年，在军队叛变、人民力量运动的社会抗议和美国施压等多重打击下，马科斯被迫下台，逃离了菲律宾，结束了维持近15年的威权统治，科拉松·阿基诺夫人就任总统，开始建立民主政府。1987年通过的宪法恢复了菲律宾的民主体制，在各种力量的支持下，民主体制得到不断巩固并一直持续。菲律宾的政治转型可分为两个阶段：其一是从民主到威权的转型,其二则是从威权到民主的转型。在两个阶段中,各派精英因体制性吸纳的特征所造成的力量变化而作出不同的行为选择,进而引发了两个相反路向的政治转型。

第一节 "二战"以来菲律宾政治转型的历程

一、美式民主的建立与两党轮流执政时期(1946—1972)

"二战"后,日本战败投降,美国殖民者卷土重来,重新占领了菲律宾。1946年4月23日,菲律宾进行了战后首次大选,自由党候选人罗哈斯战胜了国民党的奥斯敏纳赢得总统席位,其竞选伙伴季里诺当选为副总统。在国会选举中,自由党也获得了多数席位,在16个参议员议席中,自由党获得13个席位;众议院中,自由党占据65个议席,国民党和民主同盟占36席。① 在风起云涌的民族运动压力下,美国政府被迫承认菲律宾独立,1946年7月4日,菲律宾共和国成立,罗哈斯成为菲律宾共和国的第一任总统,而自由党在此前大选中的胜利,也意味着在自治时期的国民党一党执政局面的结束和两党制的开始,此后26年是国民党和自由党交替执政的时期。②

菲律宾在"二战"后所施行的民主体制源于1935年的宪法。在1932年12月,美国国会通过了《菲律宾独立法案》,该《法案》规定在10年过渡期后准许菲律宾独立。③ 1934年7月,在马尼拉召开了宪法会议,选出202名代表,经过6个月的讨论,于1935年2月制定了10年过渡时期的宪法。该宪法仿效美国宪法制定了菲律宾的政治体制,规定菲律宾实行总统制,行政权属于总统,正、副总统由选民直接选举产生,任期6

---

① Shirley Jenkins, *American Economic Policy toward the Philippines*, California: Stanford University Press, 1954, p. 82.
② 马燕冰、黄莺编:《菲律宾》,社会科学文献出版社2007年版,第106页。
③ Bernardita Reyes Churchill, *The Philippine Independence Missions to the United States 1919 – 1934*, Manila: National Historical Institute, 1983, pp. 242 – 245.

年，不得连任；立法权属于一院制的立法会议；司法权属于最高法院和地方法院。① 1935 年宪法在 1940 年 6 月经过第一次修改，把一院制改为两院制，总统任期改为 4 年一任，并可连任一次。

罗哈斯政府是在美国的支持下上台，菲律宾战后的重建尚需美国的各方面援助，在这一情形下，美国迫使菲律宾将《贝尔法案》中规定的美国人与菲律宾人同样享有开发菲律宾自然资源和经营公用事业的所谓"同等权利"条款写入了宪法。② 1948 年，罗哈斯因病去世后由季里诺接任总统，在 1949 年的大选中，季里诺当选为总统，自由党再次战胜国民党。1953 年大选前，季里诺和麦格赛赛在总统候选人问题上发生了冲突，季里诺谋求连任，而国防部长麦格赛赛也希望获得自由党总统候选人资格。1953 年 2 月，麦格赛赛辞去国防部长职务，加入国民党，成为国民党总统候选人，麦格赛赛得到了美国、国防部旧派势力、工商业、天主教会的支持，以 70% 的得票率高票当选为菲律宾共和国第三任总统。③ 从 20 世纪 50 年代开始，菲律宾的工业经济得到快速发展，在新兴的民族工业阶层和社会舆论的强烈反对下，麦格赛赛政府与美国进行了关于修改"贸易协定"的谈判。1954 年 12 月，双方达成了劳雷尔—兰格雷协定，美国在形式上放弃对菲律宾货币的控制权，但美国政府并未放弃在菲律宾享有的"同等权利"，甚至菲律宾被迫取消外汇税，以便美国资本将在菲国所获得的巨额利润兑换为美元带回美国。新的贸易协定并未赋予菲律宾新的权利，仅是恢复了一些在贝尔贸易法案中美国人拒绝给菲律宾的权利，④ 新协定反而加强了美国对菲律宾的经济控制和美方的特权，并进一步加深菲国在经济上对美国的依赖。1957 年 3 月，麦格赛赛因飞机失事身亡，副总统加西亚继任总统。在当年的大选中，加西亚仅得到总票数的 41%，以微弱优势当选总统，但是副总统候选人却被自由党的马

---

① 金应熙主编：《菲律宾史》，河南大学出版社 1990 年版，第 512 页。
② F. H. Golay, *The Philippines: Public Policy and National Economic Development*, New York: Cornell University Press, p. 63.
③ 金应熙主编：《菲律宾史》，河南大学出版社 1990 年版，第 681 页。
④ F. H. Golay, *The United States and the Philippines*, Columbia University Press, 1966, p. 134.

第六章 菲律宾：民主和威权的交替

卡帕加尔击败，形成了菲律宾历史上第一次正副总统分属不同政党的局面。① 加西亚政府开始推行民族主义的经济政策，提出"菲人第一"，在经济决议中明确规定优先为从事工商业的菲律宾公民配供外汇，对菲律宾企业提供帮助。② 这一政策遭到了美国的非难和指责，遂在1961年大选中扶持承诺取消外汇管制恢复自由经济制度的自由党候选人马卡帕加尔，后者战胜加西亚成为菲国独立后的第五任总统。马卡帕加尔上台后撤销经济统制政策，使美国资本加大了对菲国的输出，以获取高于美国国内的利润，1960—1968年期间，外资在菲律宾创造的总利润为55152万美元，美国资本就占到了42872万美元。③ 因外资和外来商品的大量涌入，菲律宾民族工业遭受重创，大批企业倒闭，上千家企业处境艰难。④ 在反美民族主义运动的压力下，马卡帕加尔政府为淡化美国影响，单方面废除《美菲总关系条约》，提出回归亚洲的口号，并将菲律宾独立纪念日从与美国独立日相同的7月14日改为6月12日。

1961年的大选中，马科斯开始崭露头角，他与马卡帕加尔同为"反加西亚联盟"的核心人物。马卡帕加尔曾承诺只当一届总统，下届选举会全力支持马科斯参选，⑤ 但在1965年总统选举开始后，马卡帕加尔违背了向自由党主席、参议院议长马科斯的诺言，再次参选，马科斯则退出自由党，转而加入国民党。美国则因马卡帕加尔的傲慢和不驯服，⑥ 转而支持由糖业集团支持的马科斯。同年11月，马科斯以压倒性多数击败马卡帕加尔，当选总统。马科斯上台后，整肃贪污、打击走私，大力促进经济发展，出台《投资奖励法》，吸引外国投资。由于其在任期内的良好政绩，以及自由党的分裂，马科斯在1969年的大选中再次当选总统，

---

① 金应熙主编：《菲律宾史》，河南大学出版社1990年版，第711页。
② T. A. Agoncillo eds., *Filipino Nationalism, 1872–1970*, RP Garcia Pub. Co., 1974, pp. 364–365.
③ William J. Pomeroy, *An American Made Tragedy: Neo-cotonialism & Dictatotship in the Philippines*, New York: International Publishers, 1974, p. 48.
④ P. V. Salgado, *The Philippine Economy, History and Analysis*, R. P. Garcia Pub. Co., 1985, p. 53.
⑤ 马燕冰、黄莺编：《菲律宾》，社会科学文献出版社2007年版，第112页。
⑥ 金应熙主编：《菲律宾史》，河南大学出版社1990年版，第746页。

是菲律宾独立以来第一位成功实现连任的总统，如果不改变1987年的宪法中对总统连任的限制，他也可能是唯一一位连任的总统。马科斯在连任总统后，随即陷入了多重困境中。首先，大选中的巨额开支，使政府在第一季度就亏空了1.76亿比索，相当于上年度同期赤字的三倍以上。① 政府大量供应的现金致使在外汇市场上，比索持续贬值，外汇储备接近于崩溃，国内则是物价快速攀升，民众生活压力增大。1970年1月，菲律宾全国学生联盟发起了大规模的学生示威，并要求马科斯保证不再竞选第三任总统。统治集团内部也出现了分裂，洛佩斯家族是马科斯在1965、1969年的重要支持力量，但在1970年，马科斯家族与其在菲律宾石油业的控制上产生矛盾，马科斯的竞选伙伴副总统费尔南多·洛佩斯也辞去了内阁职务。② 以前总统加西亚和马卡帕加尔为首的反对派也强烈反对马科斯夫妇参与下一届大选，并试图通过修改宪法来实现这一目标。从1969年起，棉兰老的穆斯林叛乱和吕宋中部平原由共产党所领导的新人民军暴动也愈演愈烈。③ 在各种危机下，对于谋求长期执政并掌握强大势力的马科斯而言，实行"军管法"、进行军事统治便成为一个具有吸引力和可行性的选择方案。

二、从民主到威权的转型与马科斯的军政府统治（1972—1986）

由学生在1970年1月所发起的"一月运动"促成了制宪会议的召开，制宪会议被视做拯救危局的希望。1970年11月，通过选举产生了320名代表，包括数位前总统、法官、内阁成员、议员、学者、神父、商人、科学家、工人和农民领袖等各界人士。制宪会议于1971年通过了将总统制改为议会制的提案，但是阻止马科斯夫妇成为1973年总统候选人

---

① 周东华：《战后菲律宾现代化进程中的威权主义起源研究》，人民出版社2010年版，第76页。
② S. R. Shalom, *The United States and The Philippines: A Study of Neocolonialism*, Quezon City: New Day 1986, p. 162.
③ [新西兰]尼古拉斯·塔林主编：《剑桥东南亚史》第2卷，王士录等译，云南人民出版社2003年版，第336页。

第六章 菲律宾：民主和威权的交替

的提案因131票对155票的微弱劣势被否决，这意味着马科斯可以用议会制来实现无限期执政的企图。1971年8月，自由党的参议院候选人遭遇恐怖袭击，马科斯将其视做共产党的暴力颠覆政权行为，并以此为借口，宣布中止实施《人身保护法》，但实际上，这次在马尼拉发生的导致9人死亡数十人受伤的炸弹事件是否由共产党分子所为受到菲律宾保安军炸弹专家的质疑，而更多的消息来源都怀疑这些爆炸活动最有可能是总统本人所策划。①1972年9月，马科斯在第二任总统即将期满且难以在下届大选中获胜的情况下，再次以共产主义的颠覆活动为借口，宣布全国处于紧急状态，实行军事管制，以维持治安，粉碎共产党的颠覆，建立"新社会"②。就在实施军管的前三天，菲律宾的军方将领在给国家安全委员会的报告中却提到，"国内的安全局势并不比前几年更糟糕"③。很明显，马科斯实行军管的主要目的是为了在1973年任期结束后继续保留权力，并顺利通过一部巩固其权位的宪法。"军管法"政府的成立结束了自1935年以来在菲律宾一直存在的多元政治格局，④也表明菲律宾由民主体制转变为个人独裁的威权政体。

实施军事管制后，马科斯在军方的支持下，运用暴力工具大肆清理对其形成威胁的各种势力，禁止罢工、游行以及政党活动，查封多家媒体，严格管制电台和电视台，抓捕了大批反对派人士。为实现建设"新社会"的目标，马科斯需要对现有政治体制进行改造，并使新的宪法能够得以通过，因此，他创造了一种新的政治结构——公民会议，并在菲律宾的每一个巴朗盖都设置这一机构，由15周岁以上的公民组成，覆盖整个菲律宾，共约有36000个。1973年1月，公民议会对新宪法进行了

---

① 金应熙主编：《菲律宾史》，河南大学出版社1990年版，第769页。
② 同上，第768页。
③ S. R. Shalom, *The United States and The Philippines: A Study of Neocolonialism*, Quezon City: New Day Pu blishers, 1986, p. 171.
④ [新西兰]尼古拉斯·塔林主编：《剑桥东南亚史》第2卷，王士录等译，云南人民出版社2003年版，第335页。

投票，以绝对多数的优势批准了新宪法。① 新的宪法规定，菲律宾政体由总统制改为议会制，总统只是一个象征性的国家元首，总理拥有实权并对议会负责，议会由两院制变为一院制，在有旧宪法过渡到新宪法阶段，将成立以马科斯总统为首的临时国民议会和政府，而是否终止临时议会和政府并进行大选，则由马科斯总统个人做出决定。在过渡时期，马科斯将拥有旧宪法和新宪法所规定的总统和总理的全部权力。② 1977年12月，菲律宾通过公民投票通过决议，马科斯在临时国民议会成立后继续担任总统兼总理。1978年，为缓和不断增加的反对派势力，马科斯宣布在同年4月进行第一次国民会议选举，并开放党禁。为应付国民议会选举，马科斯纠集支持其统治的国民党成员、自由党成员和其他团体、无党派人士组建了新的政党——新社会运动。国民议会选举中，马科斯的新社会运动党赢得了183个席位中的169个，反对派仅获14个席位，而由贝尼格诺·阿基诺为首的人民力量党所推出的21名候选人全部落选。

1981年1月，马科斯宣布废止"军管法"，但这并未削弱其权力，他保留了发布总统法令以及通过使用《国家安全法》拘捕潜在敌人的权力，③ 所实行的是没有"军管法"的军事独裁统治。随后，马科斯经由国民议会修改了宪法，将议会制改为总统—议会制，总统任期6年，可连任，并有任命总理和内阁成员的权力。④ 为了排挤贝尼格诺·阿基诺，宪法特意规定总统竞选人须年过50。1981年6月，马科斯在无人竞选的情况下当选为总统。1983年8月21日，贝尼格诺·阿基诺在飞机抵达马尼拉、刚走出飞机不到几秒钟就被枪手击中头部，遭暗杀身亡。阿基诺刺杀事件后，反对力量开始联合，并动员更多的民众参与到反对马科斯统治的社会运动中。1984年5月，在野党在国民议会中获得183个席位中

---

① 周东华：《战后菲律宾现代化进程中的威权主义起源研究》，人民出版社2010年版，第218—219页。
② 金应熙主编：《菲律宾史》，河南大学出版社1990年版，第770页。
③ David Wurfel, *Filipino Politics: Development and Decay*, New York: Cornell University Press, 1988, p. 248.
④ Ibid, p. 250.

第六章　菲律宾：民主和威权的交替

的 61 席，这大大超出马科斯预计的 20—30 席。① 在 1986 年的总统选举中，反对党派所推出的科拉松·阿基诺（贝尼格诺·阿基诺的遗孀）和萨尔瓦多·劳雷尔的总统和副总统候选人得到了广泛的支持，其中包括在菲律宾有巨大影响力的天主教会。

1986 年 2 月 7 日，菲律宾进行了总统选举。2 月 16 日，受马科斯控制的国民议会宣布其获胜，阿基诺为首的反对党认为选举舞弊，不承认大选结果，在马尼拉举行大规模的抗议集会。2 月 22 日，国防部长恩里莱发动兵变，支持阿基诺。2 月 25 日，马科斯举行总统宣誓仪式，与此同时，阿基诺夫人也宣誓就任总统，数小时后，马科斯寻求美国支持未果，便乘坐美国飞机逃到夏威夷，从而结束了马科斯在菲律宾持续 13 年多的威权统治。

三、从威权到民主的转型与民主体制的巩固（1986—　）

贝尼格诺·阿基诺的刺杀事件成为菲律宾迈向民主化进程的起点，②各种抗议活动在全国范围内爆发，越来越多的人走到了政府的对立面，参与和支持反对派的示威活动。经天主教会辛主教的游说，阿基诺和劳雷尔实现了联合，各自领导的民主—人民力量党（LABAN）和统一民族民主组织（UNIDO）也成为对抗马科斯的新社会运动的竞选联盟。总统选举后，反对力量不服从大选结果，组织大规模的民众抗议活动，天主教会和军方叛乱势力也加入到反对马科斯统治的行列，在数十万民众的阻止下，马科斯派出的军队未能镇压抗议运动。1986 年 2 月 24 日，马科斯向美国提出与反对派联合执政，遭到美方拒绝；2 月 25 日，他和阿基诺都进行了总统就职仪式，但美国大使馆派官员参加了阿基诺的就职仪式却未在马科斯的仪式上出席；当日晚，马科斯宣布放弃权位，阿基诺

---

① Richard J. Kessler, "Politics Philippine Style, Circa 1984", *Asian Survey*, Vol. 24, No. 12, 1984, pp. 1209 – 1228.
② ［美］格蕾欣·卡斯帕：《从对峙到调解：菲律宾的民主巩固之路》，载［美］詹姆斯·F.霍利菲尔德、加尔文·吉尔森主编：《通往民主之路——民主转型的政治经济学》，何志平、马卫红译，社会科学文献出版社 2012 年版，第 185 页。

成为了菲律宾的总统,并开始着手建立民主政府。

阿基诺在 1986 年 3 月成立了临时政府,并废除 1972 年宪法,制订临时宪法。3 月 25 日,临时宪法生效,并在 1987 年经全民投票通过。1987 年宪法规定,菲律宾实行三权分立政体,总统拥有行政权,由选民直接选举产生,任期 6 年,不得连任,总统无权实施"军管法",无权解散国会,不能任意拘捕反对派,议会由参议院和众议院组成,参议院的 24 名议员由选民投票选出;众议院的 250 名议员中,有 208 名由各选区选出,其余的名额则通过比例代表制的方式从非政府组织、各个政党和社会团体中产生。① 新宪法使菲律宾恢复到 1972 年马科斯实施"军管法"之前的总统制政体,② 在阿基诺上台后所出现的多个竞逐权力的政党也使菲律宾政党制度从两党制变为了多党制。

阿基诺执政期间,曾遭遇了 7 次军事政变,大都与马科斯的残余势力和军队改革运动的叛乱势力有关。民主体制虽未稳固,但她成功地恢复了民主并举行从地方政府到国会的新的选举,能够经受一系列军事政变并完成任职,③ 在结束马科斯威权统治后建立起了民主政体。接任阿基诺总统职位的是力量党(LAKAS)的拉莫斯,拉莫斯原本属于菲律宾民主党(LDP),但因民主党将米特拉定为总统候选人,拉莫斯转投力量党并在 1992 的选举中战胜了米特拉。拉莫斯上台后加强了对军队的控制,减少了军事叛变的威胁,并成功与菲共、穆斯林和军队内的叛乱势力进行了和谈,稳定了政局。1998 年大选临近之时,拉莫斯为连任总统发起了修宪运动,而辛主教与阿基诺发动了百万人大游行,迫使其放弃连任企图。1998 年大选的获胜者是反对党爱国民众奋斗党(LAMP)的候选人

---

① [澳]约翰·芬斯顿主编:《东南亚政府与政治》,张锡镇等译,北京大学出版社 2007 年版,第 245—246 页。

② Hutchison Jane, "Class and State Power in the Philippines", In Kevin Hewison, Richard Robison, and Garry Rodan, eds. , *Southeast Asia in the 1990s*:*Authoritarianism, Democracy, and Capitalism*, Boston:Allen and Unwin, 1993, pp. 191–212.

③ [美]格蕾欣·卡斯帕:《从对峙到调解:菲律宾的民主巩固之路》,载[美]詹姆斯·F. 霍利菲尔德、加尔文·吉尔森主编:《通往民主之路——民主转型的政治经济学》,何志平、马卫红译,社会科学文献出版社 2012 年版,第 191 页。

埃斯特拉达，后由于在任期内的贪腐行为在2001年1月被人民力量运动推翻，副总统阿罗约接任总统职位。在2004年大选中，阿罗约战胜了反对党"菲人团结联盟"候选人费尔南多·波，获得连任。2010年，自由党候选人，阿基诺夫人的独子阿基诺三世战胜了对手前总统埃斯特拉达成为菲律宾第15任总统。

自1986年菲律宾恢复民主体制以来，通过民主选举，共产生了拉莫斯、埃斯特拉达、阿罗约、阿基诺等4位总统，严格来讲，其中唯有埃斯特拉达是由在野党的总统候选人获胜当选总统，其余三位总统均属于执政党联盟，[①] 按照亨廷顿的"两轮选举测试标准"[②]，菲律宾只经历了一次在野党和执政党的轮替，还未实现民主巩固。但是，拉莫斯连任企图的失败和埃斯特拉达因贪污财产而下台则表明在菲律宾有实力强大的民主体制的支持力量，这些力量包括政治精英、社会团体、教会，甚至军队，也正是主要的政治势力在民主体制上的一致与共识，使菲律宾的民主体制在数次面临崩溃的危险时能够得以维持。

第二节　体制性吸纳与从民主到威权的政治转型

一、民主体制下各派力量的变化

1935年2月，菲律宾通过1935年宪法，确立了总统制的民主体制。1935年9月，菲律宾自治政府成立，国民党总统候选人奎松以68.5%的得票率当选为总统。1941年11月"二战"前的最后一次选举中，奎松再次当选为总统，而且，国民党在参议院选举中独占所有24个席位，其他党派只在众议院获得3个席位。[③] 在自治政府时期，虽然有多个政党，但政治权力基本上被国民党掌控，呈现一党独大的局面，而国防和外交大

[①] 吕炳宽、翁俊桔：《菲律宾宪政体制变革之可行性分析》，载《台湾民主季刊》第7卷第1期，2010年3月，第107—131页。
[②] [美] 亨廷顿：《第三波——20世纪后期民主化浪潮》，上海三联书店1998年版，第321页。
[③] 金应熙主编：《菲律宾史》，河南大学出版社1990年版，第524—526页。

权则被美国控制。

"二战"后，菲律宾自治政府重建并于1946年7月4日获得独立，而国民党一党独大的政治格局已出现变化。在1946年到1969年的七次总统大选中，国民党获得了四次胜利，分别是1953年的麦格赛赛、1957年的加西亚、1965年和1969年的马科斯；自由党则拿下三任总统：1946年的罗哈斯、1949年的季里诺和1961年的马卡帕加尔。由此，从自治政府成立到马科斯实施"军管法"，菲律宾的民主体制逐步建立并成为政治精英争夺政治权力的主要游戏规则。政党制度由国民党的一党优势转变为国民党和自由党的两党轮流执政，相对于自治政府时期而言，独立后的不同政治派别有更多的可能性获取政治权力，因得到权力的期望增加，参与到体制中竞争的精英也就越多；换言之，体制的正向吸纳能力也就越强。

但是在两党轮流执政时期，政治精英对政党的认同和忠诚度都不高，其力量也不主要来自于政党，政党只是政治精英参与竞争的一种身份资格。对处于顶层的精英来讲，加入某一政党的目的在于获得总统候选人资格，进而可以参与竞争最重要的政治利益，一旦不能达到目的，就有可能"跳槽"加入另一政党。这一情形在1946—1972年期间就出现了三次：1946年大选前，在国民党内部，罗哈斯与奥斯敏纳争夺总统候选人，罗哈斯要求奥斯敏纳退出总统竞选，遭到拒绝后，退出国民党，另行组建自由党，以自由党候选人赢得选举；在1953年大选前，季里诺和麦格赛赛在总统候选人问题上发生冲突，麦格赛赛退出自由党，加入了国民党以参加竞选，麦格赛赛战胜季里诺；1965年总统竞选前，马卡帕加尔和马科斯在自由党内因总统候选人发生矛盾，马科斯退出自由党，转而加入国民党，并击败马卡帕加尔成为总统。

这一现象的主要原因在于两方面，其一，竞争的两党——国民党和自由党并无多大差异，都力图赢得中间选民的支持，不会走到"左"或"右"的极端使多数选民远离。由于两者的区分度较低，政治精英为获得更多的政治利益改换门庭并不会让他失去原有的选民支持。另一方面，作为"二战"前的历史遗产，家族在菲律宾的政治结构中占据重要地位。政治精英的力量来自于家族的支持，他们在取得政治利益后也必须对家

第六章　菲律宾：民主和威权的交替

族进行"回馈",精英和所在家族间具有极其紧密的联系。

在成为西班牙殖民地之前,家族便在菲律宾社会中占据关键地位,社会组织和群体之间主要是以亲属关系作为相互结合的纽带。家族和家族关系植根于菲律宾的农业经济,当地经济主要以农业为主,盛产粮食和经济作物。拥有大量土地的家族便具有强大的经济实力,而西班牙殖民者为了攫取原材料更是推动大庄园农业,加剧了土地的集中,其后的美国殖民者也未对家族结构进行破坏,因而,个人要想获取一定的政治权力就必须取得掌握经济资源的家族支持,家族结构通过扶持成员来占据政府要职,形成了经济实力与政治权力的结合,并把家族结构从社会、经济关系扩展到政治系统中。

在家族式的政治结构下,人们之间呈现出一种从属关系,家族的家长占据政治领袖的角色,其他家庭成员和依附于家族的其他个人分享家长施与的利益。从基层到中央都呈现出由家族关系扩展的扈从结构,在农村,佃农受地主的保护和影响;在上层,领袖们便通过满足支持者的需求来获取其支持,领导成为庇护者,受其保护的则是扈从者,而庇护者们其上也有庇护者,菲律宾的政治结构就从乡村到中央的扈从关系垂直连接起来。[1]

在这一结构下,参与总统选举的政治精英并不需要和民众建立直接联系,而是要有能力对支持他的家族、次级家族、地方团体等掌握选票的组织给予回报,相应地,这些组织同样也会挑选最有能力为其提供庇护的政治领袖,在选举中进行支持。这样,政党就成为多个掌控着选票的次级集团的联合体,这些集团的领导层大都是由有亲属关系或紧密联系的人所构成,出任领袖的往往也与在更高层级的政治机构中,比如省、市任要职的人员有血缘关系,属于同一家族。[2] 这些次级组织的庇护者对投票人"赏赐"以换取选票,政党也必须对这些庇护者提供奖励,在这

---

[1] [澳]约翰·芬斯顿主编:《东南亚政府与政治》,张锡镇等译,北京大学出版社2007年版,第331页。
[2] 陈鸿瑜:《菲律宾的政党制度:从两党政治到多党政治之转变》,载《问题与研究》,1999年第5期,第31—58页。

种情况下,政党就不是按照纲领来竞选,特别是纲领还有可能会损害集团间关系。在两党制下,各个政党的组织结构都较为松散,在各个党派和次级集团中,领导层是依关系大都由家族中的亲属来担任领袖,因而政治精英不是按照原则、制度和政党的归属,而是依据能够为个人、家族和扈从者带来多少利益的庇护关系来参与政治。① 那么,在战后 26 年里所选举出的 6 位(7 任)总统中,出现一半的总统在选举前改换其政党身份的情形就不难理解。除参与总统竞选的政治精英外,不同层级的精英也都会依照自身和所在家族的利益更换党籍,政党身份只是政治精英通往权力道路上的工具和表面上的标记,而更深层次的身份标识则是各自所属的家族。

独立后的菲律宾仍是一个以农业为主的国家,拥有土地的家族掌握着大量的经济资源,他们有足够的能力支持政治精英参与竞选。据 1953 年的统计数据,0.4% 的家族竟然拥有全部土地中的 42%,占有土地在 50 公顷以上的大家族有 13859 个,达到上千公顷的顶级家族有 221 个。② 土地和财富高度集中于大家族,而想要在竞选中获胜的政治精英就必须得到这些家族的支持,在赢得权力后,政治精英则要回报于家族,以保证其长远利益。于是,菲律宾的民主体制下的权力竞逐规则就成为政治精英与家族、集团和扈从者之间相互支持和回报的循环。

在这样的游戏规则下,竞选上台后的政治精英就会用国家权力和资源来回报支持他或她的家族,唯有政治领袖能够满足追随者的需要和期望,对他们的支持才会持久和稳定。因此,几乎大选获胜的总统都会将政府要职和经济资源"赏赐"给家族成员、亲友和扈从者,这导致政府主要掌握在和总统具有亲属和紧密关系的人手中,贪腐现象极为严重。

在罗哈斯与季里诺任总统期间,贪污腐败盛行,总统的私人亲友和支持其统治的军事精英占据了政府要害部门,罗哈斯的后台是索尼诺斯

---

① D. B. Schirmer, S. R. Shalom, eds., *The Philippines Reader: A History of Colonialism, Neocolonialism, Dictatorship, and Resistance*, Boston: South End Press 1987, p. 127.

② Peter Krinks, *The Economy of the Philippines: Elites, Inequalities and Economic Restructuring*, London: Routledge, 2002, p. 31.

第六章 菲律宾：民主和威权的交替

家族，季里诺上台后，就更换为阿兰内塔家族。季里诺任职时期，自由党主席阿维利诺就坦言，如果我们不能够进行贪污受贿，那成为多数党有什么意义？赢得竞选上台掌权是为什么？我们都不是天使。① 格赛赛任总统后，着手清理和打击政府官员的腐败行为，他重用倾向改革的年轻天主教积极分子、技术官员和军人，其背后的支持力量是天主教中的改革派团体、技术专家和军队中的改革派。因飞机失事，麦格赛赛的改革中途夭折，加西亚则创下了超过前人的腐败记录，他重新任用与其关系紧密的亲信和政客代替了麦格赛赛时期的年轻改革者。马卡帕加尔和马科斯都以反对腐败作为竞选纲领，但两人都无法改变现状，盖因对任何参与政治的菲律宾人来讲，政治是通往财富的捷径，借助政治权力，可以比其他方法更能在短期内得到大量金钱。② 而民主选举体系下，任何总统想要上台，都不可能背离被庇护者的需求和愿望，不满足庇护期望，选举胜利则不可能实现。③ 所谓的"打击腐败"则成为吸引选民投票的手段，抑或是更换上任总统的亲族官员和势力、安排自己的亲友接替的一种借口。马卡帕加尔主要扶植支持自己的企业家族，例如航空公司的托达家族和阿奎纳多商业家族，受糖业集团支持的马科斯出台偏向这些集团的政策和法令，并将巨额财富转移到家族，马科斯夫妇的财产多达50亿美元。

通过支持精英竞争权力并获得上任后的回报，菲律宾的家族势力进一步扩展，在20世纪60年代，40个寡头家族就大约控制了全国90%的财富，大型家族主要有400多个，其中200多个是依靠制糖业起家的砂糖百万富翁，④ 到马科斯实行军管之前的1971年，5%的人拥有了超过全国一半的财富。1971年的人口统计显示，菲律宾约有512.6万个家庭，其

---

① M. S. Ventura, *U. S. -Philippines Cooperation and Cross – Purposes*, Filipiniana PuBlications, 1974, p. 170.
② 江炳伦：《亚洲政治文化个案研究》，台北五南公司1989年版，第147页。
③ D. Wurfel, *Filipino Politics: Development and Decay*, New York: Cornell university Press, 1988, p. 96.
④ W. J. Pomeroy, *An American Made Tragedy: Neo-colonialism & Dictatorship in the Philippines*, New York: International Publishers Co., 1974, pp. 53 – 54.

中，年收入不超过500比索的约有11.6%，居于社会底层；收入在2500比索以下的低收入家庭为69.4%；2500—4999比索的家庭为21.1%；只有不超过10%的家庭，收入在5000比索以上；而收入在1万比索以上的家庭仅占2.6%；收入在5万比索以上的家庭数不会超过6万，约占总数的1.1%，是最顶层的家族。① 上层家族力量的壮大使政治精英对家族支持的依赖性更强，而家族也需要政治权力为其财富提供庇护，家族与精英间的依存关系进一步加强。

另一方面，政治精英的回报还体现在选举期间对投票者、集团、家族的"贿赂"，政治精英依靠金钱来换取掌握在个人、集团和各个家族手中的选票，以期赢得选举。每到大选，执掌政权的政党和精英便用国家财政来为"购买选票"买单：1957年总统大选，政府的财政赤字为1.23亿比索，1958年的政府收入为0.17亿比索；1961年大选，加西亚政府的财政赤字为1.59亿比索，1962年政府收入为0.88亿比索；1965年大选，马卡帕加尔政府的财政赤字高达2亿比索，而马科斯任总统后，从1966年到1969年，政府的净收入均为负数；在总统选举的1969年，政府第一季度的财政赤字就达到惊人的1.76亿比索。② 除执政党会用政府开支来支付选举费用外，在野党也同样会动用大笔资金来换取支持，例如1969年大选的最后两周，马科斯政府花费2250万比索来收买选票，在野党自由党则花费900万比索。③ 当然，政治精英对支持者的回报并不会局限在选举中，选举中的政府开销增大只是回报的一种直接表现，而当政治精英顺利获得权位后，根据支持者的重要性和亲密度，还会回馈以各种方式的"优惠"和"保护"。围绕着民主选举的财富和权力分配，政治精英背后的从中央到地方的不同层级的支持家族、集团和个人都能分沾到一定的"好处"，如果所支持的精英能够赢得选举，那支持所带来的回报就

---

① 周东华：《战后菲律宾现代化进程中的威权主义起源研究》，人民出版社2010年版，第34页。
② 周东华：《战后菲律宾现代化进程中的威权主义起源研究》，人民出版社2010年版，第75页。
③ Airgram from Am. Embassy Manila to Department of State, "Philippine Democracy at Work – 1969 Election Campaign", p.7, 转引自《战后菲律宾现代化进程中的威权主义起源研究》，第40页。

第六章 菲律宾：民主和威权的交替

能实现最大化。

这种支持—回报式的体系存在着一个重大的缺陷，如果某一家族能够长期在选举中获胜，那么他们及其扈从者就能得到更多的利益，从而引起其他家族和集团的不满，导致家族间和不同派别间的冲突和矛盾激化，并不断产生反对现政治体制的派别和行为。菲律宾在独立后的26年中，除马科斯以外，并未出现某位总统连任的情况，不同的家族和精英就可以通过轮流掌控政府权力获得利益，而不会因在体制中难以获得预期的利益而走向体制的反对面。轮流执政的民主体制通过选举竞争使主要的政治精英和家族势力参与到体制中，因利益的获取而成为现体制的拥护者，从这个意义上讲，菲律宾的民主体制具有较强的正向吸纳能力。这一时期，反体制的主要力量是菲律宾共产党和农村中的胡克运动。在独立初期，菲共曾联合胡克游击队、全国农民协会等组织组建了政党民主同盟以参与竞选。当罗哈斯将7名民主同盟的众议院议员赶出国会后，在1948年，菲共将武装力量重组为人民解放军，开展武装斗争，到1951年，人民解放军的武装力量达到3万多人，并有500多万的支持者。[1] 但在季里诺和麦格赛赛的大力镇压下，人民解放军死伤惨重，据统计，在1950—1955年，人民解放军死亡人数达6874人，被捕4702人，投降的有9548人。[2] 因损失严重，1955年，菲共决定只保留少量的武装力量，并从武装斗争转为合法的议会选举竞争。[3] 胡克运动则是胡克游击队在菲律宾吕宋所发动的大规模叛乱，这一运动与菲共联系紧密受其领导，并得到农民的大力支持。在农村中，上层地主本应充当农民的庇护者，为佃农提供帮助，佃农则为地主劳作，但由于大量的地主涌入城市，农民和地主间的相互支持体系遭受损害，再加上严重的土地兼并，农民生活越发困

---

[1] Shirley Jenkins, *American Economic Policy toward the Philippines*, California: Stanford University Press, 1954, p. 162.

[2] M. S. Ventura, *U. S.-Philippines Cooperation and Cross-Purposes*, Filipiniana Publications, 1974, p. 183.

[3] 马燕冰、黄莺编：《菲律宾》，社会科学文献出版社2007年版，第109页。

苦。麦格赛赛总统在武力清剿的同时也为投降的胡克成员提供土地，还在1954年和1955年制定了《土地改革法》，胡克运动的威胁也逐渐消退。①

　　赢得选举，执掌权力，回报支持者的最佳方式便是登上总统宝座。总统掌握行政权，可动用中央政府的权力来回馈家族和扈从者，这样，政治精英和支持者都能够实现利益最大化。另外，运用总统职权也是扩展家族和支持者的最有效工具，通过最高行政权力的"价值权威性"分配，总统可以轻易聚集大量的资源以招揽支持者，增强家族势力，而期望获得利益的各个集团和精英也会聚拢到总统及其家族旗下，正如某位市长所言，"如果你不属于多数党，你就不可能从总统那里得到好处，你所在的城市就难以获得改善，因此，就不可能连任"②。在马科斯之前的五任总统，都未实现连任，在各派势力的轮流掌权的情况下，其力量大致均衡，并未有哪个派别能够拥有压倒其他派别的实力。而马科斯在1965年以较大优势赢得选举后，又在1969年成功连任，到1972年实施"军管法"之前，马科斯已任总统八年，借助总统职位，马科斯及其家族已经集聚起超过其他派别的庞大力量。这些势力包括马科斯及其夫人的亲戚和好友、马科斯家族的亲信、军队将领、内阁成员和技术官僚等。马科斯任命其亲信和支持他的技术官员控制政府，如投资董事局主席塞萨尔·维拉塔、国民经济委员会主席西卡特、发展银行行长里欧尼德斯·维拉塔等；并重用籍贯是马科斯家乡怡罗戈地区的军队将领，如鼎鼎有名的策划"军管法"的"十二使徒"，包括国防部长恩里莱、总参谋长埃斯皮诺、陆军总司令沙卡拉、保安军总司令拉莫斯、空军总司令兰库多、海军旗舰舰长路易兹、情报部司令帕兹、保安军第一区司令迪亚兹、METRO-COM指挥官蒙托亚等人。马科斯的亲属和好友则掌握多种产业和公司以把持菲律宾的经济命脉，马科斯的弟弟帕西菲科·马科斯控

---

① ［新西兰］尼古拉斯·塔林主编：《剑桥东南亚史》第2卷，王士录等译，云南人民出版社2003年版，第332—333页。

② D. Wurfel, *Filipino Politics: Development and Decay*, New York: Cornell University Press, 1988, p. 96.

第六章 菲律宾：民主和威权的交替

制着金、铜、石油、银行、保险、农业、化学和出版等领域的 20 家公司；马科斯的姐姐芭芭夫人掌握着旅游、不动产和轮船业；马科斯的母亲约瑟芬控制轮船、木材公司；马科斯的舅舅皮奥·马科斯掌握着蔗糖工厂和铜、金矿业；马科斯的舅舅西蒙拥有家具、办公设备、钢铁业和造纸业等产业；伊梅尔达（马科斯夫人）的哥哥掌握着银行、保险、工程和建筑业等公司，并任礼智省省长；她的另一个兄长贝侯则垄断全国的赌博业，伊梅尔达的姐姐艾丽塔垄断酒店和商场业；伊梅尔达的堂兄爱德华德则掌控者菲律宾的农业；马科斯好友安东尼奥垄断菲律宾的香蕉业，并在 1976 年后控制美国和菲律宾的砂糖贸易；马科斯的金融顾问罗纳尔多掌管马科斯的金融投资；马科斯的顾问维拉斯科则任菲律宾石油公司主席。[①]

马科斯通过两届总统任期，大力扶持和培植私人势力，将亲信安插到政府、军队中的重要部门，控制了军队和政府大权，又借用行政权力帮助亲戚和好友垄断了菲律宾的主要经济行业，使其派系力量迅猛扩张，压过了其他的家族和集团等势力，从而具备了将民主体制转变为威权政体的基础。另一方面，马科斯家族和扈从者之所以能够获取源源不断的回报并占据重要职位，在于马科斯对总统权位的占有。一旦马科斯在大选中落败，被视为马科斯一系的成员们所得到的利益将会被其他家族夺走，作为支持—回报关系的被庇护者，他们也期望马科斯能够长久把持政权。

二、体制性吸纳与政治转型

1. 支持民主体制的派别与马科斯的较量

当马科斯连任后，菲律宾的政治派别中产生了对其长期执政的担忧，马科斯有可能会谋求担任第三任总统，即使不是他自己出马也可能由其夫人参选，这不仅损害了其他派别的利益，也是对菲律宾民主体制的破坏。由于在大选中的选举费用支出庞大，政府在 1969 年的亏空达到 4 亿

[①] 周东华：《战后菲律宾现代化进程中的威权主义起源研究》，人民出版社 2010 年版，第 126—128 页。

美元,马科斯政府在 9 个月内增发了 24% 的货币,① 使得比索不断贬值,从 1962 年的 3.9 比索兑换 1 美元降到 1970 年的 6.64 比索兑换 1 美元。② 政府的外汇储备仅有 1.33 亿美元,根本无法偿付即将到期的外债 1.92 亿美元,政府外债和财政赤字的扩大,加重了通货的贬值,这又使各种商品的价格上升,失业率上涨,经济停滞,犯罪活动和社会不稳定因素增加。经济和社会危机的爆发使马科斯政府面临重大威胁,在 1970 年,菲律宾的学生组织首先向马科斯发难。1 月 26 日,在全国学生联合会的领导下,青年学生联合农民、工人发起了大规模的游行示威运动,要求进行"无党派制宪会议",以重修宪法来限制马科斯的权力、挽救民主体制和应对社会危机。2 万多示威者聚集在国会大楼前,当马科斯夫妇走出国会时,有学生向马科斯投掷石块、汽水瓶和象征民主已死的纸棺木。军警和学生发生冲突,造成 300 多人受伤。1 月 30 日,大规模的示威运动再次于总统府前举行,学生和工人代表则与马科斯在总统府会谈,马科斯表示会撤销对 1 月 26 日参与游行示威的学生的控诉,但学生领袖要求马科斯在不再竞选第三任总统的保证书上签字,马科斯拒绝了这一要求。总统府外的示威学生则向马科斯展示了暴力,他们试图冲进总统府,并焚毁了两辆汽车,在被总统府卫兵击退后,骚乱向其他地方扩散,多个街区都发生了暴动,致使 6 人死亡,数百人受伤。

"一月运动"后,制宪会议成为统治精英们接受的一个应对危局的解决方案,马科斯也承诺不操纵制宪大会,③ 反对马科斯统治的政治精英派别也希望通过制宪会议来限制马科斯的权力。1970 年 11 月,选举产生 320 名制宪会议代表,据说本次选举和当选议员中,"正当偏见所起到的作用并不大"④,虽然有一些家族的成员,但也包含了社会各界的代表,如教授、学者、神甫、修女、商人、科学家、工人以及农民。1971 年,

---

① J. F. Cady, *The History of Post-war Southeast Asia*, Ohio University Press, 1974, p. 127.
② 金应熙主编:《菲律宾史》,河南大学出版社 1990 年版,第 762 页。
③ 周东华:《战后菲律宾现代化进程中的威权主义起源研究》,人民出版社 2010 年版,第 94 页。
④ J. F. Cady, *The History of Post-war Southeast Asia*, Ohio University Press, 1974, p. 649.

第六章 菲律宾：民主和威权的交替

制宪会议就修宪草案进行商谈和表决，反对派别试图通过两项提案来限制马科斯的权力，其一是将总统制改为议会制，以减小总统的权力；第二项则是不让马科斯夫妇成为1973年总统候选人。前一项提案却正中马科斯下怀，现行宪法只允许总统连任一次，若是改为议会制，那马科斯就有希望继续掌权，并可能无限期地执政下去，因而这项提案在制宪会议中被顺利通过；马科斯对"限制法案"进行了强力阻击，此时，马科斯已拥有强大的势力，并是2万多人的教父，①还用"游说金"对多位议员进行贿赂和收买，结果，马科斯的追随者和亲马科斯派成功以160：118的多数票使该禁止条款未能通过。

从1969年马科斯获得连任以来，社会下层和上层的反对马科斯的政治派别都试图限制马科斯的权力和阻止其参与1973年的大选，他们都将"制宪会议"当做对付马科斯的最好的武器，但马科斯手中掌握着的庞大的势力和充足的资源使他成功地阻止了禁止条款的通过，瓦解了反对派的攻势，拥护民主派别的失败也表明其在谈判能力上的不足。另外，在1935年的宪法中有一项"总统额外权力"条款，规定总统在必要时可以号召军队去防止或镇压违法的暴力、入侵、叛乱和暴动，由于即将到来的危险，使得公共安全需要时，总统可以中止人身保护令特权，或者将菲律宾全国或一部分国土置于"军管法"统治下。② 在这一情况下，马科斯为实现长期执政可以有两个选择，其一是将已通过的"议会制"的宪法草案变为正式的宪法，并通过在议会中获得多数席位来控制政权；其二则是利用宪法中的"军管法"条款，"创造"叛乱和暴动，以维护"公共安全"的名义实施军管统治。对于马科斯而言，第一项选择还需要与反对派在选举中较量，而1969年的危机和数次大规模游行示威使他赢得选举的可能性大幅度降低；而他的亲信已经占据军队重要位置，能够保证对军队有效控制，动用军队来维持其统治就成为利益最大化的选择方案。

---

① D. G. Timberman, *A Changeless Land*: *Continuity and Change in Philippine Politics*, Singapore: Institute of Southeast Asian Studies, 1991, p. 16.

② The 1935 Constitution of the Philippine.

表 6.1　菲律宾民主体制下的体制性吸纳能力与精英派别力量变化

	体制性吸纳的渠道和形式	体制性吸纳能力与精英派别力量变化
正向吸纳	立法机关吸纳：主要的精英派别通过竞选轮流执掌政治权力 政党吸纳：以家族关系为基础的精英加入政党以参与竞选	较强，主要的政治精英派别可以通过轮流执政来分享政治权力和利益
阻止反向吸纳	"支持—回报"的游戏规则和"总统额外条例"使得执掌权力时间更长的精英能聚积起强大的力量，并施行强权统治	较弱，马科斯通过两任总统任期和扩展的家族关系掌控了菲律宾的政府、军队和社会经济，并不断制造或利用共产主义恐怖事件以实施"军管法"

2. 民主体制的崩溃与转型

菲律宾的民主体制中留有"额外权力条款"的漏洞，一旦某位总统积聚起强大的力量后，就有可能作出利用该条款破坏民主制度并实行威权统治的行为。当马科斯已经获得连任并利用总统职位的便利大举扩张其势力时，支持民主的派别则通过示威游行和制宪会议来禁止其参选第三任总统，这些举措被马科斯一一化解，这表明支持派别还不具备防止马科斯退出民主体制的谈判能力。菲律宾的民主体制具备较强的正向吸纳能力，能够使主要的政治精英和派别通过轮流执政来获取政治利益，即使马科斯两次赢得选举，社会组织和竞选中失利的政治派别仍然采用体制内的"制宪会议"来对抗马科斯，这说明民主体制获得了广泛的认同，但它在阻止反向吸纳能力上的不足则使马科斯可以利用"军管法"条款来建立独裁政权。

在 1971 年的参议员补缺选举中，马科斯所在的国民党仅仅从 8 个议席获得 2 个席位，这使马科斯通过"议会制"来维持统治的选择方案基本不具有可行性，"军管法"条款就成为首要选择。这次参议员选举中的可疑爆炸事件[①]为马科斯提供了实施"军管法"的热身，1971 年 8 月 21

---

① 该事件被认为是总统策划，见本书第 205 页注释①。

第六章 菲律宾：民主和威权的交替

日午夜，爆炸案发生的当天，马科斯宣布中止《人身保护法》，这一行为得到最高法院的支持，后于1972年1月11日恢复人身保护法令。此后，马科斯开始进一步制造共产主义的恐怖，来为其实施"军管法"提供有力的借口。1972年7月，面对400名左右的新人民军，马科斯出动了保安军和配置了战斗机的空军联合作战，政府军仅损失3名士官和2名士兵，缴获了新人民军的大量军火和文件。① 8月，马科斯的亲信国防部长恩里莱称解密了一份关于共产党将在全国制造暴动的文件，文件显示共产党计划在全国制造混乱，举行罢工和示威，并在马尼拉地区策划爆炸。几天后，马尼拉地区就连续发生爆炸事件，9月22日，发生了一起谋杀国防部长恩莱科的未遂事件，第二天，马科斯就宣布了实行军管，但军事管制的《1081号公告》却是在9月21日就已经签署。9月23日，马科斯向全国宣读了《1081号公告》，正式将菲律宾置于军管之下，他明确强调，"军管法公告"不是军事接管，这是合法选出的总统利用宪法所赋予的权力，借助军事权威来保卫共和国和民主，当政府面临暴力推翻、叛乱和颠覆的威胁时，他拥有的权力被宪法所规定"②。

马科斯以合乎宪法的方式实行了军事管制，以民主宪法的规定使民主体制崩溃，以强加的方式使菲律宾的民主体制转为威权主义政体。在"军管法"实施的几周内，军队逮捕了大批反对马科斯政府的人士，包括反对派政治家、记者、学生、工会领袖等30000多人，③ 并禁止罢工、游行示威等活动，政党活动也被禁止，军队接管了新闻机构、电力公司、长途电话公司、自来水公司、铁路公司、航空公司等重要的公用事业，查封了多家报纸，并禁止电台、电视台播放未经官方批准的评论。其后虽陆续释放了被拘捕的人士，但被监禁的人数超过6000人，其中有4名

---

① 周东华：《战后菲律宾现代化进程中的威权主义起源研究》，人民出版社2010年版，第207页。

② D. A. Rosenberg Introduction: "Creating a 'New Society'", in D. A. Rosenberg, eds., *Marcos and Martial Law in the Philippines*, New York: Cornell University Press, 1979, pp. 13 – 31.

③ [美]格蕾欣·卡斯帕：《从对峙到调解：菲律宾的民主巩固之路》，载[美]詹姆斯·F.霍利菲尔德、加尔文·吉尔森主编：《通往民主之路——民主转型的政治经济学》，社会科学文献出版社2012年版，第181页。

国会议员，11 名对总统持批评态度的制宪会议代表，还有自由党领袖阿基诺，3 名省长，36 名市长，16 名报纸发行人和专栏作家。① 马科斯还在政府内进行大清洗，开除了不支持军事管制的官员，到 11 月初，被解除职务的公务人员约有 15 万人。② 1972 年 11 月，新的宪法草案通过，将菲律宾政体改为议会制，1973 年，新宪法经马科斯控制下的公民会议以口头投票和举手投票而非无记名投票的方式通过③，这使马科斯既享有 1935 年宪法下的总统权力，又在"军管法"生效后享有 1973 年宪法下的首相权力④。

马科斯通过实施"军管法"，以军队为工具镇压了几乎所有的反对派别，并通过 1973 年宪法集政府大权于一身，成功地将战后两党轮流执政的民主体制转变为个人独裁式的威权统治。虽然，菲律宾的民主体制具有较强的正向吸纳能力，但因政治权力竞逐中的强大家族势力和支持—回报机制，使得获取总统选举胜利的政治精英可以借助总统权力扩张个人和家族的势力，增加被庇护者的数量，增强对菲律宾政府和社会经济的控制。马科斯是"二战"后第一个获得连任的总统，在位的时间较长使其发展出超过其他家族和派别的力量，并顺利化解了反对派别的攻势。正是由于支持民主派别的谈判能力不足和宪法中的"总统额外权力条款"，民主体制在阻止反向吸纳能力上较弱，马科斯就用执掌总统权力时期所发展出的势力为基础，制造一系列合乎宪法条款规定的事件，经由强加模式建立起独裁统治，而菲律宾的民主政体也因"军管法"的实施而崩溃并转型为威权主义政体。

---

① J. F. Cady, *The History of Post-war Southeast Asia*, Ohio University Press, 1974, pp. 654–655.
② S. R. Shalom, *The United States and The Philippines: A Study of Neocolonialism*, Quezon City: New Day PuBlishers, 1986, p. 171.
③ D. Carmen, V. Rolando, "Constitutionality and Judicial Politics", in D. A. Rosenberg, eds., *Marcos and Martial Law in the Philippines*, New York: Cornell University Press, 1979, pp. 85–112.
④ Ibid.

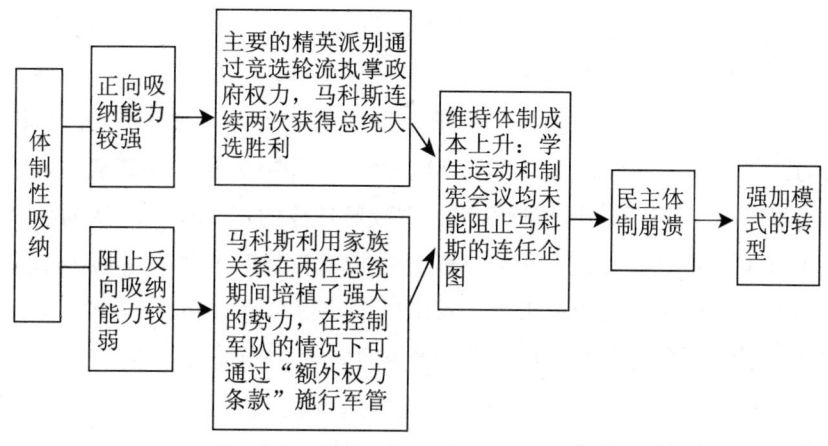

图 6.1 体制性吸纳与菲律宾从民主到威权的转型

第三节 体制性吸纳与从威权到民主的转型

一、马科斯统治下的体制性吸纳与各派精英力量的变化

1. 威权体制支持力量的构成和整合

马科斯在建立"军管法"政府后所依靠的力量与其在民主体制下任总统时并无太大的差别,包括"与总统和总统夫人关系密切的人,其中有亲戚、私人好友和联系紧密的政客;通过总统任命而对其感恩戴德的地方官员,由其亲信所控制下的军队;内阁成员、技术官僚,受益于威权体制的大商人"①。其支持力量是由支持—回报关系以及家族关系、亲属关系和私人关系来作为联结的纽带,在这一体系内部会因与总统和总统夫人的关系亲疏而产生出不同的群体和层次。处于核心层的是马科斯夫妇,第二层次是与他们二人关系紧密的亲属、朋友和亲信,而其他与其关系较远的人则处于第三层次。所处的层次不同,所得到的庇护和政

---

① J. V. Abueva, "Ideology and Practice in the 'New Society'", in D. A. Rosenberg, eds., *Marcos and Martial Law in the Philippines*, New York: Cornell University Press, 1979, pp. 32–84.

治利益也有所区别,相对而言,越是靠近核心层,得到的利益也就越多。

军队是马科斯"军管法"政府的主要支柱,正是因军队的支持,马科斯才顺利实施"军管法"。"军管法"实施后,为保证其统治,马科斯大力扩张军队的规模,从1972年到1975年,菲律宾国防预算从8.8亿比索增加到40亿比索,增加近5倍,占政府预算的17.6%,军队的数量也从6万人增加到25万。① 军队不仅是维护威权体制的暴力后盾,军人还能够参与行政和公共管理事务,军队中的高级将领还可出席内阁会议参加政策制定。在政府中,马科斯也重用了一些技术官员,他们大多有留洋学习的经历,这些人被提拔为一些政府部门或大型国有企业的主管,对经济政策制定有重要影响。例如,财政部长比拉塔曾在美国宾夕法尼亚大学攻读商业管理,工业部长王彬是哈佛大学毕业,中央银行行长拉雅是斯坦福大学经济学博士,财政国务部长马帕是哈佛大学经济系博士。② 另外,除任命亲信控制垄断行业以掌握国家经济命脉外,马科斯也将一些好处分配给其他商人,只要他们服从马科斯的统治并上交一定的利润以贿赂马科斯夫妇,也就能享受到政府的庇护。

1978年,马科斯成立了执政党"新社会运动",该政党同此前的国民党与自由党相似,在组织结构上较为松散,政党纪律较弱,其成员也大多来自支持马科斯的前国民党和自由党成员。且在80年代戒严令解除后所成立的反对马科斯的在野党联盟中,也包括一部分从执政党中退出的成员。这显示出执政党的党员在认同和忠诚上的唯利益取向,若是无法以执政党党员身份得到预期的利益,就转而加入到在野党阵营。很明显,执政党并不是权力的核心,其在马科斯政权中的重要性相当有限,所起的作用也不过是应付选举,推出选举候选人。③

威权体制的支持力量体现为马科斯家族关系的扩展,与马科斯的关

---

① 《菲律宾统计年鉴1982》,转引自金应熙主编:《菲律宾史》,河南大学出版社1990年版,第777页。
② 金应熙主编:《菲律宾史》,河南大学出版社1990年版,第777页。
③ 田雪梅、黄建洪:《颠覆型民主化:菲律宾民主转型的力学博弈及依靠力量》,载《东南亚研究》,2008年第2期,第33—37页。

第六章 菲律宾：民主和威权的交替

系越紧密，所得到的信任也就越多，相应地，马科斯所回报的利益也就越大，但这一分配模式却导致威权体制内部的凝聚力并不会很强。对处于马科斯势力的核心层的成员来讲，其所得到的利益最大，如果更换政治体制，马科斯下台，他们将不能得到更多的利益，因而会坚定地支持威权体制；而对处于核心层次之外，特别是已处于较高权位的人而言，他们将难以得到更多的利益回报，在菲律宾以家族庇护来谋求政治权力的游戏规则下，即使改投另一势力，其所得到的利益也不见得会减少，这些人的利益如果在马科斯的统治下无法满足，就可能形成统治阶层内部的分裂。马科斯通过对高级将领的恩赏来控制军队，他最信任的军队将领是参谋长贝尔，以其为首的预备役将校训练部出身的将领在军队中占了65%，而士官学校出身的将领只有15%，后者遭到严重打压，并被派往与新人民军和棉兰老叛乱作战的前线，这致使士官将校派成为军队改革运动和1986年军队叛变的主要力量。任国防部长的恩里莱本是"军管法"实施的策划人之一，但因马科斯重用贝尔，也遭受排挤，他的副官在1975年被清洗，其儿子又因杀人罪被起诉，恩里莱一怒之下离职出国，直到其子被判无罪后方才返回。随后，恩里莱、副参谋长拉莫斯与士官学校派结合，在1982年组建了"菲律宾军队改革运动"，到1986年，该组织已经拥有4000多名成员，并以军队专业化为名，行密谋推翻马科斯政府之实。[①]。

当然，马科斯在政府中提拔和任用技术官员并非出于对他们的信任，而更多的是树立其力图发展经济的形象，一旦技术官员所制定的经济措施触犯到马科斯夫妇及"皇亲国戚"的利益时，这些政策往往会被终止或废除。这一小群马科斯的亲朋好友占据和垄断了国民经济的主要产业，垄断了重要的经济资源，在攫取菲律宾财富的同时也将私人财产大批转到海外，再加上石油危机的影响，20世纪80年代后，菲律宾经济出现了严重的下滑，从1980年的5.1%的增长率降低到1984年

[①] G. Casper, *Fragile Democracies: The Legacies of Authoritarian Rule*, University of Pittsburgh Press, 1995, pp. 106 – 114.

的 -7.3%,① 原先受到庇护但未进入亲信行列的商业团体利益受到严重损害，开始对马科斯政权不再支持。②

在马科斯个人独裁的威权体制下，处于权力核心层的亲朋好友可以获得最多的利益，处于外层的人员所获利益相对较少，如果在体制外存在实力较强大的反体制力量，而非核心层者加入这些势力后所得到的利益并不会明显减少，那他们就很可能从威权体制的支持者变为反对者，因而，"军管法"政府的阻止反向吸纳的能力较弱。

2. 对反对力量和社会精英的控制和吸纳

马科斯对付反对力量的主要手段是镇压，"军管法"签署后，便动用暴力机器大肆抓捕反对派成员。到 1977 年为止，有 7 万多人被拘捕，他们中的许多人在受审期间遭受折磨，③ 宗教界的拘捕专门调查组则记录了 1975—1981 年期间 200 多起失踪事件和 887 起谋杀事件。④ 马科斯将非其派系的政治势力强制赶到体制外，在 1981 年废止"军管法"之前，这些派别难以参与到政治体制中，也谈不上能够分享到多少政治利益。

1978 年，因临时国民会议的选举，马科斯开放了党禁，反对派别可以参加这次选举，当然，在军管下进行的选举，正如前总统卡马帕加尔所说，"显得滑稽可笑"⑤。最著名的反对派——前参议员阿基诺联合前参、众议员、律师、学生和工人领袖等反对派人士新建了人民力量党，推出 21 名候选人参加马尼拉地区的选举，虽然获得 40% 的选票，但却全部落选。新社会运动不出意外地获得了 183 个席位中的 169 个席位。随后，马科斯控制下的议会通过了修宪案，将议会制改为总统—议会制，并取消了

---

① World Bank WDI, 2013.
② M. R. Thompson, *The Anti-Marcos Struggle: Personalistic Rule and Democratic Transition in the Philippines*, New Haven: Yale University Press, 1995, p. 119.
③ David Wurfel, *Filipino Politics: Development and Decay*, New York: Cornell University Press, 1988, pp. 124-125.
④ Richard J. Kessler, *Rebellion and Repression in the Philippines*, New Haven: Yale University Press, 1989, p. 137.
⑤ 金应熙主编：《菲律宾史》，河南大学出版社 1990 年版，第 775 页。

第六章 菲律宾：民主和威权的交替

总统连任限制，总统具有任命总理和内阁的权力。马科斯在 1981 年终止了"军管法"，但仍保留拘捕潜在敌人的权力，同年，举行了总统选举。虽然反对派联合起来共同抵制此次大选，但马科斯在无人竞争的情况下当选，公民参与投票的比例也不高。马科斯宣称有 80% 的选民参加了选举，他赢得了 88% 的选票，而反对派则称实际投票人数不到 50%。①

天主教会是菲律宾另一具有重要影响力的政治力量，它拥有占总人口约 85% 的信徒，在面临争议性的议题时，天主教会可以通过其在民众中的影响力指导或改变选民的投票倾向。② 并且，天主教会在全国各地设有 2000 多个教区和上万个教会，与学校和各种公益组织有紧密联系，具有深入到个人和家庭的组织与沟通网络。③ 在政治精英主要以家族作为联系纽带，普通公民因市民社会尚不发达而难以大规模组织起来的情况下，天主教会具有在全国范围内动员民众的潜在能力。在"军管法"实施前，天主教会内部以保守派为主，④ 并不公开反对军管，虽有一些主教对军管持有异议，但没有产生多大影响。但在 1973 年 10 月，格洛克神父以颠覆罪被逮捕；11 月，教会的态度开始发生转变，天主教全国委员会通过决议，要求政府废除军管。1974 年，2 名教士在受审时遭鞭打，教会发表声明谴责政府行为；6 月，全国委员会多名神职人员被捕，在审讯中也遭鞭打；8 月，军队袭击了黎萨省的圣何塞神学院，教会与马科斯政府的关系急剧恶化，主教们通过教会的电台公开指责政府，2 名教士以绝食抗议。⑤ 天主教会逐步倒向支持反对派别。

在宣布"军管法"后不到一个月，政府就制定出旨在把土地耕种者从奴役中解放出来的第 27 号总统令，授予耕种稻田和玉米地的所有佃农

---

① L. G. Noble, "Politics in the Marcos Era", in J. Bresnan, eds., *Crisis in the Philippines*: *The Marcos Era and Beyond*, Princeton University Press, 1986, pp. 70 – 113.

② 吴伟杰:《菲律宾天主教对政治的介入》，载《东南亚研究》，2005 年第 6 期，第 16—19 页。

③ John Carroll, "Cracks in the Wall of Separation? The Church, Civil Society, and the State in the Philippines", in H. G. Lee, eds., *Civil Society in Southeast Asia*, Singapore: Institute of Southeast Asian Studies, 2004, pp. 54 – 77.

④ 周东华:《战后菲律宾现代化进程中的威权主义起源研究》，人民出版社 2010 年版，第 49 页。

⑤ 金应熙主编:《菲律宾史》，河南大学出版社 1990 年版，第 778—779 页。

以一块养家糊口的土地的所有权。① 马科斯试图用土地改革来争取农民的支持,并更好地控制在每个巴朗圭所设置的新机构——公民议会。由于地主和乡村中各个家族的阻碍,土地改革进展甚缓,到1978年底,仅有6%的地主交出土地,其额度也仅占须分配的土地数额的11%,分到土地的佃农仅占总数的5%。② 与此同时,农村中的暴动却频繁发生,利益受损的地主发动农民进行破坏活动,并对政府的土地赎买采取暴力反抗,因反抗不断扩大和土改的失败,以公民议会为载体的巴郎圭民主到1975年后已经土崩瓦解,这也意味着马科斯试图用公民会议和土地改革来控制农村的企图落空。

表6.2 菲律宾威权体制下的体制性吸纳能力

	体制性吸纳的渠道和形式	体制性吸纳能力
正向吸纳		
政党	组织体系薄弱,主要吸收前国民党和自由党支持马科斯的成员	较弱,社会精英进入体制内的渠道较少。且马科斯主要用强制和暴力打击来对付反对派别
立法机关	1978年开放选举,1981年才取消"军管法",反对派别可以进入国会,但马科斯仍保留拘捕潜在敌人的权力	
政府	重要职位均被其亲信把持	
阻止反向吸纳	按照与马科斯家族的关系来分配权力和利益	较弱,在支持—回报的游戏规则下,非核心层的精英即使改换阵营也可得到不菲的回报

在这一威权体制下,反对派别的精英缺乏进入体制的渠道和方式,即使马科斯在1978年开放党禁并在1981年取消了军管,但他所控制的势力把持了政府、议会和军队,反对派别即使参加了所谓的开放公平的选举也不可能赢得胜利。虽然政府任用了一些技术官员,但他们并非马科

---

① [新西兰]尼古拉斯·塔林主编:《剑桥东南亚史》第2卷,王士录等译,云南人民出版社2003年版,第337页。

② R. E. Ofreneo, *Capitalism in the Philippine Agriculture*, Quezon City, 1980, pp. 63 – 66.

第六章 菲律宾：民主和威权的交替

斯一系的核心成员，所获得的政治利益有限，并且所制定的经济政策也会因触及"皇亲国戚"的利益而无法实施。与马科斯及其家族的个人关系是进入政治体制分享利益的主要途径，社会中的其他精英难以进入这一由家族关系所扩展的政治权力控制与分享体系，并且其强制手段的滥用也引发了原本持中立立场的天主教会的反对。马科斯也曾试图向农民施惠来争取支持，但由于土改所引发的乡村暴动而无法实现，因此，马科斯所建立的个人独裁的威权体制在正向吸纳的能力上较弱。

3. 各精英派别的力量变化

在1978年开放党禁和选举后，反对派别纷纷组建政党参与选举，因临时国会选举中的惨败，原自由党、国民党的成员和争取全国解放联盟、比萨扬联盟、棉兰老联盟、人民权力党等8个反对党在1980年成立统一民族民主组织（UNIDO）①，以对抗新社会运动。1981年，统一民族民主组织要求延长竞选期，遭到拒绝后，抵制了总统选举。1982年2月，菲律宾民主党和人民力量党联合组成民主人民力量党，并在1984年加入统一民族民主组织参与国会选举，在这次选举中，执政党新社会运动只得到122个议席，反对党共拿下61个席位，相比于1978年国会选举的14席，反对派别的力量有了明显的增长。

在威权时期，棉兰老的摩洛民族解放阵线和菲共的新人民军是主要的反体制的武装力量。过去几个世纪，在棉兰老一直进行着保卫穆斯林居住地棉兰老中心地区免遭北方的基督徒控制的斗争，从1969年起，棉兰老的叛乱就越发激烈，穆斯林建立了摩洛民族解放阵线，以从菲律宾分离出去为目标。② 1972年底，没落民族解放阵线开始发动反对马科斯"军管法"政府的战争，在政府军的围剿下，穆斯林的反抗转为旷日持久的游击战争。1976年，政府与摩洛阵线达成协议，成立临时的自治政府，但双方违反停火协议的事件经常发生，仅1977年2月—1978年3月，双

---

① 金应熙主编：《菲律宾史》，河南大学出版社1990年版，第776页。
② [新]尼古拉斯·塔林主编：《剑桥东南亚史》第2卷，王士录等译，云南人民出版社2003年版，第336页。

方交火就达1539起,伤亡或失踪人数为2800人。①

对马科斯政府威胁更大的是新人民军,由于土地改革的失败,提供了另一种政治图景的新人民军能够轻易地在农村中找到支持力量,② 其活动范围从中吕宋和卡加延河谷扩展到全国各地,并逐步改变了游击作战的方式,在全国建立了20多个根据地,以取代原有的地方政府。在马科斯宣布"军管法"时,新人民军估计只有800名士兵,③ 在1981年,士兵的数量是8000名左右,而到1983年,士兵数量达到上万名并控制了全国60%的省份。④

表6.3 菲律宾威权体制时期的体制性吸纳能力与精英派别力量变化

	反体制派别	支持派别
正向吸纳较弱	主要的反对政党力量逐步壮大,在国会选举中所获议席从1978年的14席增加到61席 体制外,在阿基诺被刺杀后,反对派别开始不断发起大规模的抗议运动,并得到天主教会的支持。菲共人民军数量增加,在1983年,士兵数量达到上万名	
阻止反向吸纳较弱		部分体制内成员的退出使支持派别力量减少;军队内的改革运动组织筹划军事叛变

---

① 金应熙主编:《菲律宾史》,河南大学出版社1990年版,第782页。
② J. P. Magno, A. J. Gregor, "Insurgency and Counterinsurgency in the Philippines", *Asian Survey*, Vol. 26, No. 5, 1986, pp. 501–517.
③ W. H. Overholt, "The Rise and Fall of Ferdinand Marcos", *Asian Survey*, Vol. 26, No. 11, 1986, pp. 1137–1163.
④ R. J. Kessler, *Rebellion and Repression in the Philippines*, New Haven: Yale University Press, 1989, p. 56.

第六章 菲律宾：民主和威权的交替

在贝尼格诺·阿基诺被刺杀后，反对派别的力量得到了迅猛的增长。阿基诺是自由党的领袖，也是马科斯的主要政治对手和总统的有力竞争者，在1972年"军管法"实施后，他被政府拘捕监禁，并在1977年以从事颠覆、谋杀和非法拥有武器等罪名判处死刑，由于国内外的反对，马科斯一直未做定案。1980年，阿基诺到美国接受心脏手术，1983年，他不顾马科斯夫人伊梅尔达的"安全不能得到保障"[①]的警告，坚持返回菲律宾，到达马尼拉后，刚下飞机即被刺杀。这一事件体现出马科斯延续了对反对派一贯采用的暴力镇压方式，同时也引发了激烈的抗议和反对。上百万的民众出席了阿基诺的葬礼，[②] 示威活动在全国范围内爆发，暗示马科斯参与了刺杀事件，并要求他下台，[③] 而反对派精英也开始与社会民众运动相结合，在其后几年里发起了多次大规模的体制外的抗议运动。更多的群体被动员起来，教会指责刺杀行为，菲律宾的工商界人士也加入到示威中，要求马科斯实行政治改革，建立一个公正独立的司法系统、恢复公共宪法权利、消除军国主义体制。[④] 天主教会彻底倒向反对派别，在教会的支持下，两个主要的反对派政党，科拉松·阿基诺领导的人民力量党和萨尔瓦多·劳雷尔的统一民主民族组织实现了联合。在总统选举后，阿基诺发动了人民力量运动，加上天主教会的支持，有80万人参与了这次抗议，并成功瓦解了军队的镇压。而马科斯政府中的离心趋势进一步加强，阿基诺刺杀事件后，不断增多的抗议运动使威权体制的维持成本攀升，而处于外围的体制内成员在威权统治摇摇欲坠的情况下也纷纷退出体制。劳工部长奥普莱和外长托伦蒂诺先后辞职；新闻部长塔塔德则加入反对派，任社会民主党主席；副总参谋长拉莫斯将军

[①] David Wurfel, *Filipino Politics: Development and Decay*, New York: Cornell University Press, 1988, p. 275.

[②] Raymond Bonner, *Waltzing with A Dictator*, New York: Times Books, 1987, p. 342.

[③] [美] 格蕾欣·卡斯帕:《从对峙到调解：菲律宾的民主巩固之路》，载 [美] 詹姆斯·F. 霍利菲尔德、加尔文·吉尔森主编:《通往民主之路——民主转型的政治经济学》，社会科学文献出版社2012年版，第185页。

[④] G. S. Silliman, "The Philippines in 1983: Authoritarianism Beleaguered", *Asian Survey*, Vol. 24, No. 2, 1984, pp. 149–158.

也不愿在支持贝尔将军的 68 名将领效忠书上签名,① 与国防部长恩里莱一起谋划武力推翻马科斯政权。

二、体制性吸纳与民主转型

1. 体制性吸纳与威权体制的崩溃

阿基诺刺杀事件是菲律宾民主化的起点,同时也是马科斯个人独裁的威权体制崩溃的开端。由于威权体制在正向吸纳上较弱,反对派别难以进入体制而得到所预期的政治权力和利益,开始转入体制外运动来冲击现体制。另一方面,随着体制维持成本的增加,威权体制内部也出现了诸多的退出者,更有部分军队将领准备发动叛乱。在威权体制支持派别力量逐步减小的同时,由于获得天主教会支持、社会民众参与、退出者的加入,反对派别的力量不断增长,不仅在选举中与马科斯较量,并且也有发起社会运动来抗衡武力镇压的能力。正是由于两者在力量上的相对变化,马科斯既无法通过公平选举战胜反对派,也难以靠武力镇压叛乱和抗议运动,威权体制最终在军事叛乱和社会运动的冲击下崩溃。

1986 年 2 月 7 日进行的总统选举,马科斯因畏惧反对派的力量而进行了特大规模的贿选、剥夺反对派的资金并采取宣传手段,不给反对派充分的准备时间;选举过程中还出现了偷窃投票箱②等各种舞弊行为,官方批准的监督选举的民间组织"国民自由选举运动"的志愿人员在暴力胁迫下被迫放弃监督;最后,票箱被送到受马科斯控制的国民议会中进行点票。2 月 16 日,国民会议宣布马科斯获得54%的选票,当选为总统,而这一比例与国民自由选举运动组织宣布的阿基诺夫人获胜的选票比例一样。③ 选举结果公布后,恩里莱和马科斯以及菲律宾军队改革运动成员发动了军事政变,恩里莱在国防部大楼举行了记者招待会,宣布支持阿

---

① 金应熙主编:《菲律宾史》,河南大学出版社 1990 年版,第 801 页。
② W. H. Overholt, "The Rise and Fall of Ferdinand Marcos", *Asian Survey*, Vol. 26, No. 11, 1986, pp. 1137 – 1163.
③ B. Aquino, "The Philippines: End of An Era", *Current History*, Vol. 85, No. 510, 1986, pp. 155 – 158.

第六章 菲律宾：民主和威权的交替

基诺夫人，并与马科斯决裂。① 随后，阿基诺夫人为首的反对党组织民众发起了人民力量运动，抗议选举结果并阻止马科斯对军事叛变的镇压。天主教会的辛主教也在真理电台发出呼吁，要求民众聚集到反叛军队的阿奎那多营区

最终，数十万民众参与的人民力量运动阻挡了9辆坦克和2000名海军陆战队队员对反对者的袭击，并要求阿基诺夫人宣誓就职总统。② 2月24日晚，拉莫斯将军向马科斯发出最后通牒，要求他下野，否则就将进攻总统府。25日，马科斯在总统府举行了总统就职仪式，之后就携家眷和亲信逃往夏威夷，而阿基诺夫人也在同一天于反对者营地附近的一家"菲律宾俱乐部"宣誓就任总统，标志着威权体制的崩溃与民主体制在菲律宾的重新建立。

2. 体制性吸纳与民主转型模式

在正向吸纳和阻止反向吸纳双弱的体制性吸纳模式下，威权体制的反对派别逐步拥有了压过支持派别的力量，并通过体制外的社会运动推翻威权体制建立起民主政体，因此，菲律宾的从威权到民主的转型模式是决裂模式。

虽然阻止反向吸纳能力较弱，从体制内的退出者较多，但马科斯政权的核心层，即与其关系密切的亲信和朋友等，并未出现明确的支持民主体制的派别。并且，由于马科斯对反对派别一直采用镇压手段，再加上阿基诺刺杀事件的影响，体制内与反对派之间几乎无法进行沟通和谈判。总统选举后，马科斯曾提议成立一个包括反对派的国务咨询委员会，但这一建议遭到反对派的无视。从威权体制中退出的人士大都转变为对马科斯的反对者，加入了反对派别，增大了反对党派的力量。例如恩里莱在发动叛变之前曾准备建立五人军人集团，包括恩里莱、辛主教和阿基诺夫人，而阿基诺夫人拒绝参与该计划，菲律宾军队改革运动则决定在没有阿基诺夫人参与的情况下实施政变。③ 在成功推翻马科斯政权后，

---

① C. T. Arillo, *Breakaway*, Manila: CTA and Associates, 1986, pp. 11-12.

② Ibid, p. 117.

③ Bonner Raymond, *Waltzing with A Dictator*, New York: Times Books, 1987, p. 342.

人民力量的规模和实力使军队反叛者意识到他们无法建立起军人政权,①便向阿基诺夫人提出谈判条件;他们支持阿基诺夫人任总统,条件是给恩里莱和拉莫斯以国防部长和总参谋长的职位,并且要求阿基诺夫人要征求其意见后方能对内阁任命、经济政策和政治改革等重大议题作出决定。②

由于在马科斯个人独裁的威权体制中,能够分享到政治权力和利益的仅是以家族关系为核心所扩展的一小群人,大多数社会精英和反对派精英无法进入体制也难以得到所需求的利益,他们转而通过广泛联系社会力量来组织抗议运动以冲击威权体制。在阿基诺刺杀事件后,反对派力量迅速扩张,众多社会阶层和组织加入到反对派行列,而原体制内的人员也因威权体制行将崩溃或受到与马科斯具有更亲密关系的核心层的排挤,选择了退出体制;部分将领则发动叛乱,使马科斯的支持力量进一步减小,反对派的力量已足以推翻威权政权。因而,菲律宾从威权到民主的转型模式是以体制外力量为主体使威权体制瓦解并建立民主政府的决裂模式。

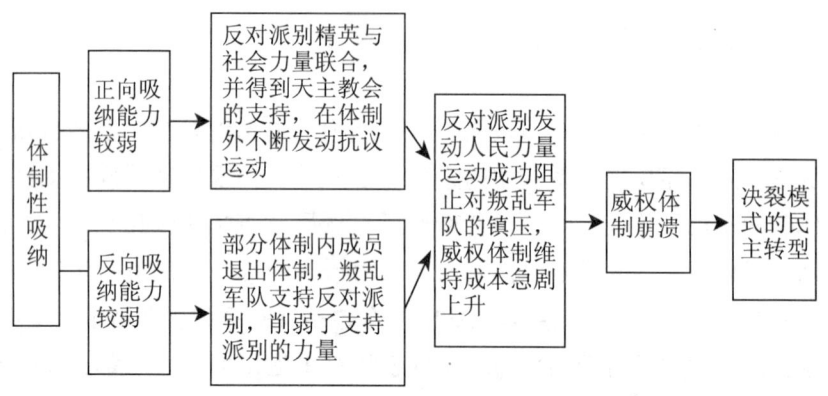

图 6.2 体制性吸纳与菲律宾从威权到民主的转型

---

① [美] 格蕾欣·卡斯帕:《从对峙到调解:菲律宾的民主巩固之路》,载 [美] 詹姆斯·F. 霍利菲尔德、加尔文·吉尔森主编:《通往民主之路——民主转型的政治经济学》,社会科学文献出版社 2012 年版,第 188 页。

② G. Casper, *Fragile Democracies*: *The Legacies of Authoritarian Rule*, University of Pittsburgh Press, 1995, p. 136.

三、体制性吸纳与菲律宾民主的维持与巩固

阿基诺夫人就任总统后,于 1987 年通过了新的宪法,规定了总统不得连任,直系亲属不能担任政府重要职位,总统无权实施戒严法,解散国会和任意拘捕反对派,填补了民主体制的漏洞。而且,阿基诺扩大了民主体制的正向吸纳能力,在政府中纳入了更多的社会组织和群体,由一个广泛的联盟来分享政治权力,包括:"军队、统一民族民主组织中的保守派政治家、部分商界实力人物、一个以菲律宾民主党—人民力量党为主体的进步但日趋传统的混合体,以及从基督教自由主义到无党派马克思主义者的进步分子。这些政治力量皆聚集在内阁和政府中。"① 另外,阿基诺夫人也遵守了对军队改革运动的承诺,任命恩里莱为国防部长,拉莫斯任总参谋长,由于得到了众多力量的支持,阿基诺夫人所恢复的民主体制才能成功地瓦解 7 次军事政变。

拉莫斯是阿基诺夫人的接任者,在任总统期间,他加强对军队的控制以消除军队干政和军事叛变的可能,并且与菲共的新人民军、穆斯林组织进行和谈,使他们放下武器,接受民主体制,减小了体制外武装力量的威胁。正是因为重建后的民主体制在正向吸纳能力上的扩展,支持民主体制派别力量逐步增强,拉莫斯违背宪法谋求连任的企图被百万人游行所阻止,而埃斯特拉达总统则由于贪污被"第二次人民力量运动"推翻,菲律宾的民主体制才能够稳定持续。

四、菲律宾政治转型小结

"二战"后,菲律宾经历了威权体制和民主体制之间的交替,先是在 1946 年取得独立,并建立了美式民主体制;马科斯在 1972 年宣布实施"军管法",使民主体制崩溃,转型为个人独裁的威权主义政体;1986 年 2 月,阿基诺夫人发动人民力量运动推翻了马科斯政权,恢复了民主体制。"二战"后,菲律宾的政党制度为两党制,在民主体制下,自由党和

---

① David Wurfel, *Filipino Politics*: *Development and Decay*, New York: Cornell University Press, 1988, pp. 305 – 306.

国民党通过民主选举轮流执政,以家族势力为凭借的政治精英都参与其中分享政治利益。马科斯因连任两届总统,积聚起超过其他家族和政治派别的力量,学生群体的"一月运动"和反对派别的制宪会议都未能阻止马科斯长期执政的企图,他利用宪法中的"额外权力条款"实施了"军管法",进行独裁统治。因而,民主体制在体制性吸纳能力上体现为具有较强的正向吸纳能力和较弱的阻止反向吸纳能力,属于体制性吸纳的第一种类型。在这一体制性吸纳条件下,马科斯一系的反对民主体制派别力量不断增大,这符合体制性吸纳和精英派别力量变化的第一个命题,即在正向吸纳强,阻止反向吸纳弱的类型中,体制外的反对派精英力量弱小,但是在体制内的精英中出现支持与反对体制上的分裂和冲突,体制中要求改变政治体制的精英派别力量越来越强大。正是由于支持派别难以阻止反对民主派别的破坏民主体制行为,菲律宾的民主体制因"军管法"的实施而崩溃,菲律宾民主体制的崩溃符合体制性吸纳和体制维持与崩溃关系的第一个命题,即在正向吸纳和阻止反向吸纳非同一方向变化时,即正向吸纳更强,而阻止反向吸纳更弱,或相反时,现体制的维持则视体制性吸纳对精英力量对比的具体影响而定。菲律宾从民主到威权的转型模式是强加模式,马科斯建立"军管法"政府虽然是利用了宪法中的"额外权力条款",并借口共产主义恐怖行动对公共安全的威胁而实行了戒严,但这也是建立在他所拥有的依靠扩展的家族关系而控制军队、政府与社会经济的实力基础上,这符合关于体制性吸纳和转型模式关系的第二个命题,即体制性吸纳造成体制内反对派力量强过支持体制的力量,强加模式就易于发生,这一转型模式主要出现于第一和第四种吸纳类型中。

在菲律宾的威权体制下,马科斯的家族、亲戚、朋友、亲信和其他支持力量垄断了政治权力和利益,而且在他的派系中,与其关系最为密切的一小群人则占据最重要的职位、收获最多的利益。在支持—回报的游戏规则中,在民主体制下,处于非核心层的人员即使也有希望得到不少的恩惠,他们仍有可能会作出退出威权体制的行为;另一方面,马科斯所建立的政党新社会运动只是政客的松散结合,其作用也只是推举候选人应付选举,不具有遍布全国的分支组织,也未占有多大的利益份额,

第六章 菲律宾：民主和威权的交替

在政府中虽任用了一些技术官员，但政府决策仍视核心层的利益而定。马科斯迫于反对派的压力，于1978年举行临时国会选举，但新社会运动占据了绝大多数席位，1981年的选举也遭到了反对党派的抵制，1983年阿基诺刺杀事件的发生使反对党派转为组织体制外的大规模社会运动，因此，威权体制的体制性吸纳能力表现为正向吸纳和阻止反向吸纳均弱，属于第三种类型。

开放党禁和选举后，反对派的力量得到了迅猛的发展，在1978年的选举中仅得到14个议席，而在6年后的国会选举中则得到61个席位。阿基诺刺杀事件后，反对派得到了社会力量的广泛支持，普通民众、天主教会、工商界人士都纷纷响应和参与抗议运动，而从威权体制中退出的官员和策划叛乱的军队将领则进一步增强了反对派的实力。威权派别和反对派别之间的力量对比发生了威权派别力量减小而反对派力量逐步增大的变化，这符合关于体制性吸纳和精英派别力量变化的第一个命题，即在正向吸纳和阻止反向吸纳双弱的类型中，不仅体制外的反对派精英力量日益壮大，体制内的反对派的力量也不断增强，支持体制的精英派别力量越发弱小。力量强大的反对派别在总统选举后发动了80万人参与的人民力量运动，成功阻止马科斯对叛乱军队的镇压，逼迫其不得不逃离国外，威权体制被反对派别推翻。菲律宾威权体制仅延续了14年，在本书所论及的三个国家中维持时间最短，这符合关于体制性吸纳和体制的崩溃与维持关系的第二个命题，即体制性吸纳越弱，即正向吸纳和阻止反向吸纳都更弱，那么现体制更易于崩溃。菲律宾民主转型的模式为决裂模式，1983年的阿基诺刺杀事件被视为菲律宾民主转型的起点，该事件引发了一系列大规模的社会抗议运动，而民主体制的建立也是通过人民力量运动将马科斯赶到国外而实现的。体制外的反对派精英及其所发动的社会运动是转型的主导因素，反对派别不仅在总统选举上可以和马科斯相对抗，并让镇压军队反叛的2000多名全副武装配以坦克的士兵无功而返，可见其在力量上已经彻底压倒威权派别。由此可见，菲律宾转型过程符合关于体制性吸纳和政治转型模式的关系的第一个命题，即体制性吸纳造成体制外反对派力量强过支持体制的力量，决裂模式就易于发生，这一转型模式主要出现于第二和第四种吸纳类型中。

第七章 结论:体制性吸纳的比较分析

民主转型学派以精英的策略选择和行为来分析民主转型过程,并主要用精英间的互动行为来区分不同的转型模式,这一分析路径明显忽略了精英在选择中所依据的自身和与其他派别相对比的力量基础,因而难以回答精英在转型过程中为何会作出不同的行为选择,更遑论去解释不同精英派别力量的对比与变化是由什么因素所引起的。很显然,如果反对派别的力量过小,他们无法对现体制形成太大的威胁,也就谈不上使体制崩溃并促使体制转型,麦克弗尔的研究也表明在转型过程中,如果某一派别的力量能够压过其他派别,那他们就可以采用自己更心仪的政治体制。[1] 换言之,无论是在体制的维持、崩溃和转型过程中,精英力量以及各派别间的力量对比变化也都是决定转型是否发生、以何种方式发生的关键性因素。

"二战"之后,在东亚国家中发生了多种路径和类型的政治转型,包括从威权到民主、从民主到威权以及民主和威权之间的交替,韩国、新加坡和菲律宾则分别对应这三种不同的转型类型。若以民主转型学派的理论来分析所选用的三个国家的案例,那么发生了从威权到民主转型的

---

[1] Michael McFaul, "The Fourth Wave of Democracy and Dictatorship: Noncooperative Transitions in the Postcommunist World", *World Politics*, 54, 2002, pp. 212–244.

第七章 结论：体制性吸纳的比较分析

韩国与菲律宾则分别通过移转（交易）和置换（决裂）模式进行了民主转型，[①] 而对于为什么这三个国家出现不同的转型路径，以及什么因素促使不同的转型模式发生等问题却所得有限。有鉴于此，本书提出了体制性吸纳与政治转型的理论，并从体制性吸纳与精英力量变化、体制的维持与崩溃、体制性吸纳与转型模式等层次提出了 10 个理论命题，并在前文中分别以这三个国家的转型案例对命题进行了验证。在结论部分，则是通过三个案例的比较分析来进一步明确体制性吸纳与政治转型的相关关系，并讨论该理论与其他替代解释相比所具有的解释能力和限制。

第一节 体制性吸纳与战后东亚三国政治转型

体制性吸纳是通过影响精英派别力量来作用于转型过程，在各个体制模式下，体制性吸纳的能力均有不同，其对精英力量的作用也相异，韩国、新加坡和菲律宾在"二战"后的政治转型均经历了多种政体形式，因而在比较分析之前，则应该对三个案例的转型阶段作进一步的细分。韩国的政治转型为是从威权到民主，所经历的政体是威权政体与民主政体；新加坡的政治转型是从民主到威权，所经历的政体是民主政体与威权政体；菲律宾的政治转型从民主到威权，再到民主，所经历的政体为 1946—1972 年的民主政体、威权政体和 1986 年的民主政体。在三个案例中，威权政体共有韩国的军人政权威权政体、新加坡的一党独大威权政体和菲律宾的个人独裁的威权政体，民主政体则是韩国在 1987 年所建立的总统制民主政体、新加坡 1959 年建立的议会制民主政体、菲律宾在 1946 年建立的总统制民主政体和 1986 年的总统制民主政体；所进行的转型则是韩国从威权到民主的交易模式转型、新加坡从民主到威权的强加模式转型，菲律宾在 1972 年的从民主到威权的强加模式转型、1986 年的从威权到民主的决裂模式转型。按照上述的区分，以下将以不同体制的吸纳能力、体制性吸纳能力对精英派别力量变化的作用、体制性吸纳能

[①] [美] 塞缪尔·P. 亨廷顿：《第三波——20 世纪后期民主化浪潮》，刘军宁译，上海三联书店 1998 年版，第 171—193 页。

力对体制维持与崩溃的作用以及对转型模式的影响进行比较分析。

一、韩国、新加坡和菲律宾的体制性吸纳能力

体制性吸纳能力以现体制所能供以吸纳的职位、现体制吸纳体制外精英的网络与方式、现体制拥护者的谈判能力等三个次级层次概念来进行度量。韩国的威权政体经过了李承晚、朴正熙和全斗焕等三任统治者,李承晚是个人独裁政权,后两者则是依靠军队建立的军人政权。李承晚政府的支持力量是警察、特务组织、军队和财阀,朴正熙以及全斗焕的军政府则主要依靠警察、军队、军人出身的政府官员、技术官僚和财阀势力,他们对于支持力量的谈判能力较强,退出体制的情况较少发生。卢泰愚同意与反对派谈判也是在全斗焕统治末期反体制的社会运动促使威权体制难以继续维持,而反对派因总统候选人争夺出现分裂,总统选举有较大希望胜出的情形下所作出的策略选择。在正向吸纳方面,李承晚和民主党都排斥左翼政党进入议会,执政党的力量较弱,政府高层中教育界出身的人员大幅度减少。在两次军政府建立初期都关闭了议会并实行了党禁,开放议会后对威胁最大的反对党及其领袖动用强力进行打压;朴正熙通过实行维新体制禁止主要的政党和政治家的活动,将国会1/3 的议席划为由总统推荐,在野势力通过议会选举得不到多少利益;全斗焕则发布《政治风气刷新法》禁止了绝大多数有影响力的政治精英的活动,在国会选举中,多数党能分配占总议席 2/9 的全国区议席;两者都让大批军人进入政府,通过军人和技术官僚控制行政机关,拒斥反对派精英的进入。由此,韩国威权体制在体制性吸纳上是正向吸纳能力较弱而阻止反向吸纳能力较强的类型。

在新加坡的威权体制下,人民行动党具有庞大而广泛的深入到新加坡社会基层的党支部组织,并且还控制着人民协会、公民咨询委员会和工会等社会组织,社会精英具有多种进入体制的方式和渠道,而且人民行动党对精英还采取主动招揽的方式,可谓"求贤若渴"。议会则是容纳反对党活动的场域,由于实力对比的悬殊,多个反对党都表示并不试图战胜行动党,而甘于批评角色。由于人民行动党掌控着主要政治权力和利益的分配,有极强的谈判能力,其内部也形成既定的人才选拔程序,

第七章 结论：体制性吸纳的比较分析

精英可以因功绩得以升迁，而体制内成员退出成本较高，若退出行动党，将失去议员身份。所以，新加坡的威权体制具有较强的正向吸纳能力和阻止反向吸纳能力。

马科斯在"军管法"下基本剥夺了反对派精英和其他社会精英进入体制、参与分配政治利益的机会。虽然在1981年取消了军事管制，但马科斯仍保留拘捕反对派精英的权力，而阿基诺的刺杀事件也表明了他对反对派精英的一贯策略。在支持力量中因与马科斯夫妇的关系亲疏而分为核心层和非核心层，亲戚、朋友、亲信等核心层成员分配最大份额的政治权力和利益，非核心层成员则可以改换门庭退出体制支持其他派别精英而得到并不逊色于体制内所得到的利益。因此，菲律宾的威权体制在正向吸纳和阻止反向吸纳能力上都较弱。

民主体制中，新加坡的议会制民主政体和菲律宾的1946—1972年的总统制民主政体都属于正向吸纳能力较强而反向吸纳能力较弱的类型。在新加坡，参与议会选举的政党数量从1948年的一个政党增加到1959年的10个政党，菲律宾则是以两党轮流执政的方式使主要的大家族都能够分配到一定的政治权力和利益。由于作为英国殖民遗产的《内部安全法》的存在，人民行动党通过并入马来亚联邦，借助马来亚和英国的力量，三方组成了内部安全委员会，逮捕了反对党社会主义阵线的几乎所有主要的领导人；菲律宾的宪法中则存在"额外权力条款"，马科斯便利用这一条款制造共产主义恐怖事件，施行了"军管法"。

1986年民主政体在菲律宾得以重建，与之前相比，无论是正向吸纳还是阻止反向吸纳能力都得到增强，更多社会阶层的人士可以进入到体制内；政府与菲律宾共产党和穆斯林武装力量也达成和平协议，在宪法中也明确取消"额外权力条款"，规定总统不得连任，并且对军队加强控制以减小其干政的可能。而韩国在民主转型后清理了军队在政府中的残余势力，加强了文人政府对军队的控制，在民主选举中，各政党均未获得压倒性优势，在能够容纳主要政治势力参与的同时也有效防止了反向吸纳。

总体来看，在三个威权体制中，新加坡威权体制的体制性吸纳能力最强，不仅能够广泛吸收社会精英参与体制，并且也严格限制体制内成员的背叛行为,菲律宾的威权体制则能力最弱,体制内的成员常有退出的情形,军队中也一直在酝酿着政变,而且对反对派主要用强制手段排斥其参与体制。韩国的民主体制和 1986 年的菲律宾民主体制在体制性吸纳能力上都属于第三种类型,即正向吸纳和阻止反向吸纳能力双强,民主的游戏规则被社会中绝大多数精英所接受,加强了对军队、叛乱武装等可能的颠覆力量的控制,并严格防止出现压倒性优势的政治势力(表 7.1)。

表 7.1 各个政体的体制性吸纳能力和类型

政治体制		体制性吸纳的表现形式	体制性吸纳能力和类型
威权主义政体	韩国的威权体制	正向吸纳:政党、议会、政府的吸纳能力较弱,暴力打击主要的反对党。阻止反向吸纳:对体制内成员有较强的谈判能力。	正向吸纳弱,阻止反向吸纳强,类型4。
	新加坡的威权体制	正向吸纳:政党、议会、政府的吸纳能力较强。阻止反向吸纳:对体制内成员有较强的谈判能力。	正向吸纳和阻止反向吸纳双强,类型3。
	菲律宾的威权体制	正向吸纳:政党、议会、政府的吸纳能力较弱,限制其他党派进入体制。阻止反向吸纳:难以限制体制内成员的退出行为。	正向吸纳和阻止反向吸纳双弱,类型2。
民主政体	新加坡的民主体制	正向吸纳:主要的政治派别都参与到民主选举。阻止反向吸纳:难以限制实力占优势的派别的退出行为。	正向吸纳强,阻止反向吸纳弱,类型1。
	菲律宾的民主体制(1946—1972)	正向吸纳:主要的政治派别都参与到民主选举。阻止反向吸纳:难以限制实力占优势的派别的退出行为。	正向吸纳强,阻止反向吸纳弱,类型1。
	韩国的民主体制	正向吸纳:主要的政治派别都参与到民主选举。阻止反向吸纳:严格控制武装力量,通过修改宪法减少被颠覆的可能性。	正向吸纳和阻止反向吸纳双强,类型3。
	菲律宾的民主体制(1986)	正向吸纳:主要的政治派别都参与到民主选举。阻止反向吸纳:清除威权残余,严格控制军队。	正向吸纳和阻止反向吸纳双强,类型3。

第七章 结论：体制性吸纳的比较分析

二、精英派别力量变化

精英派别的力量是指某一派别（支持或反对某一特定体制）的政治精英所拥有的组织规模、组织的制度化水平与凝聚力、经济资源、强制能力、社会支持等，一般来说，某个派别在上述力量组成因素中所拥有的越多，他们实现自己的目标的可能性也就越大。体制性吸纳则是通过让某些精英进入到体制内按照既定的游戏规则竞争政治权力和利益以改变支持和拥护该体制的精英派别的力量对比状况，相比于排斥体制外的精英派别，进入到体制内的精英派别有更大可能可以分享到政治权力和利益，由此增加支持该体制派别的力量并削弱反对体制派别的力量。

在韩国的威权体制下，支持体制的派别力量较为强大，包括军人、财阀、警察、御用政党和支持威权统治的政府官员等，得到威权庇护的财阀、能够出任高官的军人、被统治者任命的官员、警察和特务组织大都因该体制而获得相应的利益，他们对体制的依赖性较大，不易产生退出体制的行为。因而，虽然其正向吸纳能力较弱，反对派别经历了近40年的发展才具备与威权体制支持派别相抗衡的力量。李承晚政府是被学生和教授所发起的"四月革命"所推翻，此时国会中的第一大反对党民主党并未能领导和控制这些社会力量，所建立的民主政府很快便被朴正熙的军政府所取代。由于朴正熙对社会运动和反对党派的大规模镇压，反对派精英开始转为参与和组织体制外运动，全国性的体制外精英组织民主统一国民会议、民主主义国民联合、民主主义与民族统一国民联合纷纷成立，并多次发起数万人参与的大规模抗议运动，反对党派的总统候选人得票率也持续上升（1967年，尹潽善得票37.7%，1971年金大中为43.6%）。全斗焕统治下，反对派别的力量进一步发展，1986年，发生了1000万人参与的修宪案署名运动，1988年成立社会运动的领导组织"国民运动本部"，并多次组织上百万人参与的抗议运动。

新加坡的威权体制则是经由人民行动党在国会选举中长期保持胜利来实现的，通过大选获胜，行动党可以掌控议会、政府和司法机关，因而控制着最主要的政治权力和利益，并对背叛行为施加严厉惩罚，从而减少退出行为的发生。同时,人民行动党通过庞大的组织网络积极吸收社会精英的加入,以加强执政党的力量以保持对反对党的优势,使得议会中虽然有反对党活动,但其所获得的议席寥寥无几。反对党在重重限制下,虽然其得票率从最低时候的13.28%上升到39.86%,但所得议席只是从0增加到6席。

在菲律宾,马科斯对反对派别的暴力镇压虽在短期内清除了反对势力,但激起了社会的广泛不满,在社会各阶层与天主教会的支持下,反对派别的力量迅速发展起来,领导和组织了一系列社会抗议运动,并在总统选举后发起80万人参加的人民力量运动以阻止马科斯对叛乱军队的镇压;而从威权体制中所退出的官员以及军队改革运动都削弱了支持派别的力量,并促进了反对派势力的增长。

菲律宾在恢复了民主体制后,扩大了体制容纳的空间,使更多的精英进入到体制内;同时加强了对军队的控制,并与新人民军和棉兰老叛乱组织达成和平协议,减少了反体制的力量。另一方面,则在宪法中禁止总统连任,以及取消总统实行戒严法和随意拘捕竞争对手的权力,增加了退出体制的成本。另外,对拉莫斯连任企图的挫败、迫使埃斯特拉达下台也表明支持民主的力量得到了增强。韩国政府在民主转型后严厉打击了威权体制的残余势力,出台《选举法》和《政治资金法》限制政商勾结,对军队实施改革,进行多次人事变动,加强政府对军队的控制,以减小威权派别的力量,对破坏游戏规则的贪腐行为进行了严厉的惩处。在民主选举中,任何一个派别都无法形成对其他派别的压倒性优势,每个党派都有获胜的机会,这样,遵循民主的游戏规则就成为主要政治派别的最优策略。

新加坡的人民行动党的力量在民主体制下迅速发展。1955年的立法会议选举,行动党仅获得24个席位中的3席;1959年大选,则拿下51个议席中的43席。在力量壮大的同时,行动党利用了《内部安全法》抓捕反对党社会主义阵线的主要领导,并在1963年大选中得到51个席位中的37席。趁着社阵主要领导均被关押的时机,行动党大力扩展其基层组织,并掌握了工会,逼迫社阵议员退出国会,行动党几乎完全掌握了政府和社会,并将社阵原有的组织和支持力量逐一侵夺,在暴力机器的打

第七章 结论：体制性吸纳的比较分析

击下，社阵势力急速衰落。马科斯则是利用两次总统任期，通过家族关系的扩展，积聚起庞大的势力，掌控了菲律宾的政府、军队和社会经济，而支持民主体制派别所发起的"一月运动"和"制宪会议"都未能阻止马科斯的推翻民主体制的计划。

表7.2 不同政治体制下精英派别力量的变化

政治体制		精英派别力量变化的体现	精英派别力量变化
威权主义政体	韩国的威权体制	支持派别：掌控军队、政府、国会和社会经济。威权体制末期，体制内掌权者同意与反对派谈判。	反对派别经过长时期的发展，方具备与威权派别相抗衡的体制外力量。
		反对派别：李承晚时期，在野党主要实行议会斗争策略。朴正熙时期，反对党的总统候选人得票率从37.7%上升到43.6%，成立全国性反体制组织，多次发起大规模的社会抗议，如"釜马事件"、"光州起义"。全斗焕时期，新韩民主党在国会选举中得票率为29.2%，执政党仅为35.2%，反体制组织"国民运动本部"成立，发起多次大规模运动，如上百万人参与的"和平大行进运动"。	
	新加坡的威权体制	支持派别：人民行动党占据议会中绝大多数议席，并拥有庞大的组织网络体系。	反对派别的力量有一定的增长，但支持派别仍处绝对优势。
		反对派别：在议会选举中得票率虽然从13.28%上升到39.86%，但所得议席只是从0增加到6席（共87个席位），无发动大规模社会运动的能力。	
	菲律宾的威权体制	支持派别：靠扩展的家族关系掌握军队、政府和社会经济。部分非核心层的人员退出体制，军队叛变。	支持派别力量逐渐减小，反对派别迅速增长，并压过支持派别。
		反对派别：获得天主教会、社会各阶层的支持，发起多次大规模的抗议运动，如80万人参与的人民力量运动。在国会中的席位从14席增加到61席。	

续表

政治体制		精英派别力量变化的体现	精英派别力量变化
民主政体	新加坡的民主体制	支持派别：最大的在野党社会主义阵线的主要领导人被抓捕，基层组织和工会等原有势力被夺走。	支持派别力量大幅度减小，反对派别迅速增长，并压过支持派别。
		反对派别：1959年选举获得51个议席中的43席，1963年为37席，1968年为全部58席。基层组织体系迅速扩展，掌握了工会组织，并能通过《内部安全法》动用军队抓捕竞争对手。	
	菲律宾的民主体制（1946—1972）	支持派别："一月运动"和制宪会议都未能阻止马科斯的连任。	反对派别迅速增长，并压过支持派别。
		反对派别：利用两次总统任期，任命亲信和裔从掌控了政府、军队和社会经济，以"总统额外权利"实施军事管制。	
	韩国的民主体制	支持派别：主要的政治派别都能够通过选举参与政治权力竞争，严格控制军队，禁止总统连任。	支持派别的力量上升，威权残余力量被逐步清除。
		反对派别：威权残余力量被清理，破坏民主体制的贪腐行为遭严厉惩处。	
	菲律宾的民主体制（1986）	支持派别：主要的政治派别都能够通过选举参与政治权力竞争，民主体制的容纳范围增加，严格控制军队，禁止总统连任和取消额外权利条款。	支持派别的力量上升，威权残余力量被逐步清除。
		反对派别：威权残余力量被清理，拉莫斯的连任企图、埃斯特拉达和阿罗约的贪腐行为都遭到社会抗议运动的阻止和限制。	

表7.2列出了精英派别力量变化的具体体现。由于在各个政治体制中均实施（过）选举，选举中的表现则可作为各派精英力量变化的指标之一。另外，在威权体制中，威权派别的力量变化则通过其主要支持力量的变动来表现，而反对派别的实力则须视其发动体制外社会运动的能力。在民主体制中，反对派别的力量通过所掌握的实力变化和是否能够动用

第七章 结论：体制性吸纳的比较分析

军队、警察等暴力机器来打击其他派别来体现，而支持派别的力量则主要体现在其对破坏民主体制行为的阻止上。相对而言，在三个威权体制中，新加坡的威权派别力量最为强大，在正向吸纳和阻止反向吸纳双强的体制性吸纳能力影响下，反对党派的发展受到较大限制，虽然经过了从1968年至今40多年的时间，反对派别不仅在议会中只能获得极少数席位，并且也难以发动大规模的抗议运动；在菲律宾的威权体制中，既无法吸纳反对派别进入体制，也难以阻止其他社会势力成为反对派的支持力量，而且威权派别中也有部分成员退出体制加入反对派别，军队中的叛乱集团也宣称支持反对派，因而，在威权派别和反对派别力量的消长中，威权派别的力量急速减小，反对派别则迅猛增长并迫使马科斯仓皇逃离菲律宾。

菲律宾在1946—1972年所实行的民主体制与新加坡的民主体制在体制性吸纳上都属于正向吸纳较强而阻止反向吸纳能力较弱的类型。马科斯和人民行动党都通过选举胜利而掌握了政府，并迅速集聚起强大的实力，而"总统额外权力条款"和"内部安全法"则成为二者动用武力来打击反对派别的凭借，通过镇压、抓捕和拘禁，在威权力量增长的同时反对派别的势力则在强力压制下减小。在韩国民主体制建立与菲律宾1986年重新恢复民主政体后，支持民主体制派别都对威权的残余力量进行了打击，并加强对军队的控制，以减小军队颠覆体制的可能性。在韩国，支持派别加大了对贪腐行为的惩处，卸任总统全斗焕和卢泰愚皆因政治资金案被捕，卢武铉则因贿赂丑闻自杀，破坏体制行为的成本增大；在菲律宾，来自社会各阶层的精英有更多的机会进入到体制内，与菲律宾共产党以及棉兰老叛乱组织的和平协议也减小了反体制的力量，而通过社会运动以阻止拉莫斯的连任和抗议埃斯特拉达与阿罗约总统的贪污行为则表明支持民主力量的增强。

通过三个案例的比较，体制性吸纳能力与精英派别力量变化的相关关系得到了验证（表7.3）。在体制性吸纳能力越强的政治体制中，支持派别的力量远大于反对力量，如新加坡的威权体制中的派别力量变化情况；而若是正向吸纳能力和阻止反向吸纳能力弱的政治体制，则会出现支持派别的力量减少，反对力量快速增加的情形，如在菲律宾威权体制下派别力量的消长。

表7.3 体制性吸纳与精英派别力量的相关关系

政治体制		体制性吸纳能力	精英派别力量变化
威权主义政体	韩国的威权体制	正向吸纳弱，阻止反向吸纳强。	反对派别经过长时期的发展，方具备与威权派别相抗衡的体制外力量。
	新加坡的威权体制	正向吸纳强，阻止反向吸纳强。	反对派别的力量有一定的增长，但支持派别仍处绝对优势。
	菲律宾的威权体制	正向吸纳弱，阻止反向吸纳弱。	支持派别力量逐渐减小，反对派别迅速增长，并压过支持派别。
民主政体	新加坡的民主体制	正向吸纳强，阻止反向吸纳弱。	支持派别力量大幅度减小，反对派别迅速增长，并压过支持派别。
	菲律宾的民主体制（1946—1972）	正向吸纳强，阻止反向吸纳弱。	反对派别迅速增长，并压过支持派别。
	韩国的民主体制	正向吸纳强，阻止反向吸纳强。	支持派别的力量上升，威权残余力量被逐步清除。
	菲律宾的民主体制（1986）	正向吸纳强，阻止反向吸纳强。	支持派别的力量上升，威权残余力量被逐步清除。

三、体制性吸纳与政治转型

体制性吸纳对政治转型的影响主要分为两个层次：一是在体制的维持和崩溃上，如果体制性吸纳导致体制崩溃，转型才能得以发生；反之，体制性吸纳有助于体制维持，则政治转型将难以产生。第二个层次则是转型模式，本书将政治转型（包括民主转型和从民主到威权的转型）的模式分为三类：如果转型是由体制内精英以非合作方式推动，则为强加模式；政治转型由体制内和体制外的精英以合作的方式推动，则是交易模式；而转型依靠体制外精英以非合作方式推行，则为决裂模式。在体

第七章 结论：体制性吸纳的比较分析

制性吸纳和体制维持与崩溃的关系上，由于体制性吸纳能够影响精英力量的变化，体制的支持与反对派别力量的消长则会改变体制维持成本。如果支持派别能够轻易压制反对派别，那么体制就能够得以持续；反之，当反对派别不断发起大规模的体制外社会运动或其他冲击体制的行为，体制维持成本将急剧上升，而体制就可能崩溃。

表7.4 体制性吸纳与体制维持或崩溃的相关关系

政治体制		体制性吸纳类型 → 精英派别力量变化		体制维持或崩溃
威权主义政体	韩国的威权体制	类型4 →	反对派别通过长期发展获得与威权派别相抗衡的力量。	持续近四十年，在反对派别所发起的社会运动冲击下崩溃。
	新加坡的威权体制	类型3 →	威权派别具有对反对派别的压倒性优势。	持续46年，维持至今。
	菲律宾的威权体制	类型2 →	威权派别力量减小，反对派别力量增加并大于前者。	持续15年，被人民力量运动推翻。
民主政体	新加坡的民主体制	类型1 →	威权派别力量增加，支持派别力量减小，前者大于后者。	持续10年，人民行动党用暴力机器打击反对党派，使之崩溃。
	菲律宾的民主体制（1946—1972）	类型1 →	威权派别力量增加，并超过支持派别。	持续27年，马科斯用暴力机器打击反对党派，使之崩溃。
	韩国的民主体制	类型3 →	支持派别力量增加，威权的残余力量被逐步清理。	持续26年，维持至今。
	菲律宾的民主体制（1986）	类型3 →	支持派别力量增加，威权的残余力量被逐步清理。	持续27年，维持至今。

表7.4列出了体制性吸纳对体制维持的影响情况。三个威权体制中，唯一延续至今的是新加坡的威权政体，若从1968年垄断全部议席开始计算，已经持续了46年之久。由于人民行动党的强势地位，反对党也逐渐接受其在议会中的批评角色，并安于现体制所提供的职位与利益，体制外的社会抗议也几乎销声匿迹。与此形成鲜明对比的是马科斯的独裁政

权,从 1972 年实施"军管法"到 1986 年被迫下台,威权体制仅维持了 15 年。自 1983 年阿基诺刺杀事件后,菲律宾反对派别的力量飞速增加,因成员退出和军队叛乱,威权派别力量大减,在 1986 年的总统选举中,反对派能够与马科斯相抗衡,并发动人民力量运动推翻马科斯政府。韩国的威权体制从 1948 年建立到 1987 年的"6·29 宣言",持续了近 40 年,其间虽有两次中断,但威权派别迅速地恢复了体制,由于阻止反向吸纳能力较强,威权体制的力量能够长期维持,而反对派别则经过长期发展,形成了全国性的反体制运动组织,在其领导与组织下,不断发动体制外运动以冲击威权体制,最终通过与体制内精英派别的谈判使威权体制崩溃。

1946—1972 年的菲律宾民主体制和新加坡的民主体制则阻止反向吸纳能力较低,当威权派别执掌了政府大权并能够动用军队镇压民主体制的支持势力后,民主派别的力量遭受重大打击,民主体制也随之崩溃。韩国的民主体制与 1986 年恢复的菲律宾民主体制类似,都从建立后持续至今,并不断得以巩固,在正向吸纳与阻止反向吸纳都较强的情况下,威权派别的残余力量被逐步清理,民主体制获得了更多的支持,而对破坏体制行为的严惩与法规的完善也使反对民主体制的成本增加。

体制性吸纳对转型模式的影响则体现在精英依据体制性吸纳所形成的力量对比状况而采取相应的策略选择,从而产生不同的转型模式(表 7.5)。如果原体制的反对派别拥有超过支持派别的力量,若其处于体制内,那就可以依靠政府权力和所具有的力量以强加模式建立新的政治体制;若处于体制外,就需要通过体制外运动、武装叛乱等方式以决裂模式推动转型。一般来讲,理性的精英都希望能够独占政治权力而不愿与其他人分享,但在不具备独力进行政治转型的情况下,则需要与其他派别的精英谈判,联合多方的力量以交易模式建立新体制。在菲律宾和新加坡的从民主到威权的转型中,人民行动党和马科斯派别都把持了政府权力,并可以动用军队、警察等暴力机器来打击反对派别,他们都不需要与其他派别交易,靠自身的力量就可以进行转型,二者的转型模式都是强加模式。菲律宾从威权到民主的转型过程中,反对派别发起了声势浩大的人民力量运动,并得到叛乱军队的支持,马科斯无法镇压示威运动和军队叛乱,只能作出逃往他国的选择;阿基诺为首的反对派别既然

第七章 结论：体制性吸纳的比较分析

拥有推翻威权体制的力量，当然也不会接受马科斯联合执政的妥协方案，以决裂模式建立了民主政府。韩国的反对威权体制的派别虽已成立全国性的反体制组织，并发起了多次大规模社会运动，但威权派别仍拥有较为强大的力量，而且反对派别中金大中和金泳三的分裂也给了卢泰愚赢得总统选举的机会，因而双方进行了谈判并同意实行民主选举，以交易模式进行了转型。

表7.5 体制性吸纳对转型模式的影响

政治转型	体制性吸纳类型 → 精英派别力量变化		转型模式
韩国：从威权到民主	类型4 →	反对派别通过长期发展获得与威权派别相抗衡的力量 →	交易
新加坡：从民主到威权	类型1 →	威权派别具有对反对派别的压倒性优势 →	强加
菲律宾：从民主到威权	类型1 →	威权派别力量增加，并超过支持派别 →	强加
菲律宾：从威权到民主	类型2 →	威权派别力量增加，支持派别力量减小，前者大于后者 →	决裂

在案例的比较分析中，体制性吸纳对政治转型的作用被清晰地展现出来，由于吸纳能力的差异，在不同政治体制下，精英派别间的力量对比发生了变化：正向吸纳能力较强会导致体制外的反对派别势力减小或减缓增长速度，反之，反对派别的力量则会增大或快速发展；阻止反向吸纳能力较强会使体制内成员不易发生退出行为，有助于支持体制力量的维持和增加，否则，支持体制力量会急剧减少，若退出成员转投反对阵营，反对派别的力量则会增加。韩国的民主体制、1946—1972年的菲律宾民主体制、1986年的菲律宾民主体制、新加坡的威权体制皆为正向吸纳能力强的类型；在体制持续时期，体制外都没有出现较大的反体制势力，或是反体制力量逐步减小，如菲律宾的新人民军和胡克运动。韩国的威权体制、新加坡的威权体制、韩国的民主体制、1986年的菲律宾民主体制属于阻止反向吸纳能力强的类型；体制内成员的背叛行为较少

发生，支持体制的力量能够维持，以韩国的威权体制为例，虽然正向吸纳能力较低，反对体制派别的力量不断增长，但由于威权派别一直保持着强大的势力，经过近40年的发展，反体制的力量才能与之相抗衡。新加坡的威权体制是三个案例中唯一能维持至今的威权主义政体，因其属于正向吸纳和阻止反向吸纳双强的类型，反对派别的发展极为迟缓，从1968年至今，几乎没有发生过社会抗议运动，反对派别在议会中也仅占据寥寥数席。菲律宾的威权体制则是双弱类型，在阿基诺刺杀事件后的短短数年中，威权派别的力量减弱与反体制派别的飞速增长形成鲜明对比。

精英派别力量的变化则会促使体制的维持或崩溃。属于体制性吸纳类型3的1986年的菲律宾民主体制、韩国民主体制和新加坡威权体制均维持至今，其中新加坡的威权体制是三个案例中唯一仅存的还未崩溃的威权政体，且在所有体制中维持时间最长，达46年之久。类型1的两个民主政体——1946—1972年的菲律宾民主体制和新加坡的民主体制都因无法阻止体制内的掌权者以强制手段颠覆民主体制而崩溃；类型4的韩国威权体制则是在反对派别经长期发展后具有威权派别无法压制的力量的情况下通过双方谈判而瓦解；类型2的菲律宾威权体制则在三个威权政体中维持时间最短，反对派别力量的快速增长，体制内成员的退出和军队反叛，使威权体制在短期内崩溃。另一方面，体制性吸纳也通过作用于精英力量变化而产生不同的转型模式。当反对派别明显强于支持派别时，单靠反对派别的力量就能推动转型而无需与其他势力联合，例如新加坡和菲律宾从民主到威权的转型模式为强加模式，而菲律宾的民主转型模式则是决裂模式；而反对派别与支持派别的力量大致均衡，双方也有沟通和谈判的渠道，交易模式就可能会发生，比如韩国的民主转型。

因此，体制性吸纳影响政治转型的逻辑为通过改变既有体制下精英派别间的力量对比，进而影响政治转型。其一是使体制得以维持，那么转型将不会发生；其二则是促使体制崩溃、转型发生，并由体制性吸纳的差异而形成不同的转型模式。这一理论关系在"二战"后东亚国家转型案例中的澄清与验证也体现出本研究的理论目的。因民主转型学派将转型过程中的精英派别力量视为既定，其理论关注点在于精英的行为与策略，而忽略了影响精英派别力量变化的结构性因素。换言之，如果不

第七章　结论：体制性吸纳的比较分析

能回答为什么会产生不同的精英力量变化情况，也就难以解释精英们为何会采用不同的策略与行为以及各种转型模式产生的原因。本书则将体制性吸纳视做影响精英派别力量的重要结构性因素，在其作用下，体制的反对与支持派别的力量对比发生变化，进而影响政治转型，这一因素通过精英派别的力量变化将结构性因素和行动者因素结合起来，以对政治转型进行更完整的解释。

第二节　体制性吸纳的解释能力与限制

一、体制性吸纳与政治转型的替代性解释

体制性吸纳属于结构性因素，而学界关于结构性因素对政治转型的影响亦提出诸多理论命题，明确体制性吸纳的解释能力则需要通过与其他结构性因素的比较来考察体制性吸纳对政治转型的作用。

对政治转型的替代性解释主要有经济发展、政治文化和外国影响。在经济发展上，李普塞特提出经济发展与民主制度呈正相关关系[1]的理论命题引起了广泛的讨论。亨廷顿认为，中等收入国家更倾向于发生民主转型；[2] 但另一方面，奥唐奈的研究则认为威权主义会出现在拉美最发达的国家；[3] 李普塞特在后来的研究中也指出，威权主义政体更有可能在发展水平处于中游的国家存在，其概率会随着发展水平的提高而升高。[4] 因而经济发展对于政治转型的作用可分为两个方面：其一为经济发展会促进民主转型；其二为在经济欠发达地区，发展水平越高的国家越可能出

---

[1] Seymour Martin Lipset, "Some Social Requisites of Democracy: Economic Development and Political Legitimacy", *The American Political Science Review*, Vol. 53, No. 1, 1959, pp. 69 – 105.

[2] Samuel P. Huntington, *The Third Wave: Democratization in the Late Twentieth Century*, Norman: University of Oklahoma Press, 1991, p. 201.

[3] 参见［阿］吉列尔莫·奥唐奈：《现代化和官僚威权主义：南美政治研究》，王欢、申明民译，北京大学出版社2008年版。

[4] Seymour Martin Lipset, "The Social Requisites of Democracy Revisited", *American Sociological Review*, Vol. 59, No. 1, pp. 1 – 22.

现威权政体。另外，经济危机也被认为是促进民主转型的重要原因，它会使威权政体的谈判能力降低，难以抑制逐渐增加的反对力量。

表7.6列出了四个转型事例的经济发展指标，经济发展水平用人均GDP来度量衡量，经济绩效则用GDP增长率衡量，每一指标都采用转型前两年和当年的数据。在经济水平上，韩国和菲律宾均发生了从威权到民主的转型，在转型时，韩国的经济水平高于东亚地区的平均水平，而菲律宾却远低于平均水平；发生从民主到威权转型的新加坡和菲律宾的案例中，新加坡在转型时的经济水平高于平均水平，且维持了超过10%的年增长率，符合李普塞特在1993年所作出的判断，而菲律宾却只有东亚和太平洋地区人均GDP的一半，增长率只有5.4%，低于东亚和太平洋地区的7.8%。在经济危机的影响方面，韩国在转型时增长率达到了11.1%，新加坡和菲律宾从民主到威权的转型也未遭遇经济危机，只有菲律宾在从威权到民主的转型时遭受了经济衰退，1984年和1985年都是负增长，为-7.3%。因而，不管是经济发展水平还是经济危机都无法有效解释上述的政治转型案例，无论采用经济发展水平，还是经济危机，都会遭遇到相反的案例，使其理论命题自相矛盾。这也从另一方面表明，体制性吸纳在多种经济发展水平与经济绩效下也都对政治转型产生明显的影响。

表7.6 体制性吸纳 VS 经济发展

政治转型	经济发展		体制性吸纳
	人均GDP （单位：美元，现值）	经济绩效 （GDP增长率 单位:%）	
韩国： 从威权到民主	85年：2367 86年：2702 87年：3367 （87年：2047）	85年：6.8 86年：10.6 87年：11.1 （87年：5.3）	类型4 → 反对派别与支持派别相抗衡 → 体制崩溃 → 交易模式
菲律宾： 从威权到民主	84年：597 85年：568 86年：537 （86年：1781）	84年：-7.3 85年：-7.3 86年：3.4 （86年：4.1）	类型2 → 反对派别压过支持派别 → 体制崩溃 → 决裂模式

第七章 结论：体制性吸纳的比较分析

续表

政治转型	经济发展		体制性吸纳
	人均 GDP（美元，现值）	经济绩效（GDP 增长率）	
新加坡：从民主到威权	66 年：566 67 年：625 68 年：708 (68 年：244)	66 年：10.8 67 年：12.2 68 年：13.6 (68 年：11.2)	类型 1 ➝ 反对派别处于绝对优势 ➝ 体制崩溃 ➝ 强加模式
菲律宾：从民主到威权	70 年：188 71 年：203 72 年：213 (72 年：410)	70 年：3.7 71 年：5.4 72 年：5.4 (72 年：7.8)	类型 1 ➝ 反对派别强于支持派别 ➝ 体制崩溃 ➝ 强加模式

资料来源：WDI 数据，括号内数字为东亚和太平洋地区当年的人均 GDP 或 GDP 增长率。

政治文化是另一主要的替代性解释，在东亚政治转型的研究中，也有大量的关于政治文化对政治转型影响的讨论。例如，韩国曾深受儒家文化的影响，其政党大多是基于领袖的个人魅力与私人关系来建立与维持，而军部统治也是这一文化下的产物，但韩国的许多知识分子和大学生逐渐接受了现代西方的民主价值和观念，这一变化推动了民主转型的发生。[①] 新加坡则因国民中大部分是华人，儒家文化中的帝王思想、等级观念以及贤人政治成为威权体制的文化基础。[②] 菲律宾政治文化中的强人政治、忠诚于个人的庇护关系等因素则被认为是威权政治出现的重要原因，[③] 建立在家族之上的庇护网络使民主政治仿佛是美国政治的拙劣仿制品。[④] 美式民主被套在文化、经济和社会状况完全不同的国度中，威权政治正是对因这种不匹配所引发的政治危机的一种应对。上述的分析如果

---

① 参见 [韩] 权壩：《韩国政治民主化转型的力学》，吉林人民出版社 2004 年版。
② 参见卢正涛：《新加坡威权政治研究》，南京大学出版社 2007 年版。
③ Lewis E. Gleeck, *President Marcos and the Philippine Political Culture*, Manila: The Cellar Book Shop, 1987, p. 1.
④ Lucian W. Pye, *Asian Power and Politics: The Cultural Dimensions of Authority*, Cambridge: Harvard University Press, 1985, pp. 123 – 125.

只从某一个国家特定时段的转型来看,有一定的合理性,但若将不同国家的转型进行比较,抑或比较同一国家不同时段的状况就能发现其中的矛盾之处。虽然在1987年韩国民主转型中,受到民主观念影响的青年学生和知识分子参与了社会抗议运动,但在1960年推翻李承晚政府的"四月革命"以及1979年的"釜马事件"中,学生和知识分子也是抗议运动的主力,这表明早在民主转型前,这些群体就已经受到民主文化的影响,而威权政治却能够在两次中断后迅速重建。在菲律宾的政治转型中,既然威权政治的建立是由于菲律宾的政治文化与民主体制不相适应,但为何在威权体制仅持续15年后就发生了民主转型?而且,东亚国家中受到儒家文化影响的国家较多,其中有新加坡这样仍实行威权政体的国家,也有韩国、日本等建立了民主制度的国家。因此,政治文化并不能对东亚国家的多种政治转型类型作出总体性的解释。

在外国影响上,韩国与菲律宾的民主转型被认为受到了美国的影响。[①] 因历史原因,美国在韩国与菲律宾都建有军事基地、派驻军队,在经济、外交上两国与美国有紧密的联系,在民主化过程中,美国曾阻止全斗焕对社会运动的镇压,并拒绝马科斯联合执政的要求。但美国对两国民主转型的支持有一定的区别,在菲律宾,美国的支持有至关重要的作用,"没有美国帮助,将难以取胜"[②];而对韩国,则是由起初的沉默转为积极的支持,[③] 在1987年之前,美国政府也主要是通过外交手段来对全斗焕政府施压。虽然两国从结果上都进行了政治转型,并也都受到美国影响,但美国影响在两国的程度并不相同。两国反对派所面临的转型任务也有差异,马科斯政权中,军队——最主要的支持力量出现了分裂,叛乱军队声称要进攻总统府;在韩国,军队并未叛乱,相对于菲律宾而

---

① 参见王菲易:《国际化、制度化与民主化——韩国政治发展与转型的国际因素研究》,复旦大学博士学位论文,2009年。[美] 亨廷顿:《第三波——20世纪后期民主化浪潮》,上海三联书店1998年版,第103—111页。

② [美] 亨廷顿:《第三波——20世纪后期民主化浪潮》,上海三联书店1998年版,第108—111页。

③ G. T. Allison, R. P. Beschel, "Can the United States Promote Democracy", *Political Science Quarterly*, Vol. 107, No. 1, 1992, pp. 81–98.

第七章 结论:体制性吸纳的比较分析

言,其转型难度更大,虽然美国的支持更少,但韩国也同样进行了民主转型。此外,在两国威权体制崩溃的关键事件中更多体现为威权派别与反对派别的实力较量。即使有美国干预,马科斯同样也出动了军队进行镇压,而人民力量运动阻止了这一企图;全斗焕则是用警察来镇压民主化运动,在警察部门无法支撑、调派军队的要求被将领拒绝的情况下,卢泰愚才发布了"6·29宣言"。外国影响对于政治转型的作用,正如美国学者斯坦利在分析美国对菲律宾民主转型的作用时所得出的论断,"外国人并不是菲律宾在面临政治危机时的主角,美国可以避免局势进一步恶化,或许在边缘地带作出一定贡献,但这个国家的前途掌握在菲律宾人手中"[1]。

总体来看,经济发展、政治文化、外国影响和体制性吸纳都会影响精英派别力量,但经济发展的影响具有两面性,它既可能促进反对派力量的增长,也可能导致支持派别势力增强。在案例比较中,发生转型的国家经济水平的差异较大,而四次政治转型中唯有菲律宾的民主转型是发生于经济危机,这说明经济危机可能并非民主转型的最主要影响因素。在菲律宾、韩国和新加坡,其政治文化都具有多面性,既有威权的因素,也有西方民主价值的成分,从政治文化上难以对所涉及的案例给出合理的解释。在外国影响上,若非军事占领或战争等具有决定性影响的事件发生,促使体制崩溃和转型的关键仍取决于派别间的力量对比。因此,体制性吸纳并不是对精英派别力量的唯一影响因素,但在与其他替代性解释的比较中,它可能是最重要的影响派别间力量变化和政治转型的变量。

二、体制性吸纳的解释限制

虽然在上述的分析中,体制性吸纳相比于其他主要的替代性解释有更强的解释力,但将其应用到对现实案例的分析中仍会遇到一些难以解决的问题:

---

[1] P. W. Stanley, "Toward Democracy in the Philippines", *Proceedings of the Academy of Political Science*, Vol. 36, No. 1, 1986, pp. 129 – 141.

首先,体制性吸纳能力和精英派别的力量很难被量化。虽然可以对概念细分以增加测量的多层次性,但多层次的测量,例如在正向吸纳能力上分为政党吸纳、行政吸纳、立法机关吸纳等三个方面,如果缺少标准化的赋值测量,那就很难将这些不同层次的吸纳方式加总以得出正向吸纳能力的大小。即使单独对某一层次进行测量也不容易确定其数值,比如某一政党有发达的分支组织,而另一体制中的政党组织体系松散,但很难确定前者比后者的吸纳能力要高多少。因而,本研究在处理上述问题时只能采用定性的方式,用较强或较弱的定类尺度来度量吸纳能力。在精英派别力量测定上也遇到相似的问题,组织规模、掌握的资源和发动体制外运动的能力等也属于不同的度量层次,同样也难以用定比数据进行赋值。上述问题的解决则有待于研究方法的发展以及调查资料的进一步完善。

其次,本书在对体制性吸纳能力与精英派别力量关系的讨论中未对吸纳的策略进行深入的剖析,而策略问题已经被某些学者所关注。童燕齐区分了市民社会的关键领域与非关键领域,前者威胁到威权统治者对权力的垄断,后者则并不会对体制形成直接挑战。[1] 迪克森用关键与非关键领域的划分比较了中国大陆、中国台湾和匈牙利在政治吸纳上的策略,由于中国共产党的政治吸纳主要在非关键领域进行,例如吸收工商业者和技术人员,这提高了体制的稳定性和适应力;与之相反,匈牙利和中国台湾的政治吸纳主要放在关键领域的知识分子上,匈牙利并未采用镇压而是将体制外的持反对意见的知识分子吸收入体制,这一吸纳策略虽然在一定程度上稳定了统治但也创造出使其最终崩溃的内部反对派。[2] 中国台湾的情况与匈牙利类似,将有美国留学经历的青年知识分子和有权

---

[1] Tong Yanqi, "State, Society, and Political Change in China and Hungary", *Comparative Politics*, Vol. 26, No. 3, 1994, pp. 333 – 353.

[2] P. H. O'Neil, "Revolution from Within: Institutional Analysis, Transitions from Authoritarianism, and the Case of Hungary", *World Politics*, Vol. 48, No. 4, 1996, pp. 579 – 603.

第七章 结论：体制性吸纳的比较分析

力企图心的精英吸收入国民党，而这些人却成为体制内的潜在反对派。①因此，某些情况下，体制性吸纳必须与一定的策略相配合，如果吸纳了大量的反对派别，反而会为体制带来隐患。但这并不表明对关键领域的反对派、持不同政见的知识分子只能采取镇压的方式，立法机关和一些非重要的职位也可以提供部分吸纳渠道。李承晚时期，最大的反对党也主要在议会内活动，而新加坡的议会也对在野党开放。而在中国大陆，对关键领域的知识分子也并非总是将其排斥在体制外，近年来，越来越多的知识分子被吸收入政治协商会议和有官方色彩的社会组织中，大学中的学者也有更多渠道进入政府机关任职。换言之，将反对派别或知识分子吸收入体制还涉及"驯服"的策略，让他们先进入不重要的部门，使其能分享到一定的政治特权和利益，当体制内的权力网络成为他们最主要利益来源时，再逐步开放更重要的职位，在成为既得利益者后，这些原先持反对立场的精英也会逐渐转变为体制的支持者。当然，如何"驯服"反对派，在各个国家中有不同的实施策略，并视具体的约束条件和环境变化进行设定和调整，该问题可能并不适合进行理论性分析。

再次，某些情况下，体制性吸纳可能并不是政治转型的充分和必要条件。虽然体制性吸纳能力越弱，政治体制越可能崩溃并产生转型，但这并不意味着体制吸纳能力较弱的政治体制必然比能力较强的体制持续时间更短。如果某一国家战败或遭遇军事占领被强制推行新的政治体制，政治转型的发生就与体制性吸纳的强弱无关。政治转型受到诸多因素的影响，在一定条件下，某一因素会发生更大的作用，而在另一情境中，该因素的作用就有可能会消失，因而，在政治转型问题上可能找不到具有决定性作用的因素。本研究所提出的体制性吸纳，只是相对于其他因素来讲，对政治转型的作用可能较为重要。

最后，体制性吸纳与政治转型关系只是在"二战"后的东亚国家政治转型案例中得以验证，可能会遇到案例较少并局限在一个地区的批评。虽然所讨论的案例已经具有较强的代表性，涉及三种转型类型，即从民

---

① B. J. Dickson, "Cooptation and Corporatism in China: The Logic of Party Adaptation", *Political Science Quarterly*, Vol. 115, No. 4, 2000, pp. 517 – 540.

主到威权、从威权到民主以及民主与威权间的交替，并且三个国家在文化、种族、宗教、经济与社会状况、外来影响上也差异较大。比如韩国和新加坡较多受到儒家文化的影响；相比于新加坡和菲律宾，韩国的种族构成比较单一；新加坡的人均国民生产总值在2011年达到46000美元，韩国为23000美元，菲律宾仅有2300美元；韩国和新加坡的中产阶级比例较大，而菲律宾的贫富差距却很严重。另外，韩国的宗教与种族冲突较少，在菲律宾则存在着伊斯兰教的叛乱，新加坡也曾发生过华人与马来人的种族冲突。因未引入其他地区，如非洲、拉美和欧洲的政治转型案例来对理论进行更深入全面的验证，体制性吸纳理论在普遍性上可能会有所欠缺，而加入更多地区的案例进行讨论，以使该理论得到更广泛深入的检验与进一步发展，则是后续研究所要完成的工作。

参考文献

中文文献

［美］巴林顿·摩尔：《民主与独裁的社会起源》，萧纯美译，台北远流出版社1992年版。

［古希腊］柏拉图：《理想国》，郭斌和、张竹明译，商务印书馆2002年版。

曹中屏、张琏瑰等编：《当代韩国史（1945—2000）》，南开大学出版社2006年版。

［美］查尔斯·蒂利：《欧洲的抗争与民主（1650—2000）》，陈周旺等译，上海人民出版社2008年版。

车哲九：《南朝鲜四十年》，中国展望出版社1990年版。

陈波：《冷战同盟及其困境：李承晚时期美韩同盟关系研究》，上海人民出版社2008年版。

陈尤文等主编：《新加坡公共行政》，时事出版社1995年版。

陈祖洲：《新加坡："权威型"政治下的现代化》，四川人民出版社2001年版。

丛日云：《当代世界民主化浪潮》，天津人民出版社1999年版。

［英］戴维·米勒、韦农·波格丹诺编：《布莱克维尔政治学百科全

书》，中国政法大学出版社 1992 年版。

［美］戴维·瓦尔德纳：《国家构建与后发展》，刘娟凤、包刚升译，吉林出版集团有限责任公司 2011 年版。

［新加坡］冯清莲：《新加坡人民行动党：它的历史、组织和领导》，苏婉蓉译，上海人民出版社 1975 年版。

［加］弗兰克·坎宁安：《民主理论导论》，谈火生等译，吉林出版集团有限责任公司 2010 年版。

［美］盖里·戈茨：《社会科学概念——方法论的思考》，徐子婷等译，台北韦伯文化国际出版有限公司 2010 年版。

郭定平：《韩国政治转型研究》，中国社会科学出版社 2000 年版。

［美］哈罗德·D.拉斯韦尔：《政治学》，商务印书馆 1992 年版。

［美］哈罗德·D.拉斯韦尔、亚伯拉罕·卡普兰：《权力与社会：一项政治研究的框架》，王菲易译，上海世纪出版集团 2012 年版。

贺圣达等：《战后东南亚历史发展 1945—1994》，广西人民出版社 2003 年版。

洪镰德：《新加坡学》，台北扬智文化实业股份有限公司 1994 年版。

［美］胡安·林茨：《极权政权与威权政权》，载于 Greenstein and Bolsby 主编的《总体政治论》，台北幼师文化事业公司 1983 年版。

［美］胡安·林茨、阿尔弗莱德·斯泰潘：《民主转型与巩固的问题：南欧、南美和后共产主义欧洲》，孙龙等译，浙江人民出版社 2008 年版。

胡盛仪等：《中外选举制度比较》，商务印书馆 2001 年。

［阿根廷］吉列尔莫·奥唐奈：《现代化和官僚威权主义：南美政治研究》，王欢、申明民译，北京大学出版社 2008 年版。

［美］吉列尔莫·奥唐奈、［意］菲利普·施密特：《威权统治的转型——关于不确定民主的试探性结论》，景威、柴绍锦译，新星出版社 2012 年版。

［美］加布里埃尔·A.阿尔蒙德、西德尼·维巴：《公民文化——五个国家的政治态度和民主制》，徐湘林等译，东方出版社 2008 年版。

［意］加塔诺·莫斯卡：《统治阶级》，贾鹤鹏译，译林出版社 2002 年。

江炳伦：《亚洲政治文化个案研究》，台北五南图书公司1989年版。

［韩］姜万吉：《韩国现代史》，社会科学文献出版社1997年版。

金耀基：《中国政治与文化》，香港牛津大学出版社1997年版。

金应熙主编：《菲律宾史》，河南大学出版社1990年版。

［新加坡］拉惹勒南：《拉惹勒南回忆录》，新加坡新明日报有限公司1991年版。

［新加坡］李光耀：《风雨独立路——李光耀回忆录》，外文出版社1998年版。

［韩］李敬南：《卢泰愚传》，千麟基、高浩荣译，新华出版社1991年版。

李路曲：《新加坡现代化之路：进程、模式与文化选择》，新华出版社1996年版。

李文主编：《东亚：宪政与民主》，中国社会科学出版社2005年版。

［新加坡］《联合早报》编：《李光耀40年政论选》，现代出版社1996年版。

［法］卢梭：《社会契约论》，何兆武译，商务印书馆2005年版。

［美］路易斯·亨金等编：《宪政与权利》，郑戈译，生活·读书·新知三联出版社1996年版。

卢正涛：《新加坡威权政治研究》，南京大学出版社2007年版。

［美］罗伯特·达尔：《多头政体——参与和反对》，谭君久、刘惠荣译，商务印书馆2003年版。

［德］罗伯特·米歇尔斯：《寡头统治铁律——现代民主制度中的政党社会学》，任军锋等译，天津人民出版社2004年版。

［美］罗伯特·D.帕特南：《使民主运转起来》，王列等译，江西人民出版社2001年版。

骆沙舟、吴崇伯：《当代各国政治体制——东南亚诸国》，兰州大学出版社1998年版。

吕元礼：《鱼尾狮智慧——新加坡政治与治理》，经济管理出版社2010年版。

［美］玛格利特·利瓦伊：《统治与岁入》，周军华译，上海人民出版

社 2010 年版。

［法］马太·杜甘：《国家的比较》，文强译，社会科学文献出版社 2010 年版。

马燕冰、黄莺编：《菲律宾》，社会科学文献出版社 2007 年版。

马志刚：《新兴工业与儒家文化：新加坡道路及发展模式》，时事出版社 1996 年版。

［英］缪勒：《公共选择理论》，韩旭等译，中国社会科学出版社 2010 年版。

［新］尼古拉斯·塔林主编：《剑桥东南亚史》第 2 卷，王士录等译，云南人民出版社 2003 年版。

［美］尼考劳斯·扎哈里亚迪斯主编：《比较政治学：理论、案例与方法》，宁骚、欧阳景根等译，北京大学出版社 2008 年版。

［意］帕累托：《普通社会学纲要》，田时纲等译，生活·读书·新知三联书店 2001 年版。

［韩］朴正熙：《朴正熙经济论著选》，全华民译，延边大学出版社 1993 年版。

［韩］朴正熙：《我们国家的道路》，陈琦伟译，华夏出版社 1988 年版。

［美］乔万尼·萨托利：《民主新论》，冯克利、阎克文译，上海人民出版社 2010 年版。

［韩］权壒：《韩国政治民主化转型的力学》，吉林人民出版社 2004 年版。

［意］萨托利：《政党与政治制度》，雷飞龙译，台北韦伯文化事业出版社 2000 版。

［美］塞缪尔·P. 亨廷顿：《第三波——20 世纪后期民主化浪潮》，刘军宁译，上海三联书店 1998 年版。

［美］塞缪尔·P. 亨廷顿：《变化社会中的政治秩序》，王冠华等译，上海世纪出版集团 2010 年版。

［德］桑巴特：《为什么美国没有社会主义》，赖海榕译，社会科学文献出版社 2003 年版。

参考文献

[美] 斯迪芬·海哥德、罗伯特·R.考夫曼：《民主化转型的政治经济分析》，张大军译，社会科学文献出版社 2008 年版。

苏国勋：《理性化及其限制——韦伯思想引论》，上海人民出版社 1988 年版。

孙景峰：《新加坡人民行动党执政研究》，人民出版社 2005 年版。

[日] 田村庆子：《超管理国家——新加坡》，吴昆鸿译，台北东初国际股份有限公司 1993 年版。

汪高鑫、程仁桃：《东亚三国古代关系史》，北京工业大学出版社 2006 年版。

王瑞贺：《新加坡国会》，华夏出版社 2002 年版。

[意] 维尔弗雷多·帕累托：《精英的兴衰》，刘北成译，上海人民出版社 2003 年版。

[美] 西摩·马丁·李普塞特：《政治人：政治的社会基础》，张绍宗译，上海人民出版社 1997 年版。

厦门大学东南亚研究所新加坡简史编写组：《新加坡简史》，商务印书馆 1978 年版。

[古希腊] 修昔底德：《伯罗奔尼撒战争史》，徐松岩、黄贤全译，广西师范大学出版社 2004 年版。

[新加坡] 许云樵：《南洋史》，新加坡星洲世界书局 1961 年版。

[美] 亚伯拉罕·林肯：《林肯选集》，朱曾汶译，商务印书馆 1983 年版。

[美] 亚当·普沃斯基：《民主与市场——东欧与拉丁美洲的政治经济改革》，包雅钧等译，北京大学出版社 2005 年版。

[英] 亚历克斯·乔西：《李光耀》，安徽大学外语系、上海人民出版社编译室译，上海人民出版社 1976 年版。

杨永骝、沈圣英编：《南朝鲜》，世界知识出版社 1985 年版。

尹保云：《韩国为什么成功——朴正熙政权与韩国现代化》，文津出版社 1993 年版。

[美] 禹贞恩编：《发展型国家》，曹海军译，吉林出版集团有限责任公司 2008 年版。

［澳］约翰·芬斯顿 主编：《东南亚政府与政治》，张锡镇等译，北京大学出版社 2007 年版。

［美］约瑟夫·熊彼特：《资本主义、社会主义与民主》，吴良健译，商务印书馆 1999 年版。

［美］詹姆斯·F.霍利菲尔德、加尔文·吉尔森主编：《通往民主之路——民主转型的政治经济学》，社会科学文献出版社 2012 年版。

张锡镇：《当代东南亚政治》，广西人民出版社 1994 年版。

张永和：《李光耀传》，花城出版社 1993 年版。

赵虎吉：《比较政治学——后发展国家视角》，中山大学出版社 2002 年版。

赵虎吉：《揭开韩国神秘的面纱——现代化与权威主义：韩国现代政治发展研究》，民族出版社 2003 年版。

赵炜：《韩国现代政治论》，东方出版社 1995 年版。

［日］猪口孝等编：《变动中的民主》，吉林人民出版社 1999 年版。

周东华：《战后菲律宾现代化进程中的威权主义起源研究》，人民出版社 2010 年版。

卓南生：《汉城 20 年风云录》，上海三联书店 1993 年版。

陈红太：《"政治体制"概念认识上的误区》，载《中国特色社会主义研究》，2004 年第 2 期。

陈鸿瑜：《菲律宾的政党制度：从两党政治到多党政治之转变》，载《问题与研究》，1999 年第 5 期。

陈尧：《寻找民主化研究的新路径：行为者方法与结构分析的结合》，载《学术月刊》，2009 年第 8 期。

陈元中、蔡泉水：《从执政权力运行机制看新加坡人民行动党的长期执政》，载《当代世界与社会主义》，2007 年第 2 期。

陈周旺：《金大中政治思想与韩国政党政治的转型》，载《当代亚太》，2000 年第 8 期。

崔志鹰、徐漪：《试论韩国社会转型时期的政治变革》，载《上海社会科学院学术季刊》，1996 年第 3 期。

参考文献

董向荣：《韩国政党政治的发展与演变》，载《当代韩国》，2006 年夏季号。

[美] 弗兰西丝·哈葛扁：《重访发展政治学》，王正渚、方瑞丰译，载《开放时代》，2006 年第 4 期。

高春芽：《社会结构与政治行动者之间的张力——方法论视野中的民主转型研究》，载《经济社会体制比较》，2012 年第 2 期。

黄卫平、陈文：《民间政治参与和体制吸纳的互动——对深圳市公民自发政治参与三个案例的解读》，载《马克思主义与现实》，2006 年第 3 期。

黄卫平、陈文：《2011 年新加坡大选的观察与思考》，载《中共四川省委省级机关党校学报》，2012 年第 2 期。

[韩] 金荣枰等：《韩国的公务员制度》（上），载《北京行政学院学报》，2002 年第 1 期。

[韩] 金荣枰等：《韩国的公务员制度》（下），载《北京行政学院学报》，2002 年第 2 期。

李辉、熊亦寒、唐世平：《中国需要真正的比较研究》，载《中国社会科学报》，第 231 期，2011 年 10 月 20 日。

李月军：《以行动者为中心的制度主义——基于转型政治的思考》，载《浙江社会科学》，2007 年第 4 期。

吕炳宽、翁俊桔：《菲律宾宪政体制变革之可行性分析》，载《台湾民主季刊》，2010 年第 1 期。

吕元礼：《新加坡一党长期执政的领导方式分析》，载《当代中国政治研究报告》Ⅱ，2003 年。

吕元礼、黄卫平：《新加坡，一党独大的人才保证》，载《人才资源开发》，2009 年第 10 期。

宁骚：《公共管理类学科的案例研究》，载《新视野》，2006 年第 1 期。

浦兴祖：《依据、蓝图、原则——重温邓小平政治体制改革思想》，载《北京联合大学学报》，2010 年底 4 期。

孙景峰、李社亮：《基层组织与新加坡人民行动党执政地位的延续》，载《河南师范大学学报》，2011年第1期。

田雪梅、黄建洪：《颠覆型民主化：菲律宾民主转型的力学博弈及依靠力量》，载《东南亚研究》，2008年第2期。

王绍光：《比较政治——方法论分析》，载《知识分子》，1987年秋季号。

吴伟杰：《菲律宾天主教对政治的介入》，载《东南亚研究》，2005年第6期。

谢翔：《论政治体制的内涵和结构》，载《政治学研究》，1986年第5期。

徐家良：《"体制吸纳问题"：社区组织动员的功能》，载《中国行政管理》，2007年第9期。

杨华锋：《乡村社会体制吸纳与协同治理的现实之辨》，载《理论与改革》，2008年第4期。

杨联华：《新加坡法初探》，载《现代法学》，1993年第3期。

赵成福：《公民政治参与：体制迟钝与体制吸纳》，载《河南师范大学学报》，2009年第3期。

国云丹：《从威权控制到体制吸纳：国家与上海邻里空间，1949—2008》，复旦大学博士学位论文，2009年。

［韩］金国熙：《韩国政党政治改革与发展问题研究》，吉林大学博士学位论文，2007年。

宋国华：《韩国政治转型中的政党政治研究》，山东大学博士学位论文，2009年。

王菲易：《国际化、制度化与民主化——韩国政治发展与转型的国际因素研究》，复旦大学博士学位论文，2009年。

郑继永：《韩国政党体系变迁动因与模式研究》，复旦大学博士学位论文，2007年。

英文文献

Abraham F. Lowenthal eds., *Exporting Democracy: the United States and*

参考文献

Latin American, Baltimore: Johns Hopkins University Press, 1991.

Adam Przeworski, *Democracy and the Market: Political and Economic Reforms in Eastern Europe and Latin America*, Cambridge: Cambridge University Press, 1991.

Andrew C. Nahm, *Korea: Tradition and Transformation: A History of the Korean People*, New Jersey: Hollym International Crop., 1988.

Alexis de Tocquewill, *Democracy in America*, New York: Harper and Row, 1969.

B. Johnson, *The Four Days of Courage*, New York: Free Press, 1987.

Barrington Moore, *Social Origins of Dictatorship and Democracy*, Boston: Beacon Press, 1966.

Bernardita Reyes Churchill, *The Philippine Independence Missions to the United States 1919 – 1934*, Manila: National Historical Institute, 1983.

Bratton, Michael et Van De Walle, Nicolas, *Democratic Experiments in Africa: Regime Transitions in Comparative Perspective*, UK: Cambridge University Press, 1997.

Barrett L. McCormick and Jonathan Unger, eds., *China after Socialism: In the Footsteps of Eastern Europe or East Asia?*, NY: M. E. Sharpe, 1995.

C. I. Eugene Kim and Young Whan Kihl, eds., *Party Politics and Elections in Korea*, Silver Spring, MD: The Research Institute on Korean Affairs, 1976.

C. T. Arillo, *Breakaway*, Manila: CTA and Associates, 1986.

C. W. Mills, *The Power Elite*, New York: Oxford University Press, 1956.

Chan Heng Chee, *The Dynamics of One Party Dominance: The PAP at the Grass Roots*, Singapore Unimersity Press, 1978.

C. M. Turnbull, *A History of Singapore 1819 – 1988*, Singapore: Oxford University Press, 1989.

D. Collier eds., *The New Authoritarianism in Latin America*, Princeton, NJ: Princeton University Press, 1979.

D. A. Rosenberg, eds., *Marcos and Martial Law in the Philippines*, New

York: Cornell University Press, 1979.

D. B. Schirmer and S. R. Shalom, eds., *The Philippines Reader: A history of Colonialism, Neocolonialism, Dictatorship, and Resistance*, Bostn: South End Press, 1987.

D. G. Timberman, *A Changeless Land: Continuity and Change in Philippine Politics*, Singapore: Institute of Southeast Asian Studies, 1991.

David I. Steinberg, *The Republic of Korea: Economic Transformation and Social Change*, Boulder, Colo. : Westview Press, 1989.

Di Palma, *To Craft Democracies: An Essay on Democratic Transitions*, Berkeley: University of California Press, 1990.

Diane K. Mauzy and R. S. Milne, *Singapore Politics Under the People's Action Party*, London: Routlege, 2002.

Douglass C. North, *Institutions, Institutional Change and Economic Performance*, NowYork: Cambridge Unimersity Press, 1990.

Douglass C. North, *Structure and Change in Economic History*, New York: W. W. Norton & Co. , 1981.

Dietrich Rueschemeyer, DietrichEvelyne Huber Stephens and John D. Stephens, *Capitalist Development and Democracy*, Chicago: University of Chicago Press, 1992.

David Wurfel, *Filipino Politics: Development and Decay*, New York: Cornell University Press, 1988.

Erik Allardt and Yrjo Littunen eds. , *Cleavages, Ideologies and Party Systems*, Helsinki: Westermarck Society, 1964.

F. H. Golay, *The United States and the Philippines*, Columbia University Press, 1966.

G. Casper, *Fragile Democracies: The Legacies of Authoritarian Rule*, University of Pittsburgh Press, 1995.

G. Mosca, *The Ruling Class*, trans. and ed. by H. D. Kahn and A. Livingston, New York: Mcgraw-Hill, 1939.

Garry Rodan, eds. , *Singapore Changes Guard: Social , Political and Eco-

nomical Directions in the 1990s, New York: St. Martin's Press, 1993.

Guilliermo O'Donnell, Philippe C. Schmitter, *Transitions from Authoritarian Rule*, The Johns Hopkins University Press, 1986.

Guilliermo O'Donnell, *Modernization and Bureaucratic-Authoritarianism: Studies in South American Politics*, CA: Institute of International Studies, 1973.

G. William Domhoff and Thomas Dye, eds., *Power Elites and Organizations*, CA: Sage, 1987.

H. Golay, *The Philippines: Public Policy and National Economic Development*, New York: Cornell University Press, 1968.

Howard J. Wiarda, eds., *New Directions in Comparative Politics*, CO: Westview Press, 1985.

Han, *Failure of Democracy in South Korea*, Berkeley: University of California Press, 1974.

Juan J. Linz and Alfred Stepan, ed., *The Breakdown of Democratic Regimes*, Baltimore: The Johns Hopkins University Press, 1978.

Jung-En Woo, *Race to the Swift: State and Finance in Korean Indastrialization*, New York: Columbia University Press, 1991.

J. F. Cady, *The History of Post-war Southeast Asia*, Ohio University Press, 1974.

Joungwan A. Kim, *Divided Korea: The Politics of Development 1945 – 1972*, Harvard University Press, 1976.

J. Bresnan, eds., *Crisis in the Philippines: The Marcos Era and Beyond*, Princeton University Press, 1986.

Kim Dae Jung, *Building Peace & Democracy: Kim Dae Jung Philosophy & Dialogues*, New York: Korean Independent Monitor, 1987.

Larry Diamond, *Developing Democracy: Toward Consolidation*, Baltimore: Johns Hopkins University Press, 1999.

Lewis E. Gleeck, Jr., *President Marcos and the Philippine Political Culture*, Manila: The Cellar Book Shop, 1987.

Lucian W. Pye, *Asian Power and Politics: the Cultural Dimensions of Au-*

thority, Cambridge: Harvard University Press, 1985.

M. R. Thompson, *The Anti-Marcos Struggle: Personalistic Rule and Democratic Transition in the Philippines*, New Haven: Yale University Press, 1995.

M. S. Ventura, *U. S. -Philippines Cooperation and Cross-purposes*, Filipiniana PuBtications, 1974.

Manwoo Lee, *The Odyssey of Korean Democracy: Korean Politics, 1987 – 1990*, New York: Praeger, 1990.

Mark Clifford, *Troubled Tiger: Businessmen, Bureaucrats and Generals in South Korea*, New York: M. E. Sharpe, 1994.

Michael Leifer, *Singapore's Foreign Policy: Coping with Vulnerability*, London: Routledge, 2000.

M. Janowitz, *Military Institutions and Coercion in the Developing Nations*, Chicago: Chicago University Press, 1977.

Mancur Olson, *The Logic of Collective Action*, Cambridge, Mass: Harvard University Press, 1965.

Nicholas Tarling, eds. , *The Cambridge History of Southeast Asia, II*, Cambridge University Press, 1992.

P. V. Salgado, *The Philippine Economy: History and Analysis*, R. P. Garcia Pub. Co. , 1985.

Patrick Austin, *Goh Keng Swee and Southeast Asian Governance*, Eastern University Press, 2004.

Peter Mair, *Party System Change*, Oxford: Clarendon Press, 1997.

Peter Krinks, *The Economy of the Philippines: Elites, Inequalities and Economic Restructuring*, London: Routledge, 2002.

Piano, Aili and Arch Puddington, *Freedom in the World* 2004, *The Annual Survey of Political Rights & Civil Liberties*, New York and Washington, DC: Freedom House, 2004.

Peter Berger and Thomas Luckmann, *Social Construction of Reality*, New York: Anchor Books, 1967.

Peter McDonough, *Power and Ideology in Brazil*, Princeton: Princeton University Press, 1981.

Robert D. Putnam, *The Comparative Study of Political Elites*, Englewood Cliffs: Prentice Hall, 1976.

R. E. Ofreneo, *Capitalism in the Philippine Agriculture*, Quezon City, 1980.

R. J. Kessler, *Rebellion and Repression in the Philippines*, New Haven: Yale University Press, 1989.

Richard Clutterbuck, *Conflict and Violence in Singapore and Malaysia, 1945-1983*, Graham Brash Ltd., 1985.

Richard J. Kessler, *Rebellion and Repression in the Philippines*, New Haven: Yale University Press, 1989.

Ruth Berins Collier, *Paths toward Democracy: The Working Class and Elites in Western Europe and South America*, New York: Cambridge University Press, 1999.

R. K. Yin, *Case Study Research: Design and Methods*, London: Sage, 1994.

Raymond Bonner, *Waltzing with A Dictator*, New York: Times Books, 1987.

Ronald Cohen and Elman R. Servece, eds., *Oringin of the State: The Anthropology of Rolitical Evolution*, Philadelphia: Institute for the Study of Human Issues, 1978.

Robert A. Dahl, *On Democracy*, New Haven: Yale University Press, 1998.

Robert A. Dahl, *Polyarchy: Participation and Opposition*, New Haven: Yale University, 1971.

S. R. Shalom, *The United States and The Philippines: A Study of Neocolonialism*, Quezon City: New Day Publishers, 1986.

S. T. Quah, Chan Heng Chee, Seah Chee Meow eds., *Government and Politics of Singapore*, Singapore: Oxford University Press, 1985.

Seah Chee Meow, *Community Centers in Singapore: Their Political Involvement*, Singapore University Press, 1973.

Shirley Jenkins, *American Economic Policy toward the Philippines*, California: Stanford University Press, 1954.

Sung M. Pae, *Testing Democratic Theories in Korea*, Lanham, Md. : University Press of America, 1986.

Stephan Haggard, and Robert R. Kaufman, *The Political Economy of Democratic Transition*, Princeton University Press, 1995.

S. P. Huntington, *The Third Wave: Democratization in the Late Twentieth Century*, Norman: Univ. Okla. Press. 1991.

T. A. Agoncillo eds., *Filipino Nationalism, 1872 – 1970*, RP Garcia Pub. Co., 1974.

Thomas R. Dye, *Who's Running America? The Reagan Years*, NJ: Prenctice Hall, 1983.

W. G. Huff, *The Economic Growth of Singapore: Trade and Development in the Twentieth Century*, Cambridge University Press, 1995.

W. J. Pomeroy, *An American Made Tragedy: Neo-colonialism & Dictatorship in the Philippines*, New York: International Publishers Co., 1974.

Zakaria Haji Ahmad and Harold Crouch eds., *Military-Civlian Relations in South Asia*, Singapore: Oxford University Press, 1985.

Adam Przeworski, Fernando Limongi, "Modernization: Theories and Facts", *World Politics*, Vol. 49, No. 2, 1997.

Arend Lijphart, "Comparative Politics and Comparative Method", *American Political Science Review*, 65, 1971.

B. Aquino, "The Philippines: End of an Era", *Current History*, Vol. 85, No. 510, 1986.

B. C. Koh, "The 1985 Parliamentary Election in South Korea", *Asian Survey*, Vol. 25, No. 9, 1985.

Barbara Geddes, "What Do We Know about Democratization after Twenty Years?" *Annual Review of Political Science*, Vol. 2, 1999.

Bruce J. Dickson, "Cooptation and Corporatism in China: The Logic of

参考文献

Party Adaptation", *Political Science Quarterly*, Vol. 115, No. 4, 2000.

C. I. Eugene Kim, "The Meaning of the 1971 Korean Elections: A Pattern of Political Development", *Asian Survey*, Vol. 12, No. 3, 1972.

C. I. Eugene Kim, "Transition from Military Rule: The Case of South Korea", *Armed Forces and Society*, Vol. 1, No. 3, 1975.

C. I. Eugene Kim, "South Korea in 1986: Preparing for a Power Transition", *Asian Survey*, Vol. 27, No. 1, 1987.

Cherian George, "Consolidating Authoritarian Rule: Calibrated Coercion in Singapore", *The Pacific Review*, Vol. 20, No. 2, 2007.

Chong-Sik Lee, "South Korea in 1980: The Emergence of A New Authoritarian Order", *Asian Survey*, Vol. 21, No. 1, 1981.

D. Collier, J. Mahon, "Conceptual Stretching Revisited: Adapting Categories in Comparative Analysis", *American Political Science Review*, 87, 1993.

Dankwart A. Rustow, "Transitions to Democracy: Toward A Dynamic Model", *Comparative Politics*, Vol. 2, No. 3, 1970.

Donald L. Horowitz. "Comparing Democratic Systems", *Journal of Democracy*, Vol. 1, No. 4, 1990.

Donald Share, "Transition to Democracy and Transition through Transaction", *Comparative Political Studies*, Vol. 19, No. 4, 1987.

Dorothy Solinger, "China's Urban Transients in the Transition from Socialism and the Collapse of the Communist Urban Public Goods Regime", *Comparative Politics*, 27, 1995.

Eva Bellin, "The Robustness of Authoritarianism in the Middle East: Exceptionalism in Comparative Perspective", *Comparative Politics*, Vol. 36, No. 2.

Frederic J. Fleron, Jr. , "Cooptation as A Mechanism of Adaption to Change: The Soviet Political Leadership System", *Polity*, Vol. 2, No. 2, 1969.

G. S. Silliman, "The Philippines in 1983: Authoritarianism Beleaguered", *Asian Survey*, Vol. 24, No. 2, 1984.

G. T. Allison, R. P. Beschel, "Can the United States Promote Democracy", *Political Science Quarterly*, Vol. 107, No. 1, 1992.

Gerardo L. Munck and Carol Skalnik Leff, "Modes of Transition and Democratization: South America and Eastern Europe in Comparative Perspective", *Comparative Politics*, Vol. 29, No. 3, 1997.

Gerardo L. Munck, "The Regime Question: Theory Building in Democracy Studies", *World Politics*, 54, 2001.

Guillermo O'Donnell, "Tensions in the Bureaucratic-Authoritarian State and the Question of Democracy, in David Collier ed. , *The New Authoritarianism in Latin America*, N. J. : Princeton University Press, 1980.

G. Sartori, "Concept Misformation in Comparative Politics", *American Political Science Review*, 64, 1970.

Han Sung-Joo, "South Korea in 1987: The Politics of Democratization", *Asian Survey*, 1988, Vol. 28, No. 1.

Hee-Min Kim, "A Theory of Government-Driven Democratization: The Case of Korea", *World Affairs*, Vol. 156, No. 3, 1994.

Hutchison Jane, "Class and State Power in the Philippines", In Kevin Hewison, Richard Robison, and Garry Rodan, eds. , *Southeast Asia in the 1990s: Authoritarianism, Democracy, and Capitalism*, Boston: Allen and Unwin, 1993.

Hyug Baeg Im, "Politics of Democratic Transition from Authoritarian Rule in South Korea", in Sang-Yong Choi, eds. , *Democracy in Korea: Its Ideals and Realities*, Seoul: Korean Political Science Association, 1997.

J. P. Magno, A. J. Gregor, "Insurgency and Counterinsurgency in the Philippines", *Asian Survey*, Vol. 26, No. 5, 1986.

J. Samuel Valenzuela, "Labor Movements in Transitions to Democracy: A Framework for Analysis", *Cmoparative Politics*, Vol. 21, No. 4, 1989.

J. V. Abueva, "Ideology and Practice in the 'New Society'", in D. A. Rosenberg, eds. , *Marcos and Martial Law in the Philippines*, New York: Cornell University Press, 1979.

James Cotton, "From Authoritatianism to Democracy in South Korea", *Political Studies*, Vol. 37, No. 2, 1989.

参考文献

Jay Ulfelder, "Contentious Collective Action and the Breakdown of Authoritarian Regimes", *International Political Science Review*, Vol. 26, No. 3, 2005.

Jennifer Gandhi and Adam Przeworski, "Authoritarian Institutions and the Survival of Autocrats", *Comparative Political Studies*, Vol. 40, No. 11, 2007.

John Carroll, "Cracks in the Wall of Separation? The Church, Civil Society, and the State in the Philippines", in H. G. Lee, eds. , *Civil Society in Southeast Asia*, Singapore: Institute of Southeast Asian Studies, 2004.

John Higley, Nichel G. Burton, "The Elite Variable in Democratic Transitions and Breakdowns", *American Sociological Review*, Vol. 54, No. 1.

John Markoff and Silvio R. Duncan Baretta, "Economic Crisis and Regime Change in Brazil: The 1960s and the 1980s", *Comparative Politics*, Vol. 22, No. 4, 1990.

Juan J. Linz, "Opposition to and under An Authoritarian Regime: The Case of Spain", In R. Dahl. eds. , *Regimes and Oppositions*, New Haven, CT: Yale University Press, 1973.

Juan J. Linz, "Presidential or Parliamentary Democracy: Does It Make A Difference", In Juan J. Linz, Arturo Valenzuela eds. , *The Failure of Presidential Democracy*, Baltimore: The Hopkins University Press, 1994.

Juan J. Linz, "The Perils of Presidentialism", *Journal of Democracy*, Vol. 1, No. 1, 1990.

Juan J. Linz, "The Virtues of Parliamentarism", *Journal of Democracy*, Vol. 1, No. 4, 1990.

Jung Bock Lee, "The Political Process in Korea", in Soong Hoom Kil and Chung-In Moon, eds. , *Understanding Korean Politics: An Introduction*, Albany: State University of New York Press, 2001.

Kevin Neuhouser, "Democratic Stability in Venezuela: Elite Consensus or Class Compromise?", *American Sociological Review*, Vol. 57, No. 1, 1992.

Kyong-Dong, "Political Factors in the Formation of the South Korean Entrepreneurial Elite", *Asian Survey*, Vol. 16, No. 5, 1976.

Lauri Karvonen, Carsten Anckar, "Party Systems and Democratization: A

Comparative Study of the Third World", *Democratization*, Vol. 9, No. 3, 2002.

Lester G. Seligman, "Elite Recruitment and Political Development", *The Journal of Politics*, Vol. 26, No. 3, 1964.

Lester G. Seligman, "Political Recruitment and Party Structure: A Case Study", *The American Political Science Review*, Vol. 55, No. 1.

Mainwaring Scott, "Presidentialism, Multipartyism, and Democracy: the Difficult Combination", *Comparative Political Studies*, Vol. 26, No. 2, 1993.

Mainwaring Scott, "Party Systems in the Third Wave", *Journal of Democracy*, Vol. 9, No. 3, 1998.

Mark J. Gasiorowski, "Economic Crisis and Political Regime Change: An Event History Analysis", *The American Political Science Review*, Vol. 89, No. 4.

Michael Burton, Richard Gunther, and John Higley, "Introduction: Elite Transformations and Democratic Regimes", in John Higley and Richard Gunther eds, *Elites and Democratic Consolidation in Latin America and Southern Europe*, New York: Cambridge University Press, 1992.

Michael G. Burton and John Higley, "Elite Settlements", *American Sociological Review*, Vol. 52, No. 3, 1987.

Michael McFaul, "The Fourth Wave of Democracy and Dictatorship: Noncooperative Transitions in the Postcommunist World", *World Politics*, 54, 2002.

P. H. O'Neil, "Revolution from Within: Institutional Analysis, Transitions from Authoritarianism, and the Case of Hungary", *World Politics*, Vol. 48, No. 4, 1996.

P. W. Stanley, "Toward Democracy in the Philippines", *Proceedings of the Academy of Political Science*, Vol. 36, No. 1, 1986.

Park Chan-Pyo, "The American Military Government and the Framework for Democracy in South Korea", in B. C. Bonnie, eds., *Korea under the AmericanMilitaryGovernment, 1945 – 1948*, Westport, CT: Praeger Publishers, 2002.

参考文献

Philippe C. Schmitter, "Still the Century of Corporatism?", *The Review of Politics*, Vol. 36, No. 1.

Quee-Young Kim, "The Fall of Syngman Rhee", Berkeley: Institute for East Asian Studies, 1983, pp. 11–15.

Raymond D. Gastil, "The Past, Present and Future of Democracy", *Journal of International Affairs*, Vol. 38, No. 2, 1985.

Richard J. Kessler, "Politics Philippine Style, Circa 1984", *Asian Survey*, Vol. 24, No. 12, 1984.

Ronald Inglehart, "The Renaissance of Political Culture", *The American Political Science Review*, Vol. 82, No. 4, 1988.

Ronald Inglehart and Christian Welzel, "Political Culture and Democracy: Analyzing Cross-Level Linkages", *Comparative Politics*, Vol. 36, No. 1.

S. T. Quah, "Controlled Democracy, Political Stability and PAP Predominance: Government in Singapore", in John W. Langford and K. Lorne Brownsey eds., *The Changing Shape of Government in the Asia-Pacific Region*, South Halifaz: Institute for Research on Public Policy, 1988.

S. T. Quah, "Singapore in 1987: Political Reforms, Control, and Economic Recovery", *Southeast Asian Affairs*, 1988.

Samuel P. Huntington, "Social and Institutional Dynamics of One-Party Systems", in Samuel P. Huntington and Clement H. Moore, eds., *Authoritarian Politics in Modern Society: The Dynamics of Established One-Party Systems*, New York: Basic Books, 1970.

Seymour Martin Lipset, "Some Social Requisites of Democracy: Economic Development and Political Legitimacy", *The American Political Science Review*, Vol. 53, No. 1, 1959.

Seymour Martin Lipset, "The Social Requisites of Democracy Revisited", *American Sociological Review*, Vol. 59, No. 1, 1993.

Sung-Joo Han, "South Korea: Politics in Transition", in Sang-Yong Choi, eds., *Democracy in Korea*, Seoul Press, 1997.

Thomas Carothers, "The End of the Transition Paradigm", *Journal of*

Democracy, Vol. 13, No. 1, 2002.

Theda Skocpol, and Margaret Somers, "The Uses of Comparative History in Macrosocial Inquiry", *Comparative Studies in Society and History*, 22, 1980.

Terry Karl, "Imposing Consent: Electoralism Versus Democratization in El Salvador", In Paul Drake and Eduardo Silva eds., *Elections and Democratizationin LatinAmerica*, *1980 – 1985*, SanDiego: Universityof California, 1986.

Terry Lynn Carl and Philippe C. Schmitter, "Modes of Transition in Latin America, Southern and Eastern Europe", *International Social Science Journal*, Vol. 43, No. 2, 1991.

W. H. Overholt, "The Rise and Fall of Ferdinand Marcos", *Asian Survey*, Vol. 26, No. 11, 1986.

Y. C. Han, "Political Parties and Political Development in South Korea", *Pacific Affairs*, Vol. 42, No. 4, 1969.

Yanqi Tong, "State, Society, and Political Change in China and Hungary", *Comparative Politics*, Vol. 26, No. 3, 1994.

图书在版编目(CIP)数据

体制性吸纳与东亚国家政治转型：韩国、新加坡和菲律宾的比较分析/唐睿著. —北京：中央编译出版社，2014.8
ISBN 978-7-5117-2278-2

Ⅰ.①体… Ⅱ.①唐… Ⅲ.①政治制度－对比研究－韩国、新加坡、菲律宾 Ⅳ.①D730.21

中国版本图书馆CIP数据核字(2014)第189247号

体制性吸纳与东亚国家政治转型：韩国、新加坡和菲律宾的比较分析

出 版 人　刘明清
责任编辑　薛迎春
责任印制　尹　珺
出版发行：中央编译出版社
地　　址：北京西城区车公庄大街乙5号鸿儒大厦B座(100044)
电　　话：(010)52612345(总编室)　(010)52612336(编辑室)
　　　　　(010)52612316(发行部)　(010)52612317(网络销售)
　　　　　(010)52612346(馆配部)　(010)66509618(读者服务部)
传　　真：(010)66515838
经　　销：全国新华书店
印　　刷：北京金瀑印刷有限责任公司
开　　本：787毫米×1092毫米　1/16
字　　数：267千字
印　　张：18
版　　次：2014年8月第1版第1次印刷
定　　价：60.00元

网　　址：www.cctphome.com　　邮　　箱：cctp@cctphome.com
新浪微博：@中央编译出版社　　　微　　信：中央编译出版社(ID：cctphome)
淘宝店铺：中央编译出版社直销店(http://shop108367160.taobao.com)

本社常年法律顾问：北京市吴栾赵阎律师事务所律师　闫军　梁勤
凡有印装质量问题，本社负责调换，电话：(010)66509618